राष्ट्रनायक

राजा दाहिर सेन

लेखक
डॉ. राकेश कुमार आर्य

डायमंड बुक्स
www.diamondbook.in

प्रकाशक : डायमंड पॉकेट बुक्स प्रा. लि.
X-30, ओखला इंडस्ट्रियल एरिया, फेज-II
नई दिल्ली-110020
फोन : 011-40712200
ई-मेल : sales@dpb.in
वेबसाइट : www.diamondbook.in

RASHTRANAYAK RAJA DAHIR SEN

By : Dr. Rakesh Kumar Arya

लेखकीय निवेदन

अब अनेकों शोध पत्रों से यह बात पूर्णतः सिद्ध हो चुकी है कि अरब का मूल स्वरूप वैदिक रहा है। मोहम्मद साहब ने अपने जीवन काल में जब इस्लाम की स्थापना की तो उन्होंने अरब के पुराने हिन्दू स्वरूप को मिटाने का आदेश दिया। जिससे वे प्रतीक समाप्त करने की प्रक्रिया आरम्भ हुई जो अरब को भारतवर्ष के वैदिक धर्म से जोड़ते थे। इस कार्य को सिरे चढ़ाने के लिए मोहम्मद साहब के अनुयायियों ने हिन्दू धर्म से जुड़े धर्म ग्रन्थों, पाण्डुलिपियों, मन्दिरों, विश्वविद्यालयों और पुस्तकालयों को या तो नष्ट कर दिया या जला दिया। कितने ही विद्वानों व धर्माचार्यों की निर्ममतापूर्वक हत्या कर दी गई। इसके पीछे केवल एक ही उद्देश्य था कि भारत का मूल वैदिक धर्म संसार से समाप्त हो और मोहम्मद साहब द्वारा स्थापित इस्लाम संसार का एकमात्र धर्म बने।

मजहबी अत्याचार से दुनिया गई थी कांप।
मुस्लिम मत संसार को बन गया अभिशाप।।

संसार के ज्ञान विज्ञान पुस्तकालयों और ग्रंथों का इस प्रकार विनाश करने से इस्लाम को मानने वाले लोगों की केवल साम्प्रदायिक सोच ही प्रकट नहीं होती अपितु उनके बौद्धिक ज्ञान के स्तर का भी पता चलता है। वे लोग पूर्णतया अंधकार में भटक रहे थे और उन्हें यह पता नहीं था कि जिन धर्म ग्रंथों और पुस्तकालयों को तुम जला रहे हो उससे संसार का कितना भारी अहित हो रहा है या होगा? उन्होंने अपनी मतिमूढ़ता के चलते कुरान को ही सारे ज्ञान विज्ञान का स्रोत मान लिया। उनकी इस प्रकार की सोच से समूचे संसार का बहुत अधिक अहित हुआ है। क्योंकि इसके पश्चात बहुत से शोध अनुसंधान और आविष्कारों का क्रम अवरुद्ध हो गया।

वैदिक धर्म से सम्बन्धित ग्रन्थों, पुस्तकालयों आदि को इस्लाम के मानने वाले लोगों के द्वारा जलाने का एकमात्र कारण यह था कि उनकी यह स्पष्ट

मान्यता थी कि मोहम्मद साहब ने जो भी कुछ कुरान में लिखा है, वह पूर्ण है। उससे आगे ज्ञान-विज्ञान की अब कोई आवश्यकता नहीं है। साथ ही अब तक जो पुस्तकें इलहाम के नाम पर संसार में आई हैं, वह अब सब खुदा की ओर से ही समाप्त कर दी गई हैं, इसलिए जो भी पुस्तकें इस समय संसार में हैं उन सब को जला देना या समाप्त कर देना हमारा मजहबी या दीनी दायित्व है।

जबकि हमारे वेदों की यह मान्यता रही है कि 'स प्रथमो बृहस्पतिश्चिकित्वान' अर्थात परमपिता परमेश्वर बड़े-बड़े लोकलोकान्तरों का पालन करने वाला प्रथम विद्वान है, अर्थात सारा ज्ञान विज्ञान उसी में समाविष्ट है। इसी बात को ऋषि दयानन्द ने परमपिता परमेश्वर को समस्त ज्ञान-विज्ञान का आदिमूल कहकर स्पष्ट किया है। इस बात से यह स्पष्ट हो जाता है कि समस्त ज्ञान-विज्ञान के आदि मूल परमपिता परमेश्वर के द्वारा दिए गए वेद ही समस्त ज्ञान-विज्ञान के भण्डार हो सकते हैं। उससे अलग जो भी धर्म ग्रन्थ अलग-अलग मजहबों के लोगों ने अपनाये हैं उनमें सृष्टि का समस्त ज्ञान-विज्ञान और ज्ञान, कर्म, उपासना की विद्या का समावेश नहीं है।

वैदिक संस्कृति की मान्यता है कि सत्य के अनुसन्धान के लिए या सत्य के महिमामण्डन के लिए हमें ज्ञान विज्ञान की चर्चा अर्थात शास्त्रार्थ करते रहना चाहिए।

जबकि मोहम्मद साहब द्वारा दिए गए धर्म ग्रन्थ के मानने वालों ने यह धारणा संसार में फैलाने का प्रयास किया कि इस धर्म ग्रन्थ से अलग किसी भी धार्मिक ग्रन्थ के रहने का अब कोई औचित्य नहीं है। केवल एक किताब ही सारे ज्ञान के लिए पर्याप्त है।

इस्लाम के मानने वालों की इस प्रकार की अवधारणा ने संसार से शास्त्रार्थ परम्परा को विलुप्त करने में महत्वपूर्ण भूमिका निभाई, जिससे सारे संसार में अज्ञान और पाखण्ड को प्रोत्साहन मिला।

अज्ञान और पाखंड को फैलाया सब ओर।
ज्ञान और विज्ञान की होने ना दी भोर।।

भारत में जब वैदिक धर्म को कुछ लोगों ने अपनी निजी जागीर बना लिया तो वेद का वैज्ञानिक धर्म भी रूढ़िवादी हो चला। फलस्वरूप ऐसी परिस्थितियां बनीं कि जो दूरस्थ देश थे उनमें रहने वाले लोगों से आर्य ऋषियों का सम्पर्क

टूट गया। जिससे उन दूरस्थ देशों में और भी अधिक रूढ़िवाद जड़ कर गया। एक प्रकार से उस समय सारे संसार के लिए प्रकाश का मूल स्रोत भारत ही प्रकाशहीन हो गया। जिससे सारे संसार से ज्ञान प्रकाश की बत्ती गुल हो गई। इस अज्ञानान्धकार का अरब भी शिकार हुआ। पहले से ही रूढ़िवादिता की जकड़न में फंसे अरब के लिए अब अज्ञान और पाखण्ड से बाहर निकलना दूभर हो गया था। अरब के लोगों की इस अवस्था का लाभ मोहम्मद साहब को मिला।

अरब का वैदिक स्वरूप

मोहम्मद साहब का जन्म से पूर्व सारे अरब जगत को वैदिक मान्यताएं प्रभावित करती थीं। उन्हीं के अनुसार सामाजिक और धार्मिक व्यवहार चलता था। यद्यपि यह सही है कि इस वैदिक हिन्दू धर्म में भी उस समय घुन लग चुका था।

अरब के समाज की स्थिति उस समय ऐसी थी जिसके पास विद्यालय का भवन भी था,उसमें पढ़ने वाले बच्चे भी थे, परन्तु उसमें कोई अध्यापक या प्रधानाध्यापक नहीं था। जो उस विद्यालय की शोभा बनता और उन 'बच्चों' को पढ़ा-लिखाकर श्रेष्ठ अर्थात आर्य बनाता। 'कृण्वंतो विश्वमार्यम्' का उद्घोष करने वाला भारत ही जब ज्ञान हीन हो गया तो सम्पूर्ण संसार में अनार्यत्व का बढ़ना स्वाभाविक था। वृक्ष को हरा भरा रखने के लिए उसकी जड़ों को सींचना इसीलिए आवश्यक होता है कि यदि जड़ सूख गई तो वृक्ष अपने आप सूख जाएगा।

अनेकों विद्वानों का यह स्पष्ट मत है कि इस्लाम धर्म के संस्थापक मोहम्मद साहब का जन्म भी एक हिन्दू पुजारी के घर में हुआ था, जो कि मक्का स्थित काबा मन्दिर के पुजारी थे। वैदिक धर्म की पतितावस्था के चलते अरब में एक धार्मिक क्रान्ति की आवश्यकता अनुभव की जा रही थी। जिससे सम्पूर्ण अरब जगत में व्याप्त अज्ञानान्धकार मिटे और ज्ञान के प्रकाश की वापसी हो। जिस समय इस्लाम की स्थापना हुई उस समय अरब में अनेकों यहूदी, ईसाई, हिन्दू और बौद्ध धर्मावलम्बी लोग रहते थे। इनमें से कोई भी सम्प्रदाय ऐसा नहीं था, जो वेद धर्म की सच्चाई को लोगों को बता सके। इन सबको इस्लाम के लोगों ने 'काफिर' कहकर सम्बोधित किया।

हिन्दू लोग धर्म के मर्म से दूर हो गए थे। इसलिए अरबी समाज में ये लोग

गर्दन छुपाए बैठे थे। जब कोई अन्य मजहब अपने मत की बात करता था तो ये हिन्दू लोग वैदिक धर्म की बात को शस्त्रसम्मत ढंग से कह भी नहीं पाते थे। जब कोई व्यक्ति, संगठन या समुदाय अपनी उचित बात को लोगों के मध्य प्रस्तुत भी नहीं कर पाता है तब समझ लेना चाहिए कि वह आत्महत्या की ओर बढ़ रहा है। बहुत से हिन्दू आज भी अपनी बात को विधर्मियों के मध्य कहने में संकोच करते हैं, ऐसे लोग आज भी हिन्दू समाज के शत्रु के रूप में कार्य कर रहे हैं।

जो घुटनों में गर्दन छुपा बैठे सभा के बीच।
कायर वह नर होत है और होता है नीच।।

'काफिर' का सीधा सा अर्थ यह था कि जो लोग इस्लाम की मान्यताओं में विश्वास नहीं रखते, उनका संसार में रहना उचित नहीं है। संसार के सबसे पवित्र दीन इस्लाम को मानना उन सबके लिए आवश्यक है और यदि वे ऐसा नहीं करते हैं तो मौत ही उनका एकमात्र उपचार है।

विपरीत दिशा में हो गई क्रान्ति

वैदिक धर्म की वापसी के लिए अरब जगत में क्रान्ति तो होनी अपेक्षित थी, परन्तु वह विपरीत दिशा में हो गई। जिस मानवता की स्थापना के लिए वैदिक क्रान्ति की आवश्यकता अनुभव की जा रही थी, वह मानवता के स्थान पर दानवता को स्थापित करने वाली क्रान्ति के रूप में लोगों को मिली। इस प्रकार की सोच के चलते अरब जगत में इस्लाम के मानने वाले लोगों के द्वारा धीरे-धीरे ऐसी खूनी क्रान्ति की गई कि इन सभी धर्मावलंबियों को वहाँ से समाप्त कर दिया गया।

इतिहास का यह आश्चर्यपूर्ण तथ्य है कि इस्लाम की स्थापना के अगले 50 वर्ष से कम समय में ही यह कार्य पूर्ण कर लिया गया। जिससे अरब देशों में विपरीत मतावलम्बी अर्थात शकाफिरश लगभग समाप्त कर दिए गए। काफिरों की समाप्ति का यह क्रम अरब जगत से बाहर भी चला और इस्लाम को मानने वाले लोग बड़े-बड़े लूट दल (जिन्हें सैन्य दल कहा जाना उचित नहीं है) अन्य देशों के लिए प्रस्थान करने लगे। उनके इस प्रकार के प्रस्थान के पीछे एक ही उद्देश्य होता था कि आक्रमण किए जाने वाले देश को इस्लाम में दीक्षित किया जाए, और वहाँ के धनमाल व औरतों को लूटकर अपना बनाया जाए। इसी प्रकार की

सोच के चलते उत्तरी अफ्रीका के देश अल्जीरिया, ट्यूनीशिया, मोरक्को, उतरी सूडान के मूल निवासियों को भी या तो मार काटकर समाप्त कर दिया गया या उन्हें धर्मान्तरित कर मुसलमान बना लिया गया।

मजहब के नाम पर तलवारें लेकर चल पड़े,
निरीहजनों के अनेक सिर उनके पैरों पर चढ़े।
सर्वत्र हाहाकार थी और त्राहिमाम की चीख थी,
प्राण बचाने के लिए जन हाथ जोड़े थे खड़े।।

इन सभी देशों में इस्लाम के अत्याचार अपने चरम पर होते चलते रहे। लाखों लोगों को बेमौत मार दिया गया। चारों ओर दानवता का क्रूर चक्र चला। सारा संसार मानवता की चीख-पुकार से कराहता रहा। पर इस्लाम के तथाकथित सिपाहियों पर उसकी इस चीख-पुकार का कोई प्रभाव नहीं पड़ा। वे तो यह मानते रहे कि वह जो कुछ भी कर रहे हैं, उसे अल्लाह के हुक्म से कर रहे हैं। आज जो लोग मनु को कोसते हैं, उन्हें इस्लाम के द्वारा किए जा रहे ऐसे अत्याचारों पर विचार करते समय यह अवश्य विचार करना चाहिए कि यदि मनुवाद की व्यवस्था उस समय काम कर रही होती तो इस्लाम के नाम पर लोगों का सर काटते इस्लाम के तथाकथित सिपाहियों को तो मनु एक बार क्षमा कर देते परन्तु जो लोग इन सिपाहियों को पीछे से इस बात की प्रेरणा दे रहे थे कि तुम जो कुछ भी कर रहे हो वह अल्लाह के हुक्म से कर रहे हो - उन्हें मनु कदापि नहीं छोड़ते।

भारत -अरब सम्बन्ध

भारत-अरब- सम्बन्ध का इतिहास दो हजार वर्ष से भी अधिक पुराना है। प्रथम शताब्दी ई.पू. में भारत और सेल्यूसिड साम्राज्य के बीच व्यापारिक सम्बन्ध थे। व्यापार सड़क और समुद्री- दोनों मार्गों से होता था। इस सम्बन्ध में हमारे विद्वानों का मानना है कि सड़क-मार्ग उत्तर में तक्षशिला से सेल्यूसिया, कपिसा, बैक्ट्रिया, हिकेटोमोपाइलस होकर जाता था, जो एक महत्त्वपूर्ण सड़क-मार्ग था, जबकि दक्षिण से दूसरा सड़क-मार्ग सीस्तान और कार्मेनिया होकर जाता था।

'भारतीय धरोहर' से हमें पता चलता है कि सन् 570 ई. (?) में मुहम्मद साहब के जन्म के समय अर्वस्थान में एक उन्नत, समृद्ध एवं

वैविध्यपूर्ण वैदिक संस्कृति थी। प्रत्येक घर में हिन्दू देवी-देवताओं की प्रतिमाएँ थीं। सार्वजनिक मन्दिर, पूजा-पाठ के साथ-साथ शिक्षा एवं संस्कृति के भी केन्द्र थे। 'हरिहरक्षेत्रमाहात्म्य' नामक ग्रन्थ में अर्वस्थान की धार्मिक-सांस्कृतिक राजधानी व साहित्यिक क्रियाकलापों तथा अनेक उत्सवों और मेलों की कार्यस्थली 'मक्का' के लिए निम्नलिखित उल्लेख मिलता है :-

एकं पदं गयायांतु मक्कायांतु द्वितीयकम्।
तृतीयं स्थापितं दिव्यं मुक्त्यै शुक्लस्य सन्निधौ।।

अर्थात् '(भगवान् विष्णु का) एक पद (चिह्न) गया में, दूसरा मक्का में तथा तीसरा शुक्लतीर्थ के समीप स्थापित है।'

हिन्दू-मान्यतानुसार मक्का (मक्केश्वर) तीर्थ को स्वयं भगवान् ब्रह्माजी ने बसाया था। इन्हीं ब्रह्माजी को मुसलमान, यहूदी और ईसाई 'अब्राहम' या 'इब्राहीम' कहते हैं। इस्लामी-परम्परा में मक्का को अब्राहम ने बसाया था। मक्का शहर अति प्राचीन काल से ही विभिन्न व्यापारिक-मार्गों के मध्य में अवस्थित होने के कारण वाणिज्यिक महत्त्व का रहा है। इस्लाम अथवा मुहम्मद साहब के प्रादुर्भाव से बहुत पूर्व से ही यह शहर 'हरियम्' (हरम्) सहित विभिन्न धर्मस्थलों का केन्द्र रहा है। इस्लाम के आगमन के पहले के युग में यहाँ 360 वैदिक देवी-देवताओं की पूजा होती थी। सन् 622 में इस्लामी पैगम्बर मुहम्मद साहब ने मक्का में, जो एक महत्त्वपूर्ण व्यापारिक-केन्द्र था, इस्लाम की घोषणा की और तब से इस शहर ने इस्लाम के इतिहास में एक महत्त्वपूर्ण भूमिका निभायी। तब से यह शहर इस्लाम का पवित्रतम शहर हो गया है, जहाँ प्रतिवर्ष दुनिया के लगभग 10 लाख मुसलमान इस्लामी कैलेण्डर के अन्तिम महीने में 'हज' तीर्थयात्रा करने पहुँचते हैं। 'हज' तीर्थयात्रा को इस्लाम के पाँच स्तम्भों (ईमान, नमाज, रोजा, जकात एवं हज) में से एक माना गया है।

भारत ने धर्म का पैगाम मक्का को दिया,
अर्व के शुष्क रेत को ज्ञान से गीला किया।
हृदय में उनके हिंद ने भाव ऊंचे थे भरे,
दी व्यवस्था हिंद ने जीना उन्हें सिखला दिया।।

मक्का के केन्द्र में दुनिया की सबसे बड़ी मस्जिद और हज-यात्रा का केन्द्र 'अल्-मस्जिद अल्-हरम्' स्थित है। इसे 'अल्-हरम् मस्जिद', 'हरम्

अल-शरीफ', 'मस्जिद अल्-शरीफ', 'मस्जिद-ए-हरम्', 'प्रधान मस्जिद' और सिर्फ 'हरम' भी कहा जाता है। प्रख्यात इतिहास-संशोधक पुरुषोत्तम नागेश ओक (1916-2008) ने उल्लेख किया है कि अरबी-शब्द 'हरम्' संस्कृत के 'हरियम्' शब्द का अपभ्रंश है, जो विष्णु-मन्दिर का द्योतक है।"

जब हम यह पढ़ते हैं कि ईसाई, बौद्ध, यहूदी आदि अन्य मतावलम्बियों को या धर्मावलम्बियों को मुसलमानों ने शीघ्र ही या तो समाप्त कर दिया या फिर उनको धर्मान्तरित कर उनका मौलिक स्वरूप बिगाड़ दिया गया, लेकिन भारत का वैदिक धर्म अपने अस्तित्व के लिए सबसे अधिक देर तक संघर्ष करता रहा तो इसका अभिप्राय केवल यह है कि वैदिक धर्म से निकल कर सारे संसार में जितने भर भी मजहब या मत पैदा हुए उन सबके वैचारिक चिन्तन में कहीं ना कहीं दोष था, कमी थी, चिन्तन की अपवित्रता थी। जिसके चलते वह उतनी मजबूती से इस्लाम की तलवार का सामना नहीं कर पाए, जितनी मजबूती से भारत के वैदिक धर्मावलम्बियों ने किया।

वैदिक धर्म का चिंतन

वैदिक धर्मावलम्बी लोगों के भीतर एक भाव था कि संसार के लोगों का धर्म अलग अलग नहीं हो सकता। सभी का धर्म एक है और यदि धर्म के नाम पर कोई व्यक्ति दूसरे व्यक्ति का गला काटता है या नरसंहार करता है तो ऐसा व्यक्ति या व्यक्तियों का समूह धर्म और मानवता का शत्रु है। जिसे समाप्त किया जाना धर्म संगत है वास्तव में धर्म के साथ बेईमानी और उसकी परिभाषा को विकृत करने की सोच यहीं से आरम्भ हुई।

उदाहरण के रूप में बौद्ध धर्म को आप ले सकते हैं। जो कि मूल रूप से वैदिक धर्मावलम्बियों का ही एक मत था, परन्तु यह अहिंसावादी अवगुण या दोष का शिकार हुआ। फलस्वरूप जब इस्लाम की नंगी तलवार इसके सामने आई तो यह उसका सामना नहीं कर पाया। यही कारण रहा कि तुर्की के जितने भर भी बौद्ध धर्मावलम्बी लोग थे, उन्होंने बिना अधिक प्रतिरोध या विरोध के मुसलमान आक्रमणकारियों के सामने शीघ्र ही आत्मसमर्पण कर दिया। इसका कारण केवल एक था कि बौद्ध धर्मावलंबी लोगों को केवल यह शिक्षा दी गई थी कि आपको हिंसा का सहारा किसी भी स्थिति में नहीं लेना है। उन लोगों

को अहिंसा के नाम पर भीतर से कायर बना दिया गया। यद्यपि कुछ विद्वानों की मान्यता यह भी है कि स्वयं महात्मा बुद्ध भी नहीं चाहते थे कि अहिंसा की इस प्रकार की गलत परिभाषा प्रचलित हो।

अहिंसा ने इस देश का कर दिया सत्यानाश।
हिंसा दिन प्रतिदिन बढ़ी धर्म गया संन्यास।।

सातवीं शताब्दी के मध्य से बौद्ध धर्मावलम्बी तुर्की लोगों के इस्लाम में धर्मांतरण करने की प्रक्रिया आरम्भ हुई। जो अगले 100 वर्ष में पूर्ण हो गई। 100 वर्ष का यह कालखण्ड यद्यपि कुछ अधिक देर तक चला हुआ काल दिखाई देता है, परन्तु इतिहास के कालचक्र पर या इतिहास की कसौटी पर इसे रखने से पता चलता है कि सभ्यताओं के विनाश के लिए 100 वर्ष का समय कोई अधिक नहीं होता। 100 वर्ष का यह कालखण्ड भी इतनी देर केवल इसलिए चल पाया कि वहाँ पर जो हिन्दू लोग थे, उन्होंने बौद्धों को भी बचाने का संघर्ष किया था। क्योंकि ये हिन्दू लोग बौद्ध धर्मावलम्बी लोगों को अपने ही वैदिक धर्म की एक शाखा मानते थे। हमें यह भी ध्यान रखना चाहिए कि इराक भी एक बौद्ध देश था। वहाँ का अन्तिम हिन्दू/बौद्ध राजवंश बरमक था।

इस्लाम ने किया देशों का धर्मांतरण

मानवता के विरुद्ध किए गए अपने अत्याचारों के बल पर जिस प्रकार इराक और तुर्की में इस्लाम को सफलता मिली वैसे ही विश्व के अन्य देशों या प्रान्तों में भी उसे आशातीत सफलता मिली। पुलस्त्य ऋषि के प्रदेश पेलेस्टाइन (फिलिस्तीन) में भी मजहब के नाम पर किए गए अत्याचारों के आधार पर इस्लाम ने अच्छी सफलता प्राप्त की। फिलिस्तीन के साथ-साथ ईसाई बने सूर्यवंशी क्षत्रियों का प्रदेश सीरिया, लेबनान, जॉर्डन आदि देशों को 634 से 650 ई. के बीच मुसलमान बना दिया गया। यहाँ पर इस्लाम के मानने वाले आक्रमणकारियों ने लोगों पर मनमाने अत्याचार किए।

कहने का अभिप्राय है कि मात्र 16 वर्ष में ही इन देशों का इस्लामीकरण कर दिया गया। इस्लाम के मानने वालों ने ऐसा ही कार्य विश्व के अन्य देशों में भी किया। जहाँ उन्हें कोई भारतवर्ष जैसी कोई बड़ी चुनौती नहीं मिली। ये लोग बड़ी सहजता से लोगों को मारते-काटते, लूटते और उनके मूल मजहब से इस्लाम

स्वीकार कराते रहे, उनकी महिलाओं के साथ मनमाने अत्याचार करते रहे।

अत्याचारों के इस पीड़ादायक इतिहास पर यदि दृष्टिपात करते हैं तो पता चलता है कि यद्यपि इस्लाम वेद के एकेश्वरवाद की स्थापना के लिए किया गया आन्दोलन था, परंतु वह दिशाहीन हो जाने पर संसार के लिए एक आफत बन गया। माना कि संसार के लोग उस समय अज्ञान और अविद्या के अंधकार में फंसे हुए थे ,परन्तु रक्तपात, हिंसा, मारकाट, लूट, डकैती व बलात्कार के इस नए वैश्विक परिवेश से तो अज्ञान और अविद्या के अंधकार में भटकते रहने वाले समाज के लोग ही अच्छे थे।

इस्लाम ने लोगों को एक नई व्यवस्था देनी चाही थी, परन्तु वह व्यवस्था के स्थान पर अव्यवस्था देने वाला मजहब बन गया। यह अव्यवस्था भी ऐसी जो पूर्णतया अराजक तत्वों के हाथों में थी। जब कोई चुनौती सामने नहीं होती है तो व्यक्ति का अहंकार सिर चढ़कर बोलता है और उसे यह भ्रान्ति हो जाया करती है कि वह जो कुछ भी कर रहा है, वह किसी अदृश्य सत्ता के आदेश से कर रहा है, जो उससे ऐसे पवित्र कार्य को करवा रही है।

भारत ने तोड़ी इस्लाम की भ्रान्ति

भारत में जब इस्लाम का प्रवेश हुआ तो राजा दाहिर सेन के रूप में अनेकों वीर योद्धाओं ने उनका वीरता के साथ सामना किया और इस्लाम को मानने वाले लोगों की इस भ्रान्ति को तोड़ दिया कि वह जो कुछ भी कर रहे हैं, वह बहुत पवित्र कार्य है।

भारतीय इतिहास के महान योद्धाओं के सम्बन्ध में इतिहासकार पी. एन. ओक का यह कथन पूर्णतया सत्य है कि "यूरेशिया के महान वैदिक आर्य संस्कृति के लोग "अहिंसा परमोधर्म:" की मूर्खतापूर्ण माला जपते हुए "हिंसा लूट परमोधर्म:" की संस्कृति में समाते जा रहे थे, पर अहिंसा की बीमारी से ग्रस्त भारतवर्ष में तब भी खड्गधारी सनातनी योद्धाओं की कमी नहीं थी।

खड़गधारी सनातनी योद्धा रहे विशेष।
संस्कृति रक्षक बन गए और बचाया देश।।

ये खड़गधारी सनातनी योद्धा ही वे लोग थे जिनका प्रतिनिधित्व अपने काल में राजा दाहिर सेन कर रहे थे। उनके नेतृत्व में उस समय हजारों लाखों की

संख्या में लोग घरों से बाहर निकले और देश की रक्षा के लिए अपने आपको उपस्थित कर दिया। संस्कृति और धर्म के प्रति उन योद्धाओं का यह समर्पण हमारे लिए वरदान सिद्ध हुआ। विशेष रूप से तब जबकि चारों ओर अन्य देशों की सभ्यताओं के किले लुटेरे इस्लामिक सैन्यदलों की आँधी के सामने धड़ाधड़ गिर रहे थे। इस्लाम के आक्रमणकारियों के लिए एक नहीं अनेकों अवसर ऐसे आए जब भारत के वीर योद्धाओं ने उनकी सेना के एक-एक सैनिक को यहां गाजर मूली की तरह काट कर समाप्त कर दिया। वर्तमान इतिहास में हमारे वीर योद्धाओं के ऐसे बलिदानी पर्वों का उल्लेख जानबूझकर नहीं किया गया है।

यह केवल भारत के वीर योद्धा ही थे जिन्होंने पूरी की पूरी सेना के सफाए का समाचार स्वदेश में जाकर देने के लिए भी शत्रु का कोई सैनिक छोड़ा नहीं। इस्लाम के आक्रमणों के विषय में हमें यह भी ध्यान रखना चाहिए कि भारत में ही इन आक्रमणकारियों को महिलाओं की वीरता का भी सामना करना पड़ा। भारत से अलग शायद ही कोई देश रहा हो जहां इस्लाम का सामना वहां की महिलाओं ने भी किया हो। जौहर रचाने वाली परम्परा तो निश्चित रूप से इन मुसलमानों को देखने के लिए भारत में ही मिली थी। जब 636 ई. में खलीफा उमर ने भारत के ठाणे नामक स्थान पर आक्रमण कराया तो वहाँ से उसका एक भी सैनिक जीवित नहीं लौटा था।

जब इन लुटेरों ने राजस्थान के भरुच अर्थात भृगुकच्छ पर आक्रमण किया तो वहाँ भी इनकी स्थिति ऐसी ही बनी। वहाँ के हिन्दू वीर योद्धाओं ने युद्धभूमि में अपनी वीरता की अनुपम मिसाल कायम की थी। जिसमें शत्रु सेना के अनेकों सैनिकों को प्राण गंवाने पड़े थे।

माना कि 712 ई. में मोहम्मद बिन कासिम द्वारा किए गए हमले के समय विदेशी आक्रमणकारी को तात्कालिक आधार पर कुछ सफलता प्राप्त हुई थी, पर इसका अभिप्राय यह नहीं है कि इसके पूर्व के उन सारे युद्धों को भारतीय इतिहास से निकाल दिया जाए जिनमें भारतीय योद्धाओं ने अपनी वीरता की धाक जमाई थी और विदेशी आक्रमणकारियों के भीतर ऐसा भय उत्पन्न कर दिया था कि उन्हें रात को सोते हुए भी भारत की खड्ग के चलने की आवाज सुनाई देती थी। जिसे सुनकर ये मुस्लिम आक्रमणकारी चारपाई पर सोते सोते हो उछल पड़ते थे। भारत का शौर्य उनसे रात की नींद और दिन का चौन छीन चुका था।

सेनापति हाकिम को किया गया परास्त

उस्मान ने अपने खलीफा काल में अपने सेनापति हाकिम को भारतवर्ष पर आक्रमण करने के लिए भेजा था। हाकिम ने भारत पर जिस आशा और अपेक्षा के साथ आक्रमण किया था उसकी वह आशा और अपेक्षा उस समय धूमिल हो गई थी जब यहाँ के वीरों ने उसे अपनी सेना से भी खाली हाथ लौटने के लिए मजबूर कर दिया गया था। हाकिम चला था कि भारत को लूटकर अपार सम्पदा का स्वामी होकर स्वदेश लौटूँगा, पर जब वह भारत पहुँचा तो कुछ देर में ही उसे पता चल गया कि यहाँ लुटेरे ही उल्टे लूट लिए जाते हैं अर्थात भारत के वीर योद्धा अपने शौर्य से लुटेरों के सैन्य दल को समाप्त कर उन्हें पंखविहीन कर देते हैं या उन्हें सीधे दोजख की आग में धकेल देते हैं।

जाना पड़ा अपने वतन हाकिम को उल्टे पैर ही।
लूटने चला था हिंद को अब मांग रहा था खैर ही।।
देख शौर्य हिंद का, था कहने लगा हाकिम यह,
कभी ना आऊंगा यहाँ और न रखूंगा वैर ही।।

भारत के वीर योद्धा की वीरता को मापकर उसे यह भी आभास हो गया कि भारत के लोग किसी के धन को लूटने में तो विश्वास नहीं रखते, पर हर किसी के घमंड को तोड़ने और उसके दुस्साहस के भ्रम को मिटाने की लूट की कला में बहुत अधिक कुशल हैं।

वैसे भी भारत की नीति प्राचीन काल से यही रही है कि पहले किसी को छेड़ो नहीं और यदि कोई दूसरा छेड़ता है तो फिर उसे छोड़ो नहीं।

हमारे जिन वीर क्षत्रिय योद्धाओं ने इन विदेशी आक्रमणकारियों का जब-जब इस प्रकार घमंड तोड़ा और उनके अहंकार को लूटा, तब-तब ही भारत ने एक विशेष और गौरवपूर्ण इतिहास रचा। जिस पर इस समय निश्चय ही काम किए जाने की आवश्यकता है। हाकिम नाम के इस विदेशी आक्रमणकारी ने यद्यपि भारत की ओर पैर करके भी न सोने का संकल्प लिया था, परंतु इन मुस्लिम आक्रमणकारियों की एक विशेषता रही है कि जब यह भारत के वीर योद्धा के हाथों मार खाते थे तो बड़ी-बड़ी कसमें भी खाते थे कि अब कभी हिंदुस्तान की ओर लौटकर नहीं देखूंगा। ये हमारे राजाओं को यह वचन ही देते थे कि इस बार मुझे क्षमा कर दो, अगली बार कभी इधर नहीं आऊंगा। पर जैसे ही इन्हें शक्ति

संचय करने का थोड़ा सा अवसर उपलब्ध होता था तो यह वचन भंग कर भारत की ओर चल देते थे। हाकिम ने भी यही किया।

वचन भंग करना और काफिर को किसी भी प्रकार के छल कपट से मार डालना, मुस्लिमों को अपने दीन की घुट्टी में पिलाया जाता है।

जब यह मुस्लिम आक्रमणकारी हाकिम भारत पर दोबारा चढ़ाई करके आया तो भारत के वीरों ने इस बार भी उसे कड़ा सबक सिखाया था। इतना ही नहीं, दूसरी बार जब इसने आक्रमण किया तो इस बार तो वह स्वयं भी जीवित अपने देश नहीं लौट सका था अर्थात भारत के वीर योद्धाओं ने भारत भूमि पर ही उसका प्राणान्त कर दिया था। इस प्रकार इस विदेशी राक्षस आक्रमणकारी को अपने किए का सही दण्ड प्राप्त हो गया। अब वह ऐसे स्थान पर पहुँचा दिया गया था जहाँ से वह कभी लौटकर नहीं आने वाला था।

जब सिनान को मांगनी पड़ी प्राणों की भीख

'काफिरों' के देश भारत को इस्लामिक राज्य में परिवर्तित करना इस्लामिक आक्रमणकारियों का सबसे बड़ा लक्ष्य था। अपने इसी उद्देश्य की पूर्ति के लिए मुहम्मद सिनान नाम का अरब आक्रमणकारी भी भारत आया था। इस राक्षस के लिए अल बिलादुरी ने लिखा है, "यह बहुत अच्छा, सर्वगुण सम्पन्न था। यह पहला आदमी था जिसने अपने सभी सैनिकों को अपनी पत्नियों से तलाक दिला दिया और उन्हें यह पूर्ण विश्वास दिलाया था कि भारतीय स्त्रियों को लूटकर खूब मजे करायेंगे।"

दिन में सपने देखना अलग चीज है और वास्तव में सपनों के बाग की सैर करना अलग चीज है। इस राक्षस आक्रमणकारी ने भारत को लेकर चाहे जैसे सपने देखे हों पर जब उसका वास्तविकता के धरातल से परिचय हुआ तो उसे भी भयंकर निराशा ही हाथ लगी। जब इसका सामना भारतवर्ष के देशभक्त वीर योद्धाओं से हुआ तो उसे शीघ्र ही पता चल गया कि भारतीयों की महिलाओं को लूटना उतना सरल नहीं है, जितना वह मान कर आया था। उसे यह भी पता चल गया कि भारतवासी चरित्र में कितने ऊंचे हैं ? और वह अपनी बहन बेटियों के सम्मान के लिए अपने प्राणों को गंवाना कोई बड़ी बात नहीं मानते हैं। इसके लिए भारतवर्ष के वीर सैनिकों की छातियों की वज्र दीवार को तोड़ना हर किसी

के वश की बात नहीं है। जितने लुटेरे, नीच, अधर्मी और पातकी लोगों को यह विदेशी आक्रमणकारी अपने साथ लेकर आया था उन सबको भारत के योद्धाओं ने सीधे 'जन्नत की हूरों' के पास भेज दिया। सभी कुत्ते की मौत मारे गए।

नरपिशाचों को मार कर भेजा हूरों पास।
सिनान भी छोड़ा नहीं जो शत्रु था खास।।

स्वयं सिनान को अपने प्राणों की रक्षा के लिए भारतीय सैनिकों के सामने से भागना पड़ा, अन्यथा वह भी मौत की नींद सुला दिया गया होता। इतिहास का यह एक स्वर्णिम पृष्ठ है कि इसके पश्चात यह राक्षस आक्रमण के नाम पर भारत की ओर कभी देखने का साहस भी नहीं कर पाया था। उसे यदि किसी ने फिर से भारत पर आक्रमण करने के लिए कहा भी तो उसने कान पकड़कर यह कहना आरम्भ कर दिया था कि जब तक जीवित हूँ तब तक भारत की ओर नहीं जाऊंगा।

जियाद का भी किया बुरा हाल

सिनान के बाद भारत पर आक्रमणकारी के रूप में जियाद चढ़कर आया। उसे भी अपनी शक्ति और शौर्य पर बड़ा घमंड था। उसे लगता था कि उसके पूर्व के आक्रमणकारी चाहे भारत के शौर्य के सामने न टिक सके हों पर वह भारत के शौर्य और शीश को झुकाकर ही आएगा। यद्यपि जब वह भारत आया तो उसे भी अपनी शक्ति की सीमाओं का शीघ्र ही ज्ञान हो गया। इस आक्रमणकारी का सामना भारत की किसी बड़ी शक्ति से नहीं हुआ, अपितु भारत के वीर जाटों और मेदों ने इस विदेशी आक्रमणकारी का विनाश कर दिया था। इससे पता चलता है कि भारत में यह भी परम्परा रही है कि यदि विदेशी शत्रुओं से स्थानीय प्रजाजन संघर्ष कर उसे भगा सकते हैं तो वह भी राजा की सेना की प्रतीक्षा किए बिना इस शुभ कार्य को करने के लिए स्वतंत्र थे। ऐसे अनेकों उदाहरण है जब राजा की सेना की प्रतीक्षा किए बिना जनसाधारण ने ही विदेशियों को अपनी मातृभूमि से भगाने में सफलता प्राप्त की।

शत्रु हो जो देश का मानो उसको नीच।
उसे छोड़ना पाप है, यही हिंद की रीत।।

भारत के इन योद्धाओं के सामने वह विदेशी आक्रमणकारी टिक नहीं सका

और उसे इन योद्धाओं से लड़ते हुए अपने प्राण गंवाने पड़े। विद्वानों का ऐसा कहना है कि उसकी मरे की सूचना भी अपने देश में बहुत देर बाद पहुंच पाई थी। जब जियाद के मारे जाने की सूचना उसके देश में पहुंची तो उसके बेटे को अपने पिता की मृत्यु का प्रतिशोध लेने का जुनून चढ़ा। यह लड़का क्रोध से पूर्णतया पागल हो गया था। उस पागलपन में ही उसने यह निर्णय ले लिया कि वह भारत पर चढ़ाई करेगा और अपने पिता की मृत्यु का प्रतिशोध लेगा। अतः उसकी मृत्यु के प्रतिशोध के विचार से प्रेरित होकर उसके बेटे अब्बाद ने भारत पर आक्रमण कर दिया। उसका यह आक्रमण उस क्षेत्र पर किया गया था, जिसे आजकल अफगानिस्तान के नाम से जाना जाता है।

उस समय अफगानिस्तान में वैदिक धर्म का वर्चस्व था। वैदिक धर्मावलम्बी लोग अपने देश और धर्म पर मर मिटना जानते थे। यद्यपि कुछ लोग बौद्ध धर्म स्वीकार कर चुके थे, पर वैदिक धर्म का वर्चस्व होने के कारण वैदिक सनातनी लोगों ने इस विदेशी राक्षस का बड़ी वीरता के साथ सामना किया और इसकी सेना का सर्वनाश कर दिया। युद्ध के इस परिणाम से शत्रु की आंखें खुल गई और उसे वास्तविकता का बोध हो गया।

मुट्ठीभर सैनिकों के साथ युद्ध के मैदान में खड़े होकर हजारों लाखों की संख्या में खड़े शत्रुओं की तलवारों का सामना करना यदि किसी को सीखना है तो वह इन भारतीय योद्धाओं से सीख सकता है। साथ ही इन तलवारों के बीच रहकर भी अपने धर्म का पालन करना अर्थात युद्ध में नियमों का पालन करना भी यदि कोई सीखना चाहता है तो वह भारत के सैनिकों से ही सीख सकता है। हम भारतवासियों को निश्चय ही अपने वीर योद्धाओं के इस प्रकार के वीरतापूर्ण कार्यों पर गौरव की अनुभूति होनी चाहिए। भारत के बारे में हमें यह भी समझना चाहिए कि भारत के वीर योद्धाओं ने देश धर्म की रक्षा के लिए ईंटों की दीवारें खड़ी नहीं कीं। उन्होंने इस कार्य के लिए अपने सीनों की दीवारें खड़ी कीं और यह दीवार भी इतनी मजबूत थी कि एक बार ईंटों की दीवार का गिरना संभव था परंतु भारत के वीरों के सीनों की दीवारों का गिरना सर्वथा असंभव था। इनके लिए बड़े गर्व के साथ कहा जा सकता है कि ये दीवारें कभी नहीं गिरीं। गिरीं तो केवल बलिदान के लिए गिरीं।

वास्तव में भारत के वीर योद्धाओं की कहानियां विश्व के लिए आदर्श बननी

चाहिए। इतना ही नहीं, युद्ध के मैदान में भी धर्म का पालन करने की भारत की अद्‌भुत परंपरा को आज के विश्व समाज को अपनाना चाहिए। आज युद्धों का स्तर बहुत अधिक गिर गया है। आज छल, कपट, धोखा, अत्याचार, अनाचार, पापाचार और बलात्कार इन सब को युद्ध में अपनाया जाता है। इस प्रकार की घृणित सोच विश्व समाज के लिए इस्लाम और ईसाइयत की देन है। नीचता और पाशविकता की प्रतीक इस युद्ध परम्परा को बदलकर भारत की आदर्श युद्ध परंपरा को लागू करना चाहिए।

इस पुस्तक के नायक के रूप में हमने भारत की इंच-इंच भूमि के लिए लड़ने वाले वीर योद्धाओं की लंबी श्रंखला में से एक महानायक राजा दाहिर सेन को चुना है। निश्चय ही समकालीन इतिहास में भारत की स्वाधीनता के महानतम सेनानायक थे। उनसे पहले भी जिन योद्धाओं ने भारत की सांस्कृतिक विरासत को अक्षुण्ण बनाए रखने के लिए अपना प्राणोत्सर्ग किया था वह तो अभिनन्दन के पात्र हैं ही राजा दाहिर सेन हमारे लिए इसलिए और भी अधिक अभिनंदनीय हैं कि उन्होंने अपने समय के सबसे बड़े युद्ध में भारत का नेतृत्व किया था। उस युद्ध में वह पराजित योद्धा के रूप में भारत के इतिहास में अमर ख्याति प्राप्त करने में सफल हुए। उनके परिवार के बच्चे-बच्चे ने अपना बलिदान दिया और भारत की सांस्कृतिक विरासत को बचाए रखने में अपने प्राणों का बलिदान करने में भी हिचक नहीं दिखाई।

जो लोग यह मानते हैं कि भारत के क्षत्रिय राजाओं का इस्लामिक आक्रमणकारियों के समय नैतिक पतन हो गया था या वे राष्ट्रीय सोच के नहीं रहे थे या उनकी तलवारों को अहिंसा की जंग लग गई थी या वे भोगी और विलासी होकर महलों तक सीमित होकर रह गए थे, उनकी इस प्रकार की भ्रांतियों का निवारण इस पुस्तक के अध्ययन से होना निश्चित है। क्योंकि इस पुस्तक में हमने यह स्पष्ट करने का प्रयास किया है कि हमारे राजा दाहिर सेन और उनके परिजनों ने भारत के लोगों को जगाने और राष्ट्रवाद की भावना को बलवती करने का हरसंभव प्रयास किया था। इतना ही नहीं ,उनके इस प्रकार के प्रयासों को लोगों का हर प्रकार का समर्थन भी प्राप्त हुआ था। यद्यपि कुछ गद्दार उस समय रहे, जिनके कारण हमारी विजय पराजय में परिवर्तित हो गई। इसके पश्चात भी हमारा मानना है कि हमें अपनी विजय के पराजय में परिवर्तित होने पर इतना

दुख नहीं मनाना चाहिए जितना इस बात पर गर्व करना चाहिए कि उस पराजय को भी विजय में बदलने वाली राजा दाहिर सेन की दोनों वीरांगना बेटियों ने जो कार्य जाते-जाते किया उससे भारत का बहुत बड़ा लाभ उस समय हुआ था।

पुस्तक प्रकाशन के लिए डायमंड पॉकेट बुक्स के चीज श्री नरेंद्र वर्मा जी का आभार व्यक्त करता हूँ जिन्होंने बहुत कम समय में इस पुस्तक को आपके हाथों तक लाने में अपना अमूल्य सहयोग प्रदान किया है। इसके अतिरिक्त पूज्य माता-पिता, ज्येष्ठ श्रेष्ठ भ्राताश्री, परिजन, मित्रगण व बंधु बांधवों के शुभाशीष व हार्दिक शुभकामनाओं का भी हृदय से धन्यवाद ज्ञापित करता हूँ जिनसे इस पुस्तक लेखन का कार्य पूर्ण हो सका। अपनी अर्धांगिनी श्रीमती ऋचा आर्या का भी मैं विशेष आभारी हूं जो मुझे सभी घरेलू दायित्वों से मुक्त रखती हैं और मेरे लेखन कार्य में किसी प्रकार की बाधा कभी नहीं डालतीं।

अन्त में परमपिता परमेश्वर के प्रति हृदय से धन्यवाद ज्ञापित करता हूं जिसकी असीम अनुकम्पा से मेरे लेखन का यह कार्य निरंतर आगे बढ़ रहा है और आप सब का आशीर्वाद मुझे प्राप्त हो रहा है।

सुबुद्ध पाठकवृन्द! आशा करता हूँ कि इस पुस्तक के रूप में मेरा यह प्रयास आपको निश्चय ही सार्थक लगेगा और आपका आशीर्वाद पूर्व की भाँति मुझे निश्चय ही प्राप्त होगा।

भवदीय

-डॉ राकेश कुमार आर्य
अंसल गोल्फ लिंक -2,
मकान नंबर सीई 121
ग्रेटर नोएडा गौतमबुद्ध नगर उत्तर प्रदेश
मोबाइल - 9911169917
पिन कोड - 201306

विषय सूची

अध्याय–1

सिन्ध और सिन्धु प्रान्त का इतिहास

भारत के इतिहास से सुनियोजित षड्यंत्र के अंतर्गत बहुत से इतिहास नायकों को विस्मृत कर दिया गया है। हमारे इतिहास को हमारे समक्ष प्रस्तुत करते समय षड्यंत्रकारी इतिहासकारों के द्वारा ऐसा प्रयास किया जाता है कि हम भारत के लोग आत्मगौरव की रंचमात्र भी अनुभूति न कर सकें। हम स्वयं भी इतिहास को इतिहास के दृष्टिकोण से नहीं पढ़ते हैं। विद्यालयों में शिक्षक इतिहास का बच्चों को केवल उतना ज्ञान देना चाहते हैं, जितने से वह अपनी कक्षा में उत्तीर्ण हो जाए और विद्यार्थी भी अपने अध्यापक से उतना ही ज्ञान लेना चाहते हैं, जिसे पढ़कर वह अपने उत्तीर्ण अंक प्राप्त कर सकें। इसके कई कारण हैं। एक कारण यह भी है कि हमारे इतिहास को नीरस रूप में और दब्बू लोगों का इतिहास बनाकर प्रस्तुत किया गया है। इतिहास की दबंगता, शौर्य, साहस, उत्कर्ष, राष्ट्रभक्ति और देश, धर्म व संस्कृति के प्रति मरने मिटने की हमारे पूर्वजों की भावना को उससे सर्वलथा विलुप्त कर दिया गया है। जिससे आज की युवा पीढ़ी के लिए इतिहास नाम का विषय नीरस और उबाऊ हो गया है।

भारत का इतिहास सबसे पुराना : जब हम भारत के इतिहास को खोजने या उस पर शोध करने की बात करते हैं तो हमें यह बात सदा ध्यान में रखनी चाहिए कि भारत का इतिहास सम्पूर्ण भूमण्डल का इतिहास है। विश्व मानचित्र पर जितने भर भी देश आज दिखाई देते हैं, उन सब का हजार–दो हजार अधिकतम पाँच हजार वर्ष का अपना इतिहास है। जबकि भारत वर्ष लाखों नहीं करोड़ों वर्ष पुराना अपना इतिहास रखता है। ऐसे अनुसंधान विश्व स्तर पर कई बड़े–बड़े विद्वानों ने किए हैं जिनसे यह स्पष्ट होता है कि भारत का अपना पिछले 20 लाख वर्ष का इतिहास है। जबकि भारत के वैदिक सृष्टि सम्वत के अनुसार

भारत का लगभग दो अरब वर्ष पुराना इतिहास है।

भारत का इतिहास ही विश्व का इतिहास।
उत्कर्ष, वैभव, शौर्य-देता है उल्लास।।

हमने यह तथ्य इसलिए प्रस्तुत किया है कि जब हम सिन्ध के प्राचीन इतिहास के बारे में शोध करें तो हमें उसके बारे में भी यह समझना चाहिए कि सिन्ध भी भारत के आर्यावर्त का कभी एक भाग था। इसलिए सिन्ध के इतिहास को पिछले हजार, दो हजार या अधिकतम पाँच हजार वर्ष के कालखण्ड में समेट कर देखना मूर्खता व अज्ञानता होगी। इसके इतिहास को उतना ही पुराना माना जाना चाहिए जितना पुराना भारत या आर्यावर्त का इतिहास रहा है।

सिन्ध शब्द भी शुद्ध संस्कृत का शब्द है। जिससे यह स्पष्ट होता है कि यह प्राचीन भारत का एक अंग रहा है। ऐतिहासिक, भौगोलिक और सांस्कृतिक रूप से सिन्ध भारत के साथ रहा है, भारत का रहा है और भारतीयता पर गर्व करता रहा है। आज भी सिन्ध में ऐसे अनेकों लोग हैं जो पाकिस्तान के वर्तमान में लिखे गए इतिहास से क्षुब्ध हैं। वह अपने हिंदू गौरव से भरे अतीत के इतिहास को खोजकर व पढ़कर प्रसन्नता की अनुभूति करते हैं। अनेकों लोग ऐसे हैं जो महमूद गजनबी व गौरी को विदेशी आक्रमणकारी मानकर उनके इतिहास को पढ़ने से इनकार करते हैं और राजा दाहिर सेन जैसे वीर पुरुषों को अपना पूर्वज मानकर उनके प्रति श्रद्धा और कृतज्ञता ज्ञापित करते हैं।

सिन्ध का इतिहास : सिन्ध के संदर्भ में हमें यह समझ लेना चाहिए कि जब मजहब परिवर्तन से देश परिवर्तन की परम्परा चली तो यह देश एक समय विशेष पर आकर हमसे दूर हो गया, अन्यथा यह हमारे हृदय का एक अंश रहा है, जिससे हमें उतना ही प्यार होना चाहिए जितना अपने भारतवर्ष से है। दोनों देशों के लोग आज इस आभास को हृदय से अनुभव कर रहे हैं।

सिंध और हिंद की है अविभाज्य रेखा आज भी,
हिंद के बिन सिंध का खतरे में तख्तो ताज भी।
सिंध हमारी सभ्यता का अखंड ज्योति पुंज है,
पाक की नापाक धरती पर असुरक्षित आज भी।।

कुछ लोग सिन्ध का इतिहास महाभारत और उससे पहले रामायण तक खोजते

चले जाते हैं और यदि वहाँ पर इसके अस्तित्व के कुछ प्रमाण मिलते हैं तो बड़े गर्व और गौरव के साथ उद्घोष करते हैं कि "देखिए! सिन्ध का इतिहास अमुक-अमुक स्थलों पर महाभारत और रामायण में भी प्रकट होता है।" जबकि हम कह रहे हैं कि रामायण काल तो वैदिक काल से बहुत आगे का है। प्राचीन काल में जब मनु महाराज ने सृष्टि का पहला राजा बनना स्वीकार किया था, उस समय भी सिन्ध का अस्तित्व था और उसके पश्चात जब तक रामायण काल आया तब तक भी इसका अस्तित्व किसी ना किसी प्रकार भारत के साथ जुड़ा होकर बना रहा। इसलिए इसका इतिहास रामायण काल से भी अत्यन्त प्राचीन है। यह करोड़ों वर्ष आर्यावर्त और भारतवर्ष का एक अविभाज्य अंग रहा है।

भारत करता है सिंध का सम्मान : आज के भारतवर्ष और सिन्ध के सन्दर्भ में हमें यह ध्यान रखना चाहिए कि भारत में सिन्ध, सिन्धु देश, सिन्धी भाषा और सिन्धी लोगों का आज भी बहुत अधिक सम्मान है। यह केवल इसलिए है कि इन सबसे भारत का प्राचीन काल से गहरा सम्बन्ध रहा है। यह सब भारत के साथ और भारतीयता के साथ अन्योन्याश्रितता के सम्बन्ध के रूप में जुड़े हैं। इसलिए दोनों का अस्तित्व अलग-अलग खोजना इतिहास का उपहास करना होगा, भूगोल की उपेक्षा करनी होगी और सांस्कृतिक परम्पराओं की अनदेखी करनी होगी। इतिहास भूगोल और सांस्कृतिक परम्पराएं-यह सब मिलकर किसी राष्ट्र का निर्माण करते हैं।

बात साफ है कि इनके सम्बन्धों को बहुत गहराई से और बड़ी विवेकशीलता व सूक्ष्मता के साथ समझने की आवश्यकता है। यह ऐसे ही नहीं है कि देश का बंटवारा होने के उपरान्त भी सिन्ध के लोग भारत को अपनी आत्मा के सर्वाधिक निकट पाते हैं और इधर भारत भी सिंधु को अपने हृदय प्रदेश में अपनी अंतश्चेतना और अन्तश्चक्षुओं से देखता रहने का अभ्यासी रहा है। दोनों देशों के लोगों के भीतर एक दूसरे के प्रति जैसा आत्मीय सम्मान भाव है वह आज भी इस बात को प्रकट करता है कि सीमा के उस पार भी और सीमा के इस पार भी आज भी एक राष्ट्र दो टुकड़ों में बंटा होकर एक दूसरे से मिलने के लिए तड़प रहा है। दोनों में मिलने की गहरी तड़प है। यह तड़प वैसी ही है जैसी दो प्रेमियों में लंबी जुदाई के बाद देखी जाती है।

"सीमा के उस पार भी,
सीमा के इस पार भी,
दोनों की है एक राह,
मिलन की है एक चाह,
जीवनदर्शन सम दोनों का,
प्रेम मिलन उत्सव दोनों का,
इतिहास की ना कोई रेखा,
भूगोल नहीं है तनिक भी टेढ़ा,
परंपराओं में है अपनापन,
प्राचीन होकर है अधुनातन।।"

पाकिस्तान के शासकों ने भारत और सिन्ध के प्राचीन सम्बन्धों पर पानी फेरने का हरसंभव प्रयास किया। पाकिस्तान ने सिन्ध के अतीत को मिटाने की भी हर प्रकार की कुचेष्टा की है। यह प्रसन्नता का विषय है कि इन सबके उपरान्त भी सिन्ध ने अपने मूल को भारत से अलग नहीं होने दिया। यह केवल अपनी संस्कृति और अपने जातीय स्वाभिमान की रक्षा के लिए किया जाने वाला कोई छोटा कार्य नहीं है, अपितु एक जीवंत सांस्कृतिक चेतना के द्वारा अपने अतीत और अपने पिता के प्रति गहरी निष्ठा व्यक्त करने का प्रमाण भी है। सिन्ध एक ऐसी सांस्कृतिक चेतना का नाम है जो अपने अक्षय स्त्रोत को भूलना नहीं चाहती। वह अपने अक्षय स्त्रोत के साथ नैरन्तर्य बनाए रखने में ही अपनी जीवंतता देखती है। यही कारण है कि सिंध अपनी सांस्कृतिक चेतना और दीर्घकालिक धरोहर को संजोए रखने में सफल रहा है।

सिन्ध भी चाहता है भारत को मन से : सिंध के स्वाभिमानी और संस्कृति प्रेमी लोगों ने पाकिस्तान की सरकार के उस प्रयास को निष्फल कर दिया जिसमें वहाँ के शासकों ने सिन्ध के प्राचीन इतिहास को मिटाकर बच्चों को पाकिस्तान का इतिहास पढ़ाने का प्रयास किया था। सिन्ध के लोगों ने ऐसा केवल इसलिए किया कि वह अपने उस गौरवपूर्ण अतीत को संजोए रखने में ही अपना लाभ और भला देखते हैं जो उन्हें आर्यावर्त कालीन भारत के साथ सीधे जोड़ते हैं और भारत की आत्मा के साथ सीधे संवाद स्थापित करने का शुभ अवसर प्रदान करता है।

आर्यभट्ट के अनुसार महाभारत काल का युद्ध 3137 ईसा पूर्व में हुआ था, अर्थात अब से 5158 वर्ष पूर्व हुआ था। अंग्रेजों की मान्यता थी कि 2600 ईसा पूर्व हड़प्पा -मोहनजोदड़ो नगर सभ्यता की स्थापना हुई थी। कुछ इतिहासकारों के अनुसार इस सभ्यता का काल निर्धारण लगभग 2700 ई.पू. से 1900 ई. पू. तक का माना जाता है।

इतिहास के काल निर्धारण में दोष

वास्तव में इन नगर सभ्यताओं के बारे में उनकी प्राचीनता की ऐसी कल्पना करना केवल माथापच्ची करना है या कहिए कि अंधेरे में तीर मारने के समान है। जो लोग इन नगर घाटी सभ्यताओं के आधार पर भारत की संस्कृति की प्राचीनता का अनुमान लगाते हैं या आंकलन कर विद्वता की डींगें मारते हैं वह देश के इतिहास और जनमानस की और भी अधिक हानि कर जाते हैं ऐसी माथापच्ची करने वाले लोग वही हैं जो वैदिक संस्कृति, आर्य, आर्य भाषा और आर्यावर्त की मान्यताओं और सिद्धांतों में विश्वास नहीं करते हैं या उन मान्यताओं और सिद्धांतों का उपहास उड़ाने के लिए जाने जाते हैं। अत: जो लोग भारत का उपहास उड़ाने के लिए जाने जाते हैं उनसे यह अपेक्षा कैसे की जा सकती है कि वे भारत के संदर्भ में कोई सही निष्कर्ष हमें लाकर दे देंगे?

क्योंकि जिस देश के पास महाभारत काल में मय नाम का ऐसा कुशल शिल्पकार रहा हो जिसने पांडवों के इंद्रप्रस्थ में ऐसा राजभवन बना दिया था जिसमें सूखे में गीला और गीले में सूखा होने की अनुभूति होती थी और जिसमें एक साथ हजारों लोग बैठकर देश और विश्व की समस्याओं पर विचार कर सकते थे, उस देश में नगरों की सभ्यता का विकास हड़प्पा मोहनजोदड़ो के काल से मानना मूर्खता होगी। इसके साथ ही हमें यह भी ध्यान रखना चाहिए कि महाभारत से लाखों वर्ष पूर्व रामायण काल में भी हमें भारत की वास्तुकला और स्थापत्य कला के ऐसे प्रमाण मिलते हैं जो आज के वैज्ञानिक युग की स्थापत्य कला को भी पीछे छोड़ने की खुली चुनौती देते हैं।

हड़प्पा मोहनजोदड़ो सभ्यता की प्राचीनता : इतना ही नहीं, हमें महर्षि मनु के उस शासन काल को भी याद रखना चाहिए जब इस संसार में पहली बार राज्य व्यवस्था विकसित हो रही थी और हमारे पूर्वज उस समय भी स्थापत्य

कला और वास्तुकला के महान विशेषज्ञ थे। चाणक्य ने भी राजा के भवन किले आदि कैसे होनी चाहिएं- इस पर हमें विस्तार से जानकारी दी है। अतः हड़प्पा व मोहनजोदड़ो की सभ्यता को भारत की 'पिता सभ्यता' स्वीकार करना भारत के पुरुषार्थ और पूर्वजों के ज्ञान विज्ञान की उपेक्षा कर अपने पैरों पर अपने आप कुल्हाड़ी मारने जैसा होगा। हमारा मानना है कि अपने बारे में जानने के लिए हड़प्पा व मोहनजोदड़ो को कल परसों के इतिहास के खण्डहर या शहर मानकर इसके बहुत पीछे हमें जाना चाहिए।

हड़प्पा मोहनजोदड़ो दोनों अर्वाचीन।
वैदिक सभ्यता विश्व में सबसे है प्राचीन।।

आई.आई.टी. खड़गपुर और भारतीय पुरातत्व विभाग के वैज्ञानिकों ने सिन्धु घाटी सभ्यता की प्राचीनता को लेकर अपनी ओर से कुछ नई बातें जोड़ी हैं। इन वैज्ञानिकों की मान्यता है कि यह सभ्यता 5500 वर्ष नहीं अपितु 8000 वर्ष पुरानी थी। इस नए निष्कर्ष से विद्वानों ने अनुमान लगाया है कि यह सभ्यता मिस्र और मेसोपोटामिया की सभ्यता से भी पहले की है। इन तथाकथित विद्वानों की दृष्टि में मिस्र की सभ्यता 7,000 ईसा पूर्व से 3,000 ईसा पूर्व तक रहने के प्रमाण मिलते हैं, जबकि मोसोपोटामिया की सभ्यता 6500 ईसा पूर्व से 3100 ईसा पूर्व तक अस्तित्व में थी। शोधकर्ताओं ने इसके अतिरिक्त हड़प्पा सभ्यता से 1,0000 वर्ष पूर्व की सभ्यता के प्रमाण भी खोज निकाले हैं।

जब हमारे आज के तथाकथित विद्वान नगरीय सभ्यता की प्राचीनता पर चिंतन करते हैं या कोई निष्कर्ष निकालते हैं तो उनका निष्कर्ष कुछ ऐसा आभास देता है जैसे इस नगरीय सभ्यता से पूर्व उस देश या स्थान के लोग अंधकार युग में रहते थे और उनके पूर्वज कुछ नहीं जानते थे। जबकि हमें ऐसी नगरीय सभ्यताओं के विषय में अपना अंतिम निष्कर्ष स्थापित करने से पहले इस तथ्य को समझना चाहिए कि ऐसी नगरीय सभ्यता किसी ऐसी सभ्यता की अन्तिम कड़ी हो सकती है जो अपना अत्यंत प्राचीन इतिहास रखती हो। हड़प्पा मोहनजोदड़ो की सभ्यता वैदिक सभ्यता की लम्बी श्रृंखला की एक कड़ी थी और वह कड़ी भी टूटी नहीं। उसके उपरान्त आज तक हम उसी वैदिक सभ्यता की आधुनिकतम कड़ियों में आ चुके हैं। मानव सभ्यता एक सतत प्रवाहमान सभ्यता है। इसमें पूर्णविराम सृष्टि के प्रलयकाल पर जाकर ही लगेगा, इस तथ्य को हमें भूलना नहीं चाहिए।

सिन्ध और रामायण काल में समानता : कुछ तथाकथित विद्वानों ने सिंधु सभ्यता और रामायण कालीन सभ्यता के बीच समन्वय स्थापित करने का अतार्किक और अवैज्ञानिक प्रयास किया है। उनके अनुसार हड़प्पा मोहनजोदड़ो की सभ्यता और सिंधु घाटी की सभ्यता लगभग 8000 वर्ष पुरानी है। जबकि रामायण काल केवल 5114 ईसा पूर्व का है। इन लोगों के अनुसार अब 2021 में रामायण काल को लगभग 7000 वर्ष हुए हैं। इसका अभिप्राय हुआ कि रामायण काल से भी 1000 वर्ष पहले सिंधु घाटी सभ्यता थी। इसके अलावा अन्य कई तरह की शोध से यह पता चला कि यह सभ्यता 8,000 वर्ष पुरानी है। इस प्रकार की निराधार बातों पर हमारा कोई विश्वास नहीं है।

राजा दाहिर सेन और ब्राह्मण वंश

हमें यह ध्यान रखना चाहिए कि रामचंद्र जी और उनका सूर्यवंश संसार का सबसे पहला राजवंश है। इसी सूर्यवंश से भारत वर्ष के लगभग सभी राजवंशों की शाखाएं परम्परा के रूप में विकसित हुई हैं। ऐसी परिस्थितियों में यह भी सर्वमान्य सत्य है कि सिंधु प्रदेश में जिस राजवंश की परम्परा कार्य करती रही वह भी प्रत्यक्ष या अप्रत्यक्ष रूप से भारत के इसी सूर्यवंशी राजवंश से ही जुड़ी हुई रही होंगी। यदि राजा दाहिर सेन को कुछ लोगों ने ब्राह्मण कहकर उनके वंश को अलग से स्थापित होना दिखाया है या माना है तो यह भी भारत के प्राचीन इतिहास के साथ की गई एक गम्भीर छेड़छाड़ है। जिसे स्वीकार नहीं किया जा सकता। राजा दाहिर और उनके पूर्वजों की विद्वत्ता के कारण यदि उन्हें ब्राह्मण माना जाए तो इसका अभिप्राय यह नहीं हो जाता कि वह क्षत्रिय नहीं रहे। उनके पूर्व राजा जनक जैसे सम्राट भी इस संसार में हुए हैं, जो विदेह कहे जाते थे। राजा जनक को 'विदेह' इसलिए कहा जाता था कि वह राजकाज में रमकर भी उसके विचारों की छाया को अपनी आत्मा पर नहीं पड़ने देते थे।

हमें दिखता है शौर्य भारत के हर काल में।
सभ्यता और संस्कृति दमकती भारत भाल में।
प्रताप व प्रकाश का मनोहारी मिलन देखो यहाँ।
शस्त्र और शास्त्र का अद्‌भुत चलन देखो यहाँ।।

महाभारत काल और सिंधुदेश : महाभारत युद्ध के समय सिंध का शासक

जयद्रथ था। जिसके बारे में हम सभी जानते हैं कि वह दुर्योधन की बहन दुशाला का पति था। महाभारत के युद्ध में जयद्रथ का दुर्योधन के पक्ष से लड़ना यह प्रमाणित नहीं करता कि उस समय सिंध देश भारत से अलग था। जयद्रथ दुर्योधन का बहनोई था और दूसरे उसका अपना गुण-कर्म-स्वभाव भी दुर्योधन के अनुकूल था, इस कारण से वह दुर्योधन के पक्ष से युद्ध में उतरा था, अन्यथा उस समय सिंध भारत का ही एक प्रदेश था। जिसका स्थानीय नरेश जयद्रथ या उसका पिता रहा था। महाभारत के युद्ध में जितने भर भी राजा किसी पक्ष से लड़े थे, उन सबके चरित्र की विशेषता यह थी कि वह व्यक्तिगत कारणों से ही किसी पक्ष विशेष से लड़ाई में उतरे थे,अन्यथा भारत माता के प्रति उन सबके हृदय में समान आस्था व राष्ट्रभक्ति थी। कहने का अभिप्राय है कि उन्होंने व्यक्तिगत द्वेषभाव को राष्ट्र के आड़े नहीं आने दिया।

यही कारण है कि भयंकर युद्ध करने के उपरान्त भी उन्होंने कभी 'भारत तेरे टुकड़े होंगे - इंशा अल्लाह- इंशा अल्लाह'- का नारा नहीं लगाया।

राष्ट्रीय एकता और अखण्डता को अक्षुण्ण बनाए रखने का उद्देश्य उस समय दोनों पक्षों का था। व्यक्तिगत ईर्ष्या, द्वेष और घृणा की पराकाष्ठा होते हुए भी राष्ट्र की एकता और अखण्डता के प्रति समर्पण दोनों पक्षों में था। यद्यपि अपने ही राज्य को पाण्डवों और कौरवों के बीच बाँटकर धृतराष्ट्र ने एक गलत परम्परा का आरम्भ किया। जो राजा दूर देशों से चलकर उस युद्ध में लड़ने के लिए आए थे, युद्ध के पश्चात उनकी निष्ठा भी पाण्डवों के प्रति यथावत बनी रही। सम्राट युधिष्ठिर ने भी अपनी ओर से हर उस राजा के प्रति शिष्टाचार और समादर का भाव प्रकट किया जो युद्ध में दुर्योधन की ओर से लड़ने के लिए आया था। युधिष्ठिर ने ऐसा राष्ट्रीय एकता और अखण्डता को बनाए रखने के लिए ही किया।

"जाकर धीर बंधाना बंधु!
बहन दुशाला प्यारी को,
नहीं कटे पर नमक डालना
सह लेना हर गारी को।
अपनापन दिखलाना अर्जुन !
है यही धर्म की मर्यादा,

छोटी बहन को गले लगाना
तुमसे और कहूं क्या ज्यादा?"

अपनी इसी उत्कृष्ट सद्भावना का प्रदर्शन करते हुए उसने सिंधु नरेश जयद्रथ के पुत्र के साथ भी बहुत ही शिष्टाचार और विनम्रता का व्यवहार किया। सम्राट युधिष्ठिर ने अपनी किसी व्यक्तिगत ईर्ष्या भावना को राजनीतिक संबंधों के आड़े नहीं आने दिया। इस प्रकार उन्होंने सिन्धु नरेश और सिन्धु की पवित्र भूमि दोनों का ही सम्मान करना उचित समझा। राजनीति का यही तकाजा भी है कि व्यक्तिगत बातों को या स्वभाव को राजनीतिक वार्त्तालाप से दूर रखो। राजनीतिक वार्तालाप में शुद्ध पवित्रता होनी अपेक्षित है। क्योंकि राजनीतिक वार्तालाप आपका व्यक्तिगत वार्तालाप नहीं हो सकता। उससे संपूर्ण प्रजा प्रभावित होती है।

अपने इस प्रकार के भाव को प्रकट करते हुए युधिष्ठिर ने अर्जुन को विशेष रूप से सिंधु देश भेजा था। युद्धिष्ठिर ने अर्जुन को यह स्पष्ट कर दिया था कि बहन दुशाला यदि अपने पति जयद्रथ के वियोग में कुछ भी तुमसे कोई अपशब्द कहे तो उसके अपशब्दों को विनम्रता से स्वीकार कर लेना और उससे मेरी ओर से क्षमा याचना भी करना। अश्वमेध के घोड़े के साथ जब अर्जुन सिंधु देश में पहुंचा तो बहन दुशाला ने अपना क्रोध और शोक व्यक्त करते हुए उससे बहुत कुछ कठोर अपशब्दों का प्रयोग किया। अर्जुन ने पति वियोग में जलती हुई बहन दुशाला के साथ वही व्यवहार किया जो उसे सम्राट युद्धिष्ठिर ने समझाकर भेजा था। इसके बदले में बहन दुशाला और उसके पुत्र ने भी सम्राट युधिष्ठिर के प्रति पूरी निष्ठा प्रकट की। फलस्वरूप सिंधु प्रांत भारत के साथ पहले जैसी अवस्था में ही बना रहा।

इस प्रान्त में जिस सभ्यता के अवशेष हमें प्राप्त होते हैं वह भारत की प्राचीन सभ्यता और संस्कृति की प्रतीक सभ्यता है। इसमें भारतीयता और आर्यावर्त कालीन संस्कृति के दर्शन होते हैं। जिन तथाकथित विद्वानों ने इस सभ्यता को केवल किसी प्रांत विशेष से जोड़कर देखा है, उन्होंने भारतीयता को समझने में अपनी अज्ञानता का परिचय दिया है। प्राचीन काल से ही यह स्थान अपनी कला और साहित्य के लिए तो विख्यात रहा है। वाणिज्य और व्यापार के लिए भी इसने विश्व में अपना अग्रणी और महत्वपूर्ण स्थान बनाया।

हमें यह भी ध्यान रखना चाहिए कि रामायण काल में रामचन्द्र जी ने वर्तमान

सिन्ध प्रान्त से लेकर ताशकन्द को भरत को दिया था। तक्ष भरत के पुत्र का नाम था, उसी के नाम पर तक्षशिला और तक्षखण्ड अर्थात ताशकन्द का नामकरण हुआ। सिन्ध नामक देश रामचन्द्रजी द्वारा भरत को दिए जाने का उल्लेख 'रघुवंश' में है। यूनान के लेखकों ने सिकन्दर के भारत-आक्रमण के सम्बन्ध में सिंधु-देश के नगरों का उल्लेख किया है। यूनान के विषय में हमारा मानना है कि उस समय यूनान कोई स्वतंत्र देश नहीं था, अपितु यह भारत का ही एक अंग था। मोहनजोदड़ो और हड़प्पा सिंधु देश के दो बड़े नगर थे।

इतिहास की पहेली यदि खोलनी हो चाहते,
तो भारत को भारत की नजरों से देख लेना।
भारत के गुरुपद का यदि अनुमान करना चाहते,
तो भारत को अतीत के कुछ पृष्ठों से देख लेना।।

हमें अपने इतिहास के विषय में यह बात सदा ध्यान रखनी चाहिए कि इसे भारतवर्ष की वर्तमान भौगोलिक सीमाओं के साथ संलग्न कर कभी नहीं देखना चाहिए। क्योंकि भारत विभिन्न कालों में बंटता और कटता रहा है। जितना प्राचीन भारत हम पढ़ रहे हों उतना ही हमें यह भी ध्यान रखना चाहिए कि उस समय का भारत कहाँ से कहाँ तक था? उदाहरण के रूप में इस बात को ऐसे समझा जा सकता है कि यदि 13 अगस्त 1947 की बात की जा रही हो तो भारत की सीमाओं को अफगानिस्तान तक मिली हुई देखा जाना चाहिए, इसी प्रकार अन्य कालों के बारे में भी समझ लेना चाहिए।

सिन्धु के तट पर ही हमारे महान पूर्वजों ने भारत की प्राचीन विश्व संस्कृति अर्थात वैदिक संस्कृति के गीत गाए थे। सिंधु तट ने भारत के उस गौरवपूर्ण कालखंड को देखा है जब यहाँ के वैदिक गीतों की लय को सुनने के लिए विश्व के सभी अंचलों से लोग आया करते थे। उन लोगों के यहाँ आने का उद्देश्य अपने जीवन को कल्याण पथ का पथिक बनाना होता था। यहाँ के ज्ञान विज्ञान को सीखकर वे श्रेष्ठ मानव बनकर अपने-अपने देशों को लौटते थे।

इस प्रकार सारे विश्व को सभ्यता और संस्कृति का पाठ पढ़ाने में सिन्धु देश ने प्राचीन काल से ही महत्वपूर्ण योगदान दिया है। लोगों ने सिन्धु से वैदिक दर्शन सीखकर अपने जीवन व्यवहार को उन्नत बनाकर अनेकों प्रकार के अनुसंधान किए थे। उन्होंने वैदिक संस्कृति के निमित्त अपने जीवन में अनेकों महान कार्य

किए।

यहाँ पर यह स्पष्ट करना भी उचित होगा कि सिन्धु घाटी सभ्यता के उन लोगों ने अपनी कोई अलग संस्कृति या धर्म स्थापित नहीं किया था। जैसा कि आजकल के कुछ विद्वानों ने एक भ्रांत धारणा उनके विषय में बना ली है।

आर्य और सिंधु : अंग्रेजों के चाटुकार और भारत से द्वेष रखने वाले कुछ विद्वानों ने आर्यों को विदेशी कहकर भारत के इतिहास को अपमानित करने का प्रयास किया है। उनके अनुसार आर्यों ने सिन्धु घाटी सभ्यता को उजाड़ दिया था, जबकि वास्तव में यह भी एक भ्रान्त धारणा है। अंग्रेजों और मुसलमानों ने भारत को प्राचीन काल से ही विदेशियों का जमावड़ा सिद्ध करने के लिए और अपने राजनीतिक स्वार्थों की पूर्ति के लिए ऐसी धारणा बनायी कि आर्य विदेशी आक्रमणकारी थे। जिन्होंने प्राचीन काल में भारत की संस्कृति के साथ बहुत कुछ छेड़छाड़ की थी।

प्राचीन भारत वर्ष जब आर्यावर्त था तब सिंध आर्यावर्त का एक अंग था। इस पर आर्य, आर्यावर्त, आर्य भाषा और सिंधु, सिंधु देश और सिंधु सभ्यता का अन्योन्याश्रित संबंध है। इस संबंध को अलग अलग करके देखना बहुत ही अनुचित है। सिंध की जड़ें आर्यावर्त में हैं। उसकी सांस्कृतिक विरासत आर्य भाषा के साथ अन्योन्याश्रितता के संबंध के अंतर्गत गुंथी हुई है और उसकी सामाजिक व राजनीतिक जीवन शैली आर्य के साथ जुड़ी हुई है। इस संबंध को जिन लोगों ने यह कहकर तोड़ने का प्रयास किया है कि आर्यों ने यहाँ के मूल निवासियों को दक्षिण की ओर भगा दिया था उन्होंने सिन्ध और आर्यव्रत के संबंधों को या तो समझा नहीं या जानबूझकर उसे समझने का प्रयास नहीं किया है।

"आर्य और सिन्ध का संबंध बड़ा नेक है।
ऊर्जा लेते वेद से गायत्री माता एक है।।
तन मन समर्पित राष्ट्र को राष्ट्र नित्य वन्द्य है।
सिंध भारतवर्ष है और हिंद प्यारा सिन्ध है।।"

अपनी इसी प्रकार की भारत द्वेषी भ्रान्त धारणा को स्थापित करते हुए इन तथाकथित विदेशी विद्वानों ने 1500 ईसा पूर्व से 500 ई. पू. के बीच के काल को आर्यों का काल घोषित कर रखा है। इस प्रकार की धारणा से अंग्रेजों, मुसलमानों और आज के कम्युनिस्टों को लाभ मिलता है। यही कारण है कि ये लोग भारत

के विषय में इस प्रकार की अनेकों धारणाओं को यथावत बनाए रखना चाहते हैं।

एक ही झूठ को बार-बार सुनते हुए कई लोगों ने इसे सत्य मानना आरंभ कर दिया। फलस्वरूप कुछ इतिहासकारों ने अंग्रेज, मुसलमान और कम्युनिस्ट इतिहासकारों की देखा- देखी तो कुछ ने उनको सत्य मानकर यथावत लिखना आरम्भ कर दिया। इन्हीं तथाकथित विद्वानों के कारण देश में यह भ्रान्त धारणा भी स्थापित की गई कि आर्यों ने द्रविड़ लोगों को उत्तर से दक्षिण की ओर भगा दिया था। उसी का परिणाम आज हम देख रहे हैं कि दक्षिण भारत के कई लोग अपने आपको उत्तर से अलग सिद्ध करने की कोशिश करते दिखाई देते हैं।

सिन्धु नदी : सिन्धु और सरस्वती नदी को भारतीय इतिहास परम्परा में विशेष और महत्वपूर्ण स्थान दिया गया है। इतिहासकार जब भारत के प्राचीन इतिहास पर कोई चर्चा करते हैं या उसके अनुसंधान पर कोई कार्य करते हुए पाए जाते हैं तो इन दोनों नदियों का उल्लेख किए बिना वे रह नहीं सकते। सिंधु का अभिप्राय सागर से भी होता है। सिंधु नदी की लम्बाई लगभग 3600 किलोमीटर है, जो एक विशाल जलराशि को लेकर चलती है। इस विशाल जलराशि से बहुत बड़ी जनसंख्या का लाभ होता है। धरती पर हरियाली बनी रहती है और अनेकों जीव जन्तु भी अपनी प्यास बुझाते हैं।

वैदिक सनातन धर्म में नदी के प्रति लोगों की विशेष श्रद्धा और आस्था इसकी उपयोगिता, महत्व और उपकार भावना के कारण है। कुछ लोगों ने ऐसी धारणा भी बनाई है कि इसी नदी के किनारे वैदिक धर्म और संस्कृति का उद्‌गम और विस्तार हुआ।

हमारा मानना है कि वैदिक धर्म और संस्कृति का उद्‌गम स्थल सिंधु नदी नहीं है। वेद की ईश्वरीय वाणी अग्नि, वायु, आदित्य और अंगिरा नामक जिन चार ऋषियों को ईश्वर से प्राप्त हुई थी वह स्थान तो वास्तव में आज का तिब्बत (त्रिविष्टप) हुआ करता था। सिंधु नदी का वेद में उल्लेख होने का अभिप्राय यह नहीं है कि वेदों से पहले सिंधु का अस्तित्व था, अपितु इसका एक ही अर्थ है कि वेदों में आए हुए नामों को लेकर ही हमारे ऋषि पूर्वजों ने स्थान, नदी, पर्वत आदि के नाम रखे थे।

इस सब के उपरान्त भी इस नदी के क्षेत्र में भारतीय संस्कृति का विस्तार होने की बात अपने आप में सही हो सकती है। क्योंकि नदी के कारण हरियाली और अन्न, वनस्पति, औषधि, फल आदि की सहज प्राप्ति होने के कारण प्राचीन काल में लोग यहाँ बसे होंगे। जिन्होंने अपनी वैदिक संस्कृति का प्रचार-प्रसार और विस्तार किया।

वाल्मीकि रामायण में सिन्धु को महानदी की संज्ञा दी गई है। जैन ग्रंथ जंबूद्वीप प्रज्ञप्ति में सिन्धु नदी का वर्णन मिलता है। नए शोध परिणामों के अनुसार सिन्धु नदी का उद्‌गम तिब्बत के गेजी काउंटी में कैलाश के उत्तर-पूर्व से होता है। नए शोध के अनुसार, सिन्धु नदी 3,600 किलोमीटर लंबी है, जबकि पहले इसकी लंबाई 2,900 से 3,200 किलोमीटर मानी जाती थी। इसका क्षेत्रफल 10 लाख वर्ग किलोमीटर से भी अधिक है।

सिन्धु की पश्चिम की ओर की सहायक नदियों- कुभा सुवास्तु, कुमु और गोमती का उल्लेख भी ऋग्वेद में है। वेद में आए इन शब्दों को लेकर ही इन नदियों का भी नामकरण किया गया। इसी प्रकार इस नदी की सहायक नदियां- वितस्ता, चन्द्रभागा, ईरावती, विपासा और शुतुद्री का नामकरण भी किया गया है। शुतुद्री नदी पर ही एशिया का सबसे बड़ा भागड़ा-नांगल बांध बना है। झेलम, चिनाब, रावी, व्यास एवं सतलुज सिन्ध नदी की प्रमुख सहायक नदियां हैं। इनके अतिरिक्त गिलगिट, काबुल, स्वात, कुर्रम, टोची, गोमल, संगर आदि अन्य सहायक नदियां हैं।

मुल्तान में सिन्धु-चिनाब के किनारे पर श्रीकृष्ण के पुत्र साम्ब की याद में एक सूर्य मंदिर बना है। इसका वर्णन महाभारत में भी है। इस मंदिर का स्वरूप कोणार्क के सूर्य मन्दिर से मिलता-जुलता है, लेकिन अब सब कुछ नष्ट कर दिया गया है। यही नहीं, सिन्धु किनारे के सारे हिन्दू तीर्थ मुस्लिम उत्थान काल में तोड़ दिए गए। सिन्धु नदी के मुहाने पर (हिंगोल नदी के तट पर) पाकिस्तान के बलूचिस्तान प्रांत के हिंगलाज नामक स्थान पर, कराची से 144 किलोमीटर दूर उत्तर-पश्चिम में स्थित है। माता हिंगलाज (या हिंगलाज) का मंदिर, जो 52 शक्तिपीठों में से एक है।

भारत का भाषा विज्ञान और सिंधुदेश

भारत और विश्व की सभी भाषाओं की भांति सिंधी भाषा का जन्म भी संस्कृत से ही हुआ है। इस भाषा की लिपि को पढ़ने में विद्वान और विशेषज्ञ भी असफल रहे हैं। हमारा मानना है कि यदि इस भाषा को पढ़ लिया जाए तो यह भारत की प्राचीन संस्कृत भाषा के बहुत अनुकूल दिखाई देगी। भाषाओं के संबंध में हमें यह ध्यान रखना चाहिए कि प्राचीन काल में लोग वेद के ज्ञान को भी सुन सुनकर याद रखते थे। सुनने की इस परंपरा को ही श्रुति परंपरा कहा जाता है। इस प्रकार वेद का एक नाम श्रुति भी पड़ गया। कालांतर में लोगों ने अपनी-अपनी लिपि बना कर वेदों को लिखना आरंभ किया तो उस समय ऐसा संभव है कि लिपियों का आविष्कार अलग अलग हो गया हो, परंतु मूल भाषा संस्कृत बनी रही। उसके लिखने का ढंग कालांतर में वर्तमान देवनागरी लिपि के रूप में उपलब्ध होने लगा। लिपियों के इस आविष्कार में सिंधी क्षेत्र की उस समय की भाषाओं की लिपि कहीं बहुत पीछे छूट गई जिससे वह आज पढ़ने में नहीं आती।

नए शोधानुसार हड़प्पा और मोहनजोदड़ो की खुदाई में मिले बर्तन समेत अन्य वस्तुओं पर सिंधु घाटी सभ्यता की अंकित चित्रलिपियों को पढ़ने की कोशिशें निरन्तर जारी हैं। हमारा मानना है कि सिंध, सिंधी, सिंधी भाषा और सिंधी लोग यह सभी भारतीयता के प्रतीक हैं, इसलिए इन्हें समझने के लिए भारतीयता का ही सहारा लिया जाना अपेक्षित है। दुर्भाग्यवश सिंधु घाटी की इस भाषा को समझने के लिए लोग उन भाषाओं का सहारा लेने का प्रयास करते हुए दिखाई देते हैं जिनका अपना कोई स्वतंत्र इतिहास और अस्तित्व नहीं रहा। अपने इसी प्रकार के अतार्किक प्रयास पर कार्य करते हुए कुछ विद्वान मानते हैं कि सिन्धु घाटी सभ्यता की भाषा द्रविड़ पूर्व (प्रोटो द्रविड़ीयन) भाषा थी। भाषा को लिपियों में लिखने का प्रचलन भारत में ही आरम्भ हुआ। प्राचीनकाल में ब्राह्मी और देवनागरी लिपि का प्रचलन था। इस क्षेत्र में सिंधु देश का विशेष योगदान है।

अन्त में -

शोभा हमारी सिंध से, है सिंध प्यारा हिंद को।
सिंध का जो शत्रु हो, कभी प्रिय नहीं हिंद को।।
हिंद ने सम्मानवश 'परिजन' कहा है सिंध को।
सिंध ने कृतज्ञतावश 'पूर्वज' कहा है हिंद को।।
इतिहास को इस्लाम ने जहर का प्याला दिया।
इस्लाम की तलवार ने सिंध को विकृत किया।।
दाहिर ने अपने देश के सम्मान को गौरव दिया।
'राकेश' प्रतापी पूत ने सम्मान ना बिकने दिया।

अध्याय-2

राजा दाहिर सेन के समय की परिस्थितियां

राजा दाहिर सेन जिस समय भारत में एक राजा के रूप में अपना कर्तव्य निर्वाह कर रहे थे उस समय की परिस्थितियां बहुत ही विपरीत थीं। भारतीय धर्म और संस्कृति के लिए उस समय अरब की ओर से बड़ी भारी चुनौती बार-बार उपस्थित होती थी। भारतवर्ष की एकता और अखण्डता के लिए एक बहुत बड़ी चुनौती बनकर अरब की ओर से आक्रमणकारियों का तूफान बार-बार उठता था और भारत की छाती से आकर टकराता था। यद्यपि हर बार के तूफान का भारत के वीर योद्धाओं की वज्र की छाती ने मुंहतोड़ जवाब दिया।

638 ईस्वी से लेकर 712 तक नौ खलीफाओं ने 14 आक्रमण भारत पर कराए थे। एक से एक बढ़कर दुर्दांत आक्रमणकारी भारत की ओर एक भयानक राक्षस की भांति आता था और मनमाने अत्याचार कर जनसाधारण को असीम कष्ट देने का प्रयास करता था। इन आक्रमणकारियों का उद्देश्य भारतवासियों को किसी भी प्रकार से इस्लाम के झंडे तले लाना होता था।इस काल में अनेकों इस्लामिक आक्रमणकारियों का तेज अंधड़ भारत की ओर कई बार दौड़ा चला आया, पर जैसे ही उसका स्पर्श भारत के वीर योद्धाओं की वज्र छाती से होता तो वह निराश और हताश होकर वैसे ही लौटने के लिए बाध्य हो जाता जैसे नदी का तीव्र प्रवाह चट्टान को तोड़ने की इच्छा से उससे टकराता तो है पर निराश होकर उसे छूकर पीछे हट जाता है।

हमारी फूट बनाम इस्लामिक लूट : इस्लामिक और ईसाई इतिहासकारों ने हमारे तत्कालीन भारतीय समाज में सर्वत्र बिखरी हुई फूट को देखा है, इस्लाम की लूट को नहीं। जबकि हमारा मानना है कि उस समय भारतवर्ष में वैसी फूट नहीं थी जैसी वर्णित की गई है। यदि इस्लामिक और ईसाई इतिहासकारों के

उल्लेखित की गई फूट जैसी स्थिति भारतवर्ष की उस समय रही होती तो भारत को विजय करने में इस्लाम को किसी भी प्रकार की चुनौती का सामना नहीं करना पड़ता। तब बड़ी सहजता से भारत उनका गुलाम हो गया होता।

'लूट' के इतिहास को छुपा दिया कहीं दूर।
महिमामंडन कर फूट का शासन बना क्रूर।।

हमें ध्यान रखना चाहिए कि विश्व में भारत ही एक ऐसा देश है जिसने इस्लाम की चुनौती का देर तक और दूर तक सामना करते हुए अपना अस्तित्व बचाए रखने में सफलता प्राप्त की। इस तथ्य को यदि समझ लिया गया तो हमें अपने बारे में बहुत कुछ ज्ञात हो जाएगा। ऐसी स्थिति में हम अपने विषय में बनाई गई इस भ्रान्त धारणा से बाहर निकल पाएंगे कि हम तो कायरों की भांति सदा पीटते रहे हैं और फूट हमारे राष्ट्रीय चरित्र का एक आवश्यक अंग बन कर रही है? भारत उस समय विदेशी आक्रमणकारियों के आक्रमणों को पछाड़ने और उन्हें तेजी से अपने देश लौटाने के लिए एकताबद्ध होकर खड़ा था। यद्यपि कुछ 'गद्दार' उस समय भी थे। ऐसे में केवल देश के इन गद्दारों के बारे में ही सोचते रहना उचित नहीं है। इनकी गद्दारी के चलते देश के प्रति वफादार राष्ट्रभक्त लोगों की राष्ट्रभक्ति और वीरता को नकारना भला कहाँ की समझदारी है?

इतिहास का 'कोहिनूर' राजा दाहिर सेन

भारत के इतिहास का सत्यानाश करने की सौगंध उठाने वाले इतिहासकारों ने भारत के तत्कालीन समाज के वीर योद्धाओं और उन राष्ट्रभक्तों की सर्वथा उपेक्षा की है जिनके कारण उस समय शत्रु बार-बार भारत की ओर आता तो था पर अपने मंतव्य में सफल न होकर निराश होकर लौट जाता था।

हम अपनी इस पुस्तक में अपनी स्वाधीनता के जिस अमर नायक, क्रांतिवीर राष्ट्रभक्त और अपना सर्वस्व राष्ट्रहित में समर्पित करने के लिए कटिबद्ध रहने वाले सिंधु देश के राजा दाहिर सेन का वर्णन करने जा रहे हैं- वह भी भारतीय इतिहास का एक अप्रतिम योद्धा था। जिसने अपना सर्वस्व राष्ट्र के लिए समर्पित किया और भारत की क्षत्रिय परम्परा के आदर्श और उत्कृष्ट स्वरूप को अपनाकर मां भारती की अनुपम और अद्वितीय सेवा की। वह हिमालय जैसा स्वाभिमान और सागर जैसी गंभीरता रखता था। उसकी देशभक्ति की मिसाल समकालीन इतिहास

में अन्यत्र मिलनी दुर्लभ है। उसने अपना संपूर्ण जीवन राष्ट्रभक्ति के लिए समर्पित किया इतना ही नहीं जब समय आया तो उसके परिवार के एक - एक बच्चे ने अपना जीवन राष्ट्र सेवा के लिए समर्पित कर दिया। इतिहास के ऐसे 'कोहिनूर' को इतिहास के कूड़ेदान में फेंके रखकर हमने कितना बड़ा अपराध किया है? इसे समझना सहज ही संभव है।

'सिंधुपति' की सम्मानजनक उपाधि : राजा दाहिर सेन को सिंधु देश का राजा बनने का सौभाग्य तो प्राप्त हुआ ही इसके साथ ही उन्हें भारत की प्राचीन वैदिक संस्कृति और वैदिक धर्म की रक्षा करने का भी सुअवसर भी प्राप्त हुआ। वीर योद्धा, देशभक्त और अपने धर्म व संस्कृति की रक्षा के लिए अपना सर्वस्व लुटाने के लिए समर्पित व संकल्पित राजा दाहिर सेन को इतिहास में सिन्धुपति के नाम से भी पुकारा जाता है। जब वह सिन्धु देश के राजा बने तो वह यह भली प्रकार जानते थे कि उनके ऊपर माँ भारती की सेवा का कितना बड़ा भार आ चुका है? क्योंकि वह जिस सिन्धुदेश में शासन कर रहे थे उस देश की ओर से ही इस्लामिक आक्रमणकारियों के दल के दल आने आरम्भ हो गए थे। इस्लामिक आक्रमणकारियों के इस प्रकार के टिड्डीदल का सामना करना उस समय सबसे बड़ी चुनौती थी। राजा दाहिर सेन भली प्रकार यह जानते थे कि शासक बनने के पश्चात उन्हें इस प्रकार के टिड्डीदलों का सामना करना पड़ेगा।

"अरबों का भारी टिड्डी दल
उत्पात मचा रहा सीमा पर।
तब भारत का मचलता यौवन था
और नंगी तलवारें सीमा पर।।"

राजा के लिए देश के प्रवेश द्वार की रक्षा करना उस समय सबसे बड़ा जीवनव्रत हो गया था। उस समय उनकी जीत भारत की जीत मानी जाती और उनकी हार भारत की हार मानी जाती, इसलिए राजा के सामने बहुत बड़ी चुनौती थी। इस चुनौती को राजा ने वीर योद्धा की भांति स्वीकार किया। चुनौती को देखकर दूर भागना कायरों का काम है,जबकि चुनौती को स्वीकार करना वीरता का प्रतीक है। राजा दाहिर सेन के लिए यह संभव नहीं था कि वह चुनौतियों से दूर भागें। इसके विपरीत उन्होंने चुनौतियों को स्वीकार करना अपना धर्म माना। अपनी इसी प्रकार की वीरता सद्बुद्धि और राजनीतिक सूझबूझ के कारण राजा

दाहिर सेन को उनके देश के लोग सिंधुपति के नाम से जानते हैं। आज के इतिहास में भी उन्हें इसी नाम से सम्मानपूर्ण स्थान दिया गया है।

राजा पोरस का अवतार : हमें यह बात ध्यान रखनी चाहिए कि सिकन्दर के समय राजा पोरस ने अपने पौरुष के प्रताप से विदेशी आक्रमणकारी को मार भगाया था। जिसे इतिहासकारों ने इतिहास में सही स्थान व सम्मान नहीं दिया। अब उसी पोरस के उत्तराधिकारी के रूप में एक नया योद्धा हमारी सीमाओं की रक्षा के लिए संकल्पित हुआ खड़ा था। इसके साथ भी इन दुष्ट इतिहासकारों ने वही व्यवहार किया जो पुरु या पोरस के साथ किया था,अर्थात राजा दाहिर सेन को भी उचित सम्मान और स्थान इतिहास में नहीं दिया गया।

हमें देशभक्त क्रांतिकारी और राष्ट्रभक्तों के विषय में यह बात हमेशा ध्यान रखना चाहिए कि वे इतिहास में उचित स्थान में सम्मान के लिए नहीं लड़ते हैं बल्कि अपने देश के उचित स्थान और सम्मान के लिए अपना जीवन होम करते हैं। यद्यपि आने वाली पीढ़ियों का यह राष्ट्रीय कर्तव्य हो जाता है कि वह अपने पूर्वजों की इस प्रकार की बलिदानी परंपरा का उचित सम्मान करें।

चुनौती को चुनौती मान लिया : माँ भारती ने अपनी कोख से ऐसे अनेकों वीर योद्धाओं को जन्म दिया है जिन्होंने देश, धर्म व संस्कृति पर आने वाली किसी भी आपदा से रक्षा कर अपना नाम इतिहास में सुरक्षित किया है। इन योद्धाओं ने माँ भारती के प्रति अपने ऋण को चुकाकर यह सिद्ध किया कि भारतवर्ष अपनी राष्ट्रीय एकता, अखण्डता और सम्प्रभुता से खिलवाड़ करने वाले प्रत्येक विदेशी आक्रमणकारी का सामना करने में सदा सजग रहा है। माँ भारती के प्रति अपने ऐसे ही कर्तव्य धर्म का निर्वाह करने वाले महान योद्धा और वीर प्रतापी शासक दाहिर सेन का जन्म 663 ईसवी में हुआ था।

सिंधु नामक जिस प्रान्त में इस महाप्रतापी शासक का जन्म हुआ वह प्रान्त प्राचीन काल से ही भारत की वैदिक संस्कृति के गढ़ के रूप में अपना अग्रगण्य स्थान रखता था, जिस पर हम पूर्व में ही प्रकाश डाल चुके हैं। इसलिए इस प्रान्त में जन्म लेना और फिर इसकी सुरक्षा का दायित्व संभालना सचमुच एक बहुत बड़ी चुनौती थी। विशेष रूप से तब जबकि इस्लामिक आक्रमणकारी 638 ईसवी से भारत पर आक्रमण करने के लिए गिद्धों के रूप में आने लगे थे।

चुनौती को चुनौती मानना सच में शेर दिली है,
समझ लो कि दोस्ती हमने मौत से कर ली है।
जो बचाकर जिंदगी को निकलते जोखिमों से,
उनकी बहादुरी की कली बताओ कब खिली है?

इस्लामिक लेखकों ने हमारे इतिहास को लिखते समय तत्कालीन समसामयिक परिस्थितियों का सही रूप से चित्रण नहीं किया है। उन्होंने परिस्थितियों को बहुत हल्के रूप में लिया है या ऐसे प्रस्तुत किया है जैसे हम अपने राष्ट्र, राष्ट्रधर्म और राष्ट्रीयता के प्रति सदा असावधान रहे और इस्लामिक आक्रमणकारी लुटेरे बहुत वीर,देशभक्त, मानवतावादी और अपने कर्तव्य के प्रति समर्पित होते थे।

यदि हम राजा दाहिर सेन के जन्म के समय की परिस्थितियों पर विचार करें और भारतवर्ष के वीर योद्धाओं के निर्माण और इतिहास पर दृष्टिपात करें तो पता चलता है कि प्रत्येक परिस्थिति और प्रत्येक चुनौती का सामना करने के लिए माँ भारती ने समयानुसार वीर योद्धाओं को जन्म दिया है। जिस समय सिकन्दर ने भारत की सीमाओं के साथ छेड़छाड़ की थी तो उसकी छेड़छाड़ की क्षतिपूर्ति करने के लिए माँ भारती ने चन्द्रगुप्त और चाणक्य की जोड़ी को जन्म दिया था। जिन्होंने बहुत शीघ्र ही सीमाओं की ऐसी सुरक्षा व्यवस्था कर दी थी कि फिर दूसरा सिकन्दर सदियों तक पैदा नहीं हो सका। अब जबकि इस्लाम के लुटेरे भारत पर आक्रमण करना आरम्भ कर चुके थे तब माँ भारती ने राजा दाहिर सेन और उन जैसे अनेकों वीर योद्धाओं को जन्म दिया जो अपने जन्म के समय से ही ऐसी घुट्टी मुँह में लेकर आए थे जो उन्हें कदम कदम पर माँ भारती के ऋण से उऋण होने की प्रेरणा दे रही थी और ऐसा उत्तम दुग्ध पान करा रही थी जो उन्हें आने वाली पीढ़ियों के लिए पूजनीय, वन्दनीय और अभिनन्दनीय बनाने की सामर्थ्य रखती थी।

उधर इस्लाम के मानने वालों की विशेषता होती है कि वे कलह, क्लेश, कटुता, ईर्ष्या, घृणा, रक्तपात और हिंसा के भावों को लेकर जन्म लेते हैं। अपनी इन्हीं विशेषताओं के कारण मोहम्मद साहब के देहावसान के पश्चात उनके अनुयायियों में उनका स्थान लेने की बात को लेकर हिंसा की घटनाएं आरम्भ हो गईं। उत्तराधिकार को लेकर संघर्ष करने के इस मौलिक संस्कार ने इस्लाम का पीछा आज तक भी नहीं छोड़ा है। अभी कल परसों जो पाकिस्तान मजहब के

नाम पर अलग अस्तित्व में आया, उसमें भी लोकतन्त्र सही रूप में आज तक स्थापित नहीं हो सका है। सत्ता संघर्ष के लिए खूनी कहानियां लिखना वहाँ की राजनीति का मौलिक संस्कार आज भी बना हुआ है।

इस्लाम को मानने वालों ने सत्ता और गद्दी की प्राप्ति के लिए मोहम्मद साहब के जाने के एकदम बाद जो संघर्ष आरम्भ किया उसमें मोहम्मद साहब के परिवार के भी कई लोगों की हत्या की गई।

राजा ने की बड़ी चूक : कई इतिहासकारों की ऐसी मान्यता है कि इस्लाम के इस सत्ता संघर्ष में उस समय राजा दाहिर सेन ने मोहम्मद साहब के कई परिजनों की रक्षा की थी। राजा दाहिर सेन ने अपनी उदारता का परिचय देते हुए कई मुस्लिमों को सिंधु देश में बसने दिया। इसके पीछे राजा का उद्देश्य केवल यह था कि इन लोगों की प्राण रक्षा करना उनका धर्म है। यह अलग बात है कि राजा की यह उदारता कालान्तर में उसके लिए घातक सिद्ध हुई। हमारा मानना है कि राजा को मुस्लिम धर्म के अनुयायियों के प्रति ऐसी उदारता का प्रकटन नहीं करना चाहिए था। उनके प्रति पहले दिन से कठोर नीति अपनायी जाती और भारत के किसी भी क्षेत्र, प्रान्त या भाग पर उन्हें बसने की अनुमति ना दी जाती।

अपनी इस मान्यता की पुष्टि में हम यह कहना चाहेंगे कि जम्मू कश्मीर में भी एक राजा विशेष ने किसी समय विशेष पर किसी एक दो मुस्लिम परिवारों को बसने की अनुमति देकर गलती की थी।जिसका परिणाम आज देश बड़े घातक रूप में देख रहा है। इसी प्रकार आसाम और बंगाल में भी किसी समय विशेष पर किन्हीं एक दो मुस्लिम परिवारों को ही बसने की अनुमति दी गई थी और उस अनुमति के लाइसेंस ने हमारी संप्रभुता के साथ जिस प्रकार खिलवाड़ किया, वह सब हमारे सामने है।

इतना ही नहीं, ईरान, अफगानिस्तान और पाकिस्तान में भी जैसे-जैसे हम अपनी मानवता का परिचय देते हुए इस्लाम को बसने की या तो अनुमति देते गए या किसी प्रकार की मजबूरी में उन्हें बसने से रोक नहीं पाए तो उसका परिणाम भी हमने देख लिया है कि देश का एक बहुत बड़ा भू-भाग हमसे छीन लिया गया। अतः बसने की अनुमति देने का लाइसेंस जारी करना समझ लो अपनी संप्रभुता को खतरे में डालना है। निश्चय ही राजा दाहिर सेन ने मुस्लिमों को उक्त प्रांत में बसने की अनुमति देकर बड़ी चूक कर डाली थी।

वेद में की गई है प्रार्थना......

भारत की वैदिक संस्कृति में विश्वास रखने वाले लोग परम पिता परमेश्वर से प्रार्थना करते हैं कि "सर्वा आशा मम मित्रम भवंतु" (अथर्ववेद 19 /15/ 6) इस मन्त्र में कहा गया है कि "सभी दिशाएं मेरी मित्र हो जाएं, किसी दिशा में मेरा कोई विरोधी वैरी न रह जाए, सभी मुझसे स्नेह करने वाले हों, सर्वत्र मुझसे प्रीति करने वाले हों।"

परमपिता परमेश्वर, घट-घट का स्वामी, अंतर्यामी राजाओं का राजा है। उस राजाओं के राजा से जब यह प्रार्थना की जाती है तो इसका अभिप्राय है कि उसका प्रतिनिधि भूपति राजा भी अपनी प्रजा के लिए ईश्वर के इस दिव्य गुण वाला हो अर्थात वह भी प्रजाओं का रक्षक हो। प्रजा हितचिंतक होना तो राजा का स्वाभाविक गुण है ही उसका प्रजा रक्षक होना भी महत्वपूर्ण और आवश्यक गुण है। यही कारण है कि हमारे राजाओं ने राष्ट्र रक्षा और प्रजा रक्षा को अपना सर्वोपरि कर्तव्य धर्म स्वीकार किया। फलस्वरूप जिस काल में भी विदेशी हमलावरों ने या संस्कृतिनाशकों ने वैदिक संस्कृति और धर्म पर आक्रमण किया, उसी काल में राजा ने अपने राजधर्म और राष्ट्रधर्म को शिरोधार्य करते हुए ऐसे संस्कृतिनाशकों का सर्वनाश करना अपना लक्ष्य बनाया, क्योंकि ऐसे संस्कृतिनाशकों के नाश करने से ही प्रजा की रक्षा होना संभव है।

हमें अपने इतिहासनायक, संस्कृति रक्षक राजाओं को इसी दृष्टिकोण से देखना चाहिए। यद्यपि मुगल वंश और उसके पश्चात अंग्रेजों के काल में कई राजा ऐसे भी रहे जो निकम्मे, आलसी, प्रमादी और राष्ट्रधर्म से दूर रहे, परन्तु इसके उपरान्त भी ऐसे राजा अधिक हैं जिन्होंने अपने राष्ट्रधर्म के निर्वाह में कभी आलस्य या प्रमाद नहीं बरता।

हमारी इस पुस्तक के नायक राजा दाहिर सेन ऐसे ही महान शूरवीर राष्ट्रभक्त राजा थे, जिन्होंने भारत की वैदिक परंपरा में नियत किए गए राष्ट्रधर्म का पालन करने में कभी भी आलस्य या प्रमाद का प्रदर्शन नहीं किया।

अध्याय-3

क्यों है हमारी स्वाधीनता का रक्षक राजा दाहिर सेन?

दाहिर सेन को स्वतंत्रता सेनानी और भारतीय संस्कृति का रक्षक क्यों कहा जाए? इस प्रश्न पर भी विचार करना बहुत आवश्यक है। क्योंकि कई लोगों को ऐसी भ्रांति हो सकती है कि हम ऐसा किसी पूर्वाग्रह से ग्रस्त होकर कह रहे हैं।

संस्कृति स्वाधीनता और वेद का ज्ञान।
रक्षक दाहिर सेन था राजा वीर महान।।

हमारा मानना है कि राजा दाहिर सेन भारतीय स्वाधीनता संघर्ष के पहले ऐसे महान योद्धा हैं, जिन्होंने देश की स्वाधीनता और संस्कृति की रक्षा के लिए परिवार सहित अपना सर्वोत्कृष्ट बलिदान दिया था। उन्हें भारतीय स्वाधीनता का महान सेनानायक और संस्कृति रक्षक इसलिए माना जाना चाहिए कि उन्होंने भारतीय राजधर्म और राष्ट्र धर्म का निर्वाह करते हुए अपना बलिदान दिया था।

गायत्री मंत्र और राजधर्म : भारतीय राष्ट्र धर्म को भारत का गायत्री मंत्र भी स्पष्ट करता है। जिसमें कहा जाता है कि "हे परमपिता परमेश्वर! आपका जाज्वल्यमान तेज जहाँ पापियों को रुलाता है, वहाँ अपने भक्तों, आराधकों, उपासकों के लिए आपका यह तेज आनंद प्रदाता है। ऐसे भद्र पुरुषों के लिए आपका तेज ही प्राप्त करने की एकमात्र वस्तु है। उनके ज्ञान-विज्ञान, धारणा-ध्यान की वृद्धि कर उनके सब पाप -ताप -संताप आपके तेज से नष्ट हो जाते हैं।"

गायत्री मन्त्र के केवल सांस्कृतिक और आध्यात्मिक अर्थ ही नहीं हैं बल्कि इसके सांस्कृतिक राष्ट्रवाद को प्रोत्साहित करने वाले राजनीतिक व राष्ट्रपरक अर्थ भी हैं। इस बात को समझने के लिए हमें यह ध्यान रखना चाहिए कि हमारे यहाँ राजा को ईश्वर का प्रतिनिधि माना जाता है। राजा को ईश्वर का प्रतिनिधि माने

जाने का कारण है कि वह राजा के समान न्यायकारी और तेजस्वी होकर दुष्टों, पापाचारी, अत्याचारी, उपद्रवियों, उग्रवादियों, आतंकवादियों आदि का विनाश करेगा और जो लोग विधि के शासन में विश्वास रखते हैं उनका कल्याण करेगा।

दंड वही पाते सदा जो करते अपराध।
सज्जनों की राजा सदा हरते रहे हैं व्याध।।

जैसे ईश्वर का जाज्वल्यमान तेज पापियों को रुलाता है वैसे ही राजा का भी तेज पापियों, उपद्रवियों, उग्रवादियों, समाजद्रोही, राष्ट्रद्रोही आदि को रुलाने वाला हो। सीधे रास्ते चलने वालों को जैसे ईश्वर कोई दंड नहीं देता बल्कि उन्हें पुरस्कार देता है, और जैसे टेढ़े रास्ते चलने वालों को ईश्वर दंडित करता है वैसे ही राजा भी राज्य व्यवस्था के अंतर्गत विधि के शासन में विश्वास रखने वाले संयमित, संतुलित और सीधे चलने वाले लोगों को पुरस्कार देता है और जो इस व्यवस्था को भंग करते हैं या टेढ़े रास्ते चलते हैं, उन्हें राजा दंडित करता है।

ऐसी राजा से अपेक्षा की गई है कि वह अपने देश के लोगों की स्वाधीनता का रक्षक हो, भक्षक नहीं। वह अपने प्रजाजनों के अधिकारों की रक्षा के लिए संघर्ष करने वाला हो, संघर्ष से भागने वाला ना हो। कहने का अभिप्राय है कि यदि देश के निवासियों पर कोई विदेशी आक्रमण करता है या उनके अधिकारों का हनन करता है या उनकी स्वतंत्रता को भंग करता है तो राजा से अपेक्षा की जाती है कि वह ऐसे आततायी विदेशी आक्रमणकारी या किसी भी आतंकवादी को भी नष्ट कर दे। राजा से यह भी अपेक्षा की जाती है कि वह अपने देश के लोगों को अज्ञान के अंधकार से निकालकर ज्ञान के प्रकाश में ले जाने वाला हो। राजा को चाहिए कि वह अपने देशवासियों या प्रजाजनों को ज्ञानसंपन्न और विद्यासंपन्न बनाने के लिए गुरुकुलों, विद्यालयों और विश्वविद्यालयों की स्थापना कराए। जिससे लोग विद्यावृद्ध, ज्ञानवृद्ध और प्रत्येक प्रकार से अपने जीवन को समुन्नत करने की उत्कृष्ट भावना से भरे हुए हों।यहाँ पर अंधकार के कई अर्थ हैं।

ऐसे राजा का होना निरर्थक है

जिस देश के लोग सुख व समृद्धि से वंचित होकर दरिद्रता में जा फंसते हैं या किसी भी प्रकार के दु:ख दारिद्र्य में जीवन व्यतीत करते हैं, उसके राजा का होना भी निरर्थक होता है। लोगों के इस प्रकार की विषम परिस्थितियों में फंसने

के लिए राजा को ही उत्तरदायी माना जाता है। क्योंकि राजा उस व्यवस्था का जनक और प्रतिपादन करने वाला होता है जिसके अन्तर्गत लोगों के दु:ख दारिद्रय मिटते हैं और उन्हें सुख समृद्धि पूर्ण जीवन जीने का प्रत्येक प्रकार का अवसर उपलब्ध होता है। इसलिए राजा का यह परम कर्तव्य अथवा राष्ट्र धर्म होता है कि वह अपने देश के लोगों की स्वाधीनता की रक्षा के साथ-साथ उनके दु:ख दारिद्रय को दूर करने के लिए भी सदैव जागरूक और क्रियाशील रहे।

वैदिक संस्कृति हिंसा, घातपात, रक्तपात, मारकाट और अत्याचार की विरोधी है। यही कारण है कि भारत के राजाओं ने कभी निरपराध लोगों पर हिंसा, घातपात या रक्तपात करने में विश्वास नहीं किया। इतना अवश्य है कि भारत के राजाओं ने हिंसा, घातपात, रक्तपात और मारकाट करने वाले लोगों का न केवल विरोध किया है बल्कि उनका सफाया करने के लिए भी हर सम्भव प्रयास किया है। ऐसे प्रयास को ही उन्होंने अपना राष्ट्र धर्म स्वीकार किया है। वैदिक धर्म की यह स्पष्ट मान्यता रही है कि जो राजा अपने इस राष्ट्र धर्म से दूर भागता है उसे राजा होने का अधिकार नहीं होता। हिंसा को हमारे यहाँ पर सम्पूर्ण दुर्गुणों की खान माना गया है। यही कारण है कि हमारे ऋषियों ने अहिंसा को सर्वोच्च प्राथमिकता दी है।

हिंसा खान है पाप की, अहिंसा में है पुण्य।
पुण्यमयी चिंतन करो, सब कुछ रहे अक्षुण्ण।।

भारत की ऋषि संस्कृति ने सत्य, अस्तेय, ब्रह्मचर्य, अपरिग्रह आदि का विधान-प्रावधान भी अहिंसा को ही मजबूती देने के लिए किया है। हमने युगों पूर्व समाज की रचना की थी और मनुष्य के लिए ऐसा विधान किया था जिससे वह समाज का एक सार्थक प्राणी होकर अपना जीवन यापन कर सके। हमने समाज को काटा नहीं, समाज में आग नहीं लगाई और समाज के जीवन मूल्यों को नष्ट करने के लिए मारकाट की किसी भी बुराई को अपने यहाँ पनपने नहीं दिया। हमने सबके अधिकारों की रक्षा करना अपना कर्तव्य माना। कभी भी अपने अधिकारों के लिए संघर्ष करने को उचित नहीं माना। अपनी संस्कृति की इसी महानता और पवित्रता के कारण हम एक महान समाज और महान राष्ट्र की स्थापना करने में सफल हो सके। संस्कृति की इस महानता और पवित्रता की सुरक्षा और संरक्षा करना देश के प्रत्येक नागरिक ने अपना कर्तव्य माना। ऐसे में

किसी राजा से यह अपेक्षा नहीं की जा सकती कि वह संस्कृति के लिए स्पष्ट दिखने वाले खतरों से दूर भाग जाए या उनका सामना न करके पीठ फेर कर खड़ा हो जाए।

राजा दाहिर के व्यक्तिगत गुण : अब इन्हीं बातों को हम अपने नायक राजा दाहिर सेन पर लागू करके देखें। यदि हम ऐसा करते हैं तो निश्चय ही हमें राजा दाहिर सेन भारतीय स्वाधीनता और संस्कृति रक्षक की अपनी पवित्र भूमिका को बड़ी सफलता और सार्थकता के साथ निर्वाह करते हुए दिखाई देते हैं। उन्होंने अपने जीवन में जो कुछ भी किया वह माँ भारती की स्वाधीनता की रक्षा के लिए और संस्कृति की पवित्रता और महानता को अक्षुण्ण बनाए रखने के लिए अर्थात उसकी रक्षा करने के कर्तव्य भाव से प्रेरित होकर ही किया। भारतीय सांस्कृतिक राष्ट्रवाद और इतिहास की इन पवित्र मान्यताओं के दायरे में रखकर ही हमें अपने इतिहास के इस महानायक का मूल्यांकन करना चाहिए, न कि विदेशी इतिहासकारों की दृष्टि से ऐसा करना चाहिए।

निज नायकों को जो तोलते
विदेशियों के तर्क से,
जो निज महानायकों का
अपमान करते कुतर्क से।
न मानिए अपना उन्हें
हैं आस्तीन के सांप वे,
स्वार्थहित परिचित नहीं जो
शत्रु और मित्र के फर्क से।।

जब विदेशी आक्रमणकारी मोहम्मद बिन कासिम ने अपनी राक्षसी हुंकार भारत की सीमाओं पर भरी तो राजा दाहिर सेन उसी प्रकार अंगड़ाई लेने लगे जैसे शत्रु के पदचाप को सुनकर शेर अपनी मांद में अंगड़ाई लेने लगता है। जब शत्रु उनकी सीमाओं में प्रवेश कर गया तो उसे रोकने के लिए वह शेर की ही भांति उस पर टूट पड़े। वह एक वीर की भांति शत्रु से लड़ते रहे और इस बात की कोई चिंता नहीं की कि उन्हें युद्ध में प्राण भी गंवाने पड़ सकते हैं। उन्होंने देश और देश के सम्मान को आगे रखकर निर्णय लिया और इस बात में तनिक भी विलंब नहीं किया कि अब शत्रु के सामने यदि उसका भोजन बन कर भी

कूदना पड़े तो कूदने में कोई संकोच नहीं होगा।

श्री कृष्ण जी का उपदेश और राजा दाहिर

श्रीकृष्ण जी अपने गीता उपदेश के अंत में अर्जुन को बताते हैं कि "अर्जुन! अब तो मेरे उपदेश का अन्त ही आ गया है। अब तू इसका निचोड़ सुन ले और यह निचोड़ यही है कि तू अहंकार शून्य होकर, निष्काम होकर, निर्लिप्त और असंग होकर युद्ध के लिए तत्पर शत्रु पक्ष पर प्रबल प्रहार कर। क्योंकि ये लोग इस समय यहाँ पर भारत की सनातन संस्कृति के विरोधी होकर, उसके धर्म के विरोधी होकर और मानवता को तार-तार करने के उद्देश्य से प्रेरित होकर उपस्थित हुए हैं।

हे अर्जुन! अपनी आत्मा को पहचान, उसका बहिष्कार कर और युद्ध में भी साधु बनकर निष्काम बनकर अपने कर्त्तव्य कर्म को कर डाल। तू 'मैं' के भाव से ऊपर उठते यह मान ले कि 'मैं' कुछ नहीं कर रहा। निस्संग रहकर अपने कर्म को करने को तत्पर हो। यदि यह भावना तेरे भीतर आ गयी तो तू एक गृहस्थी होकर भी आध्यात्मिक व्यक्ति माना जाएगा। तब तू फलासक्ति से भी मुक्त हो जाएगा। उस स्थिति में तुझ पर कर्म का बंधन अपना प्रभाव नहीं डाल पाएगा।"

श्री कृष्ण जी ने अर्जुन को ऐसा उपदेश देकर उसे शत्रुओं के विरुद्ध युद्ध के लिए सन्नद्ध किया और हमने श्री कृष्ण जी के इस उपदेश को गीता के रूप में अपने लिए सृष्टि के शेष काल तक के लिए सुरक्षित कर लिया। ध्यान रहे कि गीता के इस ज्ञान को हमने खिलौना मानकर सुरक्षित नहीं किया था, बल्कि इसका एक ही कारण था कि भविष्य में भी जब भारत की संस्कृति और स्वाधीनता का हरण करने वाले 'शकुनि' और 'दुर्योधन' किसी रूप में खड़े दिखायी देंगे तो हम उनका संहार भी गीता के उपदेश को अपने लिए मार्गदर्शक मान कर वैसे ही करेंगे जैसे अर्जुन ने उस समय किया था। भारत की सनातन संस्कृति के सनातन होने का राज ही यह है कि यह पुरातन को अधुनातन के साथ मिलाकर चलने की अभ्यासी रही है। इसके शाश्वत सनातन मूल्य कभी जीर्ण शीर्ण नहीं होते, उनमें कभी जंग नहीं लगती है। और ना ही वह कभी पुरातन हो पाते हैं। जो कृष्ण जी ने उस समय कहा था वही बात सूक्ष्म रूप में हमारे इतिहास नायक राजा दाहिर सेन के अंतर्मन को आज अपने आप ही कौंध

रही थी। यह सच है कि उनके सामने श्री कृष्ण जी नहीं थे, पर श्री कृष्ण जी सूक्ष्म रूप में उनके अंतर्मन में विराजमान होकर निश्चय ही शत्रु के संहार के लिए उन्हें प्रेरित कर रहे थे। हमारे महापुरुष श्भगवानश इसीलिए हो जाते हैं कि वे बहुत देर तक और दूर तक अपने राष्ट्र और मानवता का मार्गदर्शन करने की क्षमता और सामर्थ रखते हैं। जब जब कोई अर्जुन कहीं किसी प्रकार की विषमता में फँसता है तब तब वे सूक्ष्म होकर अपने अर्जुन का मार्गदर्शन करते हैं। तब वह अर्जुन शत्रु पर प्रबल प्रहार के साथ आक्रमण करने के लिए उद्यत हो जाता है।

ऐसे में भारत के राष्ट्रधर्म को समझने के लिए हमें गीता के शाश्वत उपदेश को हमेशा याद रखना चाहिए, *जो मरे हुओं में भी जान डालने के लिए पर्याप्त है।*

विश्वात्मा का उपकरण बना
मुक्त मनुष्य जीवन धरता,
विश्वात्मा के द्वारा प्रेरित होकर
निज कर्मों को पूर्ण करता।
भयंकर कर्मों को भी वह
इच्छा के बिना किया करता,
अपने द्वारा किये कर्म को
वह ईश्वरादिष्ट कहा करता।।

डा. राधाकृष्णन कहते हैं कि- "मुक्त मनुष्य अपने आपको विश्वात्मा का उपकरण बना देता है, इसलिए वह जो कुछ करता है वह स्वयं नहीं करता विश्वात्मा उसके माध्यम से विश्व की व्यवस्था को बनाये रखने के लिए कर्म करता है। वह भयंकर कर्मों को भी स्वार्थपूर्ण उद्देश्यों से या इच्छा के बिना करता है। केवल इसलिए कि यह उसका आदिष्ट कर्म है। यह उसका अपना कर्म नहीं, भगवान का कर्म है।"

श्रीकृष्ण जी अर्जुन को यहाँ विश्वास का एक ऐसा ही उपकरण बन जाने की प्रेरणा दे रहे हैं, उसे समझा रहे हैं कि तू महान कार्य करने के लिए उठ तो सही, तेरा हाथ पकडने के लिए वह विश्वात्मा परमात्मा स्वयं प्रतीक्षारत है। वे तेरा हाथ पकड़ेंगे और जिस महान कार्य को (दुष्ट लोगों का संहार कर संसार में शान्ति स्थापित करना) तू स्वयं करना चाहता है- उसे वह स्वयं संभाल लेंगे।

अदम्य साहस और शौर्य का प्रतीक राजा दाहिर सेन

सब लोगों को मारता हुआ भी नहीं मारता, यह बात आज के कानून विदों के लिए या विधि विशेषज्ञों के लिए समझ में न आने वाली एक रहस्यमयी पहेली है।

पर इसे हमारे वीर योद्धाओं ने भारतीय स्वाधीनता और संस्कृति की रक्षा के अपने प्रण का निर्वाह करते समय पूर्णतया अपनी नजरों के सामने रखा था। उन्होंने इसे अपने लिए आदर्श बना लिया था। यही कारण रहा कि चाहे कोई मोहम्मद बिन कासिम आया या कोई सिकंदर और बाबर या अहमद शाह अब्दाली आया, हमारे वीर योद्धाओं ने सभी विदेशी आक्रमणकारियों का सभी कालों में समान वेग से और समान कर्तव्य भाव से प्रेरित होकर उसका सामना किया।

हजारों लाखों लपलपाती नंगी तलवारों को देखकर भी भयभीत न होना और अपने कर्तव्य धर्म पर डटे रहना- इसे कोई सीख सकता है तो केवल भारत के महानायकों, महारथियों, सैनिकों, वीर, साहसी योद्धाओं से ही सीख सकता है। हमारा इतिहास नायक राजा दाहिर सेन इसी साहस और शौर्य का प्रतीक है। जब उसके सामने बड़ी संख्या में शत्रु की लपलपाती नंगी तलवारें खड़ी थीं और इस बात की प्रतीक्षा कर रही थीं कि कब कोई शिकार आए और वह अपनी प्यास बुझाएं-तब वह कर्तव्य मार्ग का पथिक अपने कर्तव्य का निर्वाह करते हुए निर्भीक और निडर होकर देश की सेवा के लिए तत्पर हो शत्रु के साथ युद्ध करने के लिए निरंतर आगे बढ़ रहा था। यदि कोई साधारण व्यक्ति होता तो तलवारों के समुद्र की चमक को देखकर भाग खड़ा होता। पर यह साधारण नहीं असाधारण शौर्य और अदम्य साहस का प्रतीक दाहिर सेन था जो अपनी तलवार को उन सारी तलवारों से कहीं अधिक ताकतवर मानकर बड़े आत्मविश्वास के साथ और विजयी होने के भाव को हृदय में संजोकर आगे बढ़ रहा था।

उसका हर कदम यह बता रहा था कि भारतवासियों के लिए पहले दिन से राष्ट्र प्रथम रहा है। राष्ट्रीयता पूजनीय रही है और राष्ट्रवाद वंदनीय रहा है।

जो घुसकर नंगी तलवारों में
भयभीत तनक नहीं होता है,
जो शत्रु की छाती पर चढ़कर
उसके लहू से आंचल धोता है।
जो शूरवीर और प्रतापी बनकर

स्वराष्ट्र की सेवा करता है,
इतिहास पुरुष उस नायक
को सारा जग अश्रु से रोता है।।

तब हमारे इतिहास नायक की दृष्टि में उसका अपना 'आज' नहीं था बल्कि हमारा आज था। वह किसी उद्देश्य से प्रेरित होकर और अपने देश और देश की आने वाली पीढ़ियों की रक्षा के लिए संघर्ष कर रहा था, इसलिए उस महानायक के समक्ष हृदय नत-मस्तक होकर निष्पक्ष भाव से यही कहता है कि वह हमारी स्वाधीनता का महानायक था।

गीता का 'धर्म युद्ध' और राजा दाहिर सेन

गीता ने युद्ध को उस समय श्धर्म युद्धश की संज्ञा दी है जब वह किन्हीं महान उद्देश्यों की रक्षा के लिए किया जाता है, जब यह देश की स्वाधीनता की रक्षा के लिए, देश के धर्म-संस्कृति और मानवता की रक्षा के लिए किया जाता है या मानवतावादी शक्तियों को प्रोत्साहित और संरक्षित करने के लिए किया जाता है, तब यह 'धर्म युद्ध' बन जाता है। जब सज्जन शक्ति का विनाश करने वाली शक्तियों को मिटाने के लिए युद्ध किया जाता है, तब उसे धर्म युद्ध कहा जाता है।

जब कोई युद्ध किन्ही के अधिकारों का हनन करने के लिए या किन्ही की संपत्ति, जमीन-जायदाद, स्त्रियों आदि को लूटने, अपमानित करने या उनका शीलहरण करने के लिए किया जाता है तो यह अधर्म प्रेरित युद्ध बन जाता है। भारत ने अधर्म प्रेरित युद्ध न करके धर्म की रक्षा के लिए युद्ध किया, इसलिए राजा दाहिर सेन को भारत का एक ऐसा धर्म योद्धा कहा जाना उचित होगा, जिसने माँ भारती की स्वाधीनता और संस्कृति की रक्षा के लिए अपना सर्वस्व समर्पित किया। वह धर्म योद्धा इसलिए भी है कि उसने अधर्म प्रेरित शक्तियों का संहार करने के लिए अपने धर्म को पहचाना और धर्म की रक्षा के लिए स्वयं को सहर्ष बलिवेदी पर समर्पित कर दिया। राजा ने यह कार्य उतना ही सहज रूप से कर दिया जैसे कोई व्यक्ति यज्ञ वेदी पर बैठा हुआ 'स्वाहा' बोलकर अपनी आहुति डाल देता है।

किया सर्वस्व देश के लिए समर्पित

राजा दाहिर सेन के जीवन पर यदि विचार किया जाय तो पता चलता है कि

वह भारत की सीमाओं का एक ऐसा सजग प्रहरी था जो आज की मिसाइलों की तरह सीमा पर तैनात रहकर दूर अरब तक की गतिविधियों पर अपनी पैनी दृष्टि रखता था। वह दूरदर्शी सूक्ष्मदर्शी था जो दूर की घटनाओं को नजदीक से देखने का अभ्यासी था। वह शत्रु संहारक था और देश से सैंकड़ों किलोमीटर दूर रचे जा रहे षड़यंत्र पर अपनी पैनी दृष्टि रखता था। उसका हर पल, हर क्षण, हर श्वास देश के लिए समर्पित थी।

जीवन की हर सांस को किया देश के नाम।
जगवंदन उसका करे दिल से सुबहो-शाम।।

वह वैदिक धर्म का एक ऐसा महान योद्धा था जिसे वह संसार के किसी भी मत, संप्रदाय या हिंसा, रक्तपात, घातपात आदि में विश्वास रखने वाली विचारधारा के समक्ष ऊँचा और प्राणों से प्रिय समझता था। वह भारतीय संस्कृति की एक ऐसी मशाल था जो हर जगह ज्ञान का प्रकाश करने में विश्वास रखती थी और संसार की उस प्रत्येक तथाकथित संस्कृति का विरोध करने को अपना राष्ट्रधर्म मानती थी जो मशालों को जलाने में नहीं बल्कि बुझाने में विश्वास रखती थी। वह उजालों का सौदागर था और अपने देश के लिए उजाला लाने के लिए वह चांद तारों तक जा सकता था और यदि आवश्यक हो तो सागर की गहराई में भी जा सकता था। इसके लिए वह पहाड़ों को चीर सकता था और आंधियों को रोक सकता था। इस सबके पीछे उसका केवल एक ही लालच था-अपने देश की रक्षा।

इस्लामिक आतंकवाद से जूझने वाला पहला योद्धा

वह भारत के पराक्रम और पौरुष का ऐसा जीता जागता उदाहरण था जो उग्रवाद का समूल विनाश कर देना चाहता था और उग्रवादियों को अपना सबसे बड़ा शत्रु मानता था। उसके काल में संभवतः पहली बार विश्व इस्लामिक आतंकवाद से ग्रसित हो रहा था। हमें इस बात पर गर्व और गौरव की अनुभूति होनी चाहिए कि इस्लामिक आतंकवाद के उस पहले दौर का सफलतापूर्वक सामना भारत कर रहा था और उस समय भारत का नेतृत्व हमारा इतिहास नायक राजा दाहिर सेन कर रहा था। उसने अपने प्राणों की मौन आहुति से भारत की आने वाली पीढ़ियों को यह संकेत और संदेश दिया कि वैश्विक आतंकवाद के

सामने डटकर खड़े रहना है और अपने अस्तित्व के लिए अंतिम क्षणों तक संघर्ष करते रहना है।

बलिवेदी पर मौन आहुति
निज प्राणों की जो नर देता।
देश ऋणी उसका रहता
श्रद्धा से नाम सदा लेता।।

उसने भारत की आने वाली पीढ़ियों को यह भी बताया कि प्रत्येक प्रकार के उपनिवेशवाद, साम्राज्यवाद और विस्तारवाद का सामना प्राणों की बाजी लगाकर करना है। यह हमला इतना प्रबल है कि इसमें विश्व के अनेकों देश समाप्त हो जाएंगे। यदि भारत को बचाए रखना है तो अपना प्रत्येक क्षण और प्रत्येक पल वैश्विक आतंकवाद की इस भयंकर आंधी का सामना करना ही होगा। हमें प्रसन्नता है कि राजा दाहिर सेन की इस मौन अपील को हमारे अनेकों क्रांतिकारी देशभक्तों ने पूरी निष्ठा के साथ सुना और निभाया।

इस प्रकार राजा दाहिर सेन भारत की आने वाली पीढ़ियों के लिए एक उदाहरण बना।

वेद धर्म की मर्यादा : राजा दाहिर सेन को भारतीय स्वाधीनता संग्राम और इतिहास का एक महानायक इसलिए भी माना जा सकता है कि उनके विशाल व्यक्तित्व से उस समय और आगे आने वाले समय के लाखों युवाओं ने प्रेरणा ली थी। ऐसा व्यक्ति निश्चय ही राष्ट्र नायक होता है जिसके व्यक्तित्व से लोगों के मन में बसी दुर्बलता दूर होती हो, शिथिलता और कायरता समाप्त होकर उत्साह और तेजस्विता का संचार होता हो, जिसके नाम स्मरण से हृदय से मोह समाप्त होकर प्राणों तक को राष्ट्र पर निछावर करने की भावना बलवती होती हो। जिसके तप से राष्ट्र न केवल उसके अपने काल में समुन्नत हो बल्कि आने वाले समय में भी उसके नाम का जप राष्ट्रोन्नति का माध्यम बन सके।

किसी इतिहास नायक या स्वाधीनता के रक्षक और स्वतंत्रता के सम्बन्ध में यह जानना भी आवश्यक है कि स्वतन्त्रता कर्म करने की अनन्त और असीमित स्वतन्त्रता का नाम नहीं है। मनुष्य कर्म करने में स्वतन्त्र है, पर फल भोगने में परतन्त्र है। ऐसे में यह स्वाभाविक है कि स्वतन्त्रता का जैसा उपयोग किया जाएगा उसका परिणाम भी वैसा ही होगा। स्वतन्त्रता और मनुष्य जीवन के इस

सत्य को समझकर हमारे ऋषियों ने यह विधान किया कि मनुष्य को विचारपूर्वक कर्म करना चाहिए।

विचार पूर्वक कर्म कर यही वेद उपदेश।
'सार्थक जीवन जिओ' - यही अमर संदेश।।

विचार मन्त्र को भी कहते हैं। इस प्रकार जब यह कहा जाता है कि मनुष्य को विचार कर काम करना चाहिए तो इसका अर्थ होता है कि वेदों के मंत्रों के भावों के अनुसार मनुष्य को अपना जीवन चलाना चाहिए अर्थात उन्हीं के दिशा निर्देशों के अनुसार कर्म करना चाहिए। यही धर्म की मर्यादा है। वेदों के मन्त्र हमारे लिए विधि हैं। वेद हमारे लिए संविधान है। उसका प्रत्येक मन्त्र संविधान की कोई न कोई धारा है, जो हमारी राजनीतिक, सामाजिक, आर्थिक, धार्मिक सभी प्रकार की जीवन शैली को नियंत्रित, मर्यादित, संतुलित और सृष्टि के नियमों के अनुकूल बनाती है। जैसे आजकल हम किसी देश के संविधान और देश के विधान मंडलों द्वारा बनाए गए कानूनों के अनुसार चलकर समाज में शांति व्यवस्था स्थापित करने में सफल होते हैं, वैसे ही सृष्टि नियमों के अनुकूल बने वेद विधान के अनुकूल कर्म करके हम न केवल इस जगत को बल्कि पारलौकिक जगत को भी शांतिपूर्ण बनाने में सफल होते हैं। इसलिए सृष्टि का आदि संविधान वेद कहा गया है।

वेद धर्म की इसी मर्यादा को स्थापित किए रखने के लिए हमारे यहाँ राज्य व्यवस्था खोजी गई। राज्य व्यवस्था हमारे जीवन को सुव्यवस्थित बनाने के लिए अर्थात धर्मानुसार आचरण करने के लिए खोजी गई। जो लोग अन्य लोगों के अधिकारों और जीवन की स्वतंत्रता का हनन करते हैं उन्हें ऐसे कार्यों से रोकना और विधि व्यवस्था में विश्वास रखने वाले लोगों को सहज रूप से जीवन जीने देने की अनुकूल स्थिति बनाना राज्यव्यवस्था का सर्वोत्तम कार्य है। यही स्वतन्त्रता की रक्षा करना है।

इस व्यवस्था के विपरीत स्वतन्त्रता का हनन वह है जिसमें किसी को अपने अनुसार काम करने से रोक दिया जाए और उस पर इस बात का पहरा लगा दिया जाए कि जो मैं कह रहा हूं वैसे करना। जैसे मैं बोलूँ वैसे बोलना, जैसे मैं सोचूँ, वैसे सोचना। भारत में जितने भी विदेशी आक्रमणकारी आए और उनमें से जिस जिस ने भी यहाँ पर अपना राज्य स्थापित करने में सफलता प्राप्त की,

उन सभी ने भारत के लोगों के साथ ऐसा ही आचरण किया। बस, यही भारत की या भारत के लोगों की गुलामी थी, जिसे वह स्वीकार करने को रंच मात्र भी तैयार नहीं थे।

सिंधु नरेश दाहिर सेन के समय जब मोहम्मद बिन कासिम इसी उद्देश्य से प्रेरित होकर भारत की ओर राक्षस की भांति चढ़ा आ रहा था, तब परम्परा से स्वाधीनता के उपासक रहे भारत के प्रान्त सिंध के लोग और उसका शासक दाहिर सेन ऐसे राक्षस प्रवृत्ति के व्यक्ति का सामना करने के लिए यदि प्रेरित हुए थे तो वह मनुष्य मात्र की मौलिक स्वाधीनता की सुरक्षा के लिए ही प्रेरित हुए थे और क्योंकि ऐसी स्वाधीनता का रक्षक केवल और केवल भारत ही प्राचीन काल से रहा था, इसलिए स्वाभाविक रूप से यह लोग भारत राष्ट्र की रक्षा के लिए भी उस राक्षस से युद्ध के लिए तत्पर हो गए थे।

स्वतंत्रता का वास्तविक रक्षक : हमें यह ध्यान रखना चाहिए कि भारत की राज्य व्यवस्था के अंतर्गत निर्धारित किए गए धर्म के अनुसार राजा लोगों की स्वतंत्रता का रक्षक है। उसका कार्य लोक शान्ति स्थापित किये रखना है। उसका यह भी धर्म है कि जो लोग शान्ति के विरुद्ध कार्य करते हैं या लोग शान्ति को भंग करते हैं या लोगों के जीवन में किसी भी प्रकार का विघ्न डालते हैं, उनका वह समूल विनाश करे। इसके लिए वह अपना शासन प्रशासन रखता है। भारत में मुसलमानों सहित किसी भी विदेशी शासन का विरोध इसलिए किया गया कि उनके शासक इस प्रकार के राष्ट्र धर्म से प्रेरित नहीं थे। वे लोगों का रक्त चूसते थे और लोगों पर अप्रत्याशित अत्याचार करने को अपना धर्म मानते थे।

पाशविकता के पाश में बंधे अधर्मी नीच।
देश-धर्म को जानकर काटे रण के बीच।।

हमें अपनी स्वाधीनता के रक्षक इतिहास के महानायकों के व्यक्तित्व का निर्धारण या मूल्यांकन करते समय भारत के राजधर्म की इसी विशिष्टता को दृष्टिगत रखना चाहिए। विदेशी इतिहासकारों और लेखकों के दृष्टिकोण से अपने इतिहासनायकों का कभी भी मूल्यांकन करने से हमें बचना चाहिए। यह कभी नहीं हो सकता कि हमारे आदर्श या हमारे लिए सर्वोत्कृष्ट बलिदान देने वाले बलिदानी या इतिहास नायकों का विदेशी शत्रु शासक या उनके चाटुकार दरबारी

लेखक उनका उचित मूल्यांकन कर पाएं होंगे।

इसलिए अपने इतिहास नायक राजा दहिर सेन को भारतीय स्वाधीनता संग्राम का महान रक्षक या महान सेनानी स्वीकार करके ही हमें आगे बढ़ना चाहिए।

हमें यह बात भी ध्यान रखनी चाहिए कि हमारे देश की स्वाधीनता की लड़ाई की नींव में जिन लोगों ने अपने प्राणों की आहुति दी है वही वास्तविक 'राष्ट्रपिता' हैं। क्योंकि उन्होंने कभी भी 'राष्ट्रपिता' के सर्वोच्च सम्मान की अभिलाषा नहीं की।

'बुर्जी' की नहीं 'नींव' की ईंटों को पूजो

बुर्जी की ईंट कभी भी नींव की ईंट की बराबरी नहीं कर सकती। इसलिए बुर्जी की ईंट को 'राष्ट्रपिता' कहने का भ्रम हमें नहीं पालना चाहिए। जिन लोगों ने बुर्जी की ईंटों को 'राष्ट्रपिता' कहकर सम्मानित किया है, उन्होंने बहुत सरलता से देश की रगों में विकृति का खून चढ़ा दिया है। विकृति के इस खून से ही हमारे भीतर पागलपन की वह स्थिति पैदा हुई है जिसके चलते हम स्वाधीनता संग्राम को किसी 'बुर्जी की ईंट' के मस्तिष्क की उपज तक मानने लगे हैं। ऐसा मानने लगे हैं कि जैसे स्वाधीनता संग्राम का इतिहास तो 50 या 60 वर्ष का है। उससे पहले तो यह देश गुलामी को सहज रूप में स्वीकार कर बैठने का अभ्यासी बन चुका था। जब हम श्बुर्जी की ईंटोंश को पूजने की बजाए 'नींव की ईंटों' को पूजने की ओर चलेंगे तो पता चलेगा कि यह संघर्ष तो उसी दिन आरम्भ हो गया था, जब हमारे प्यारे भारतवर्ष की स्वाधीनता के हन्ता के रूप में विदेशी गिद्ध झपट्टा मारने लगे थे। जब ऐसी सोच हमारी बनेगी तो भारत की स्वाधीनता के पहले रक्षक के रूप में जो नाम उभर कर आएगा–वह निश्चय ही राजा दाहिर सेन का नाम होगा।

अध्याय-4

अरबों से राजा की पहली भिड़ंत

चोरी, डकैती, हत्या और बलात्कार- भारत में अरब आयातित दुर्गुण रहे हैं। उससे पहले भारत में इन दुर्गुणों के बारे में कोई कल्पना तक नहीं कर सकता था। जब अरब के लोगों का भारत के साथ सम्पर्क हुआ और कालांतर में अरब या अरबी धर्म को मानने वाले लोगों का यहाँ पर शासन स्थापित होना आरम्भ हुआ तो भारत में यह दुर्गुण बड़ी तेजी से फैले। यद्यपि यह गर्व और गौरव का विषय है कि हिन्दू समाज ने इसके उपरान्त भी इन दुर्गुणों को अपनी आम सहमति प्रदान नहीं की। क्योंकि भारतवर्ष का सारा हिन्दू समाज मूल वैदिक धर्म को मानने वाला रहा है जो संसार का वैज्ञानिक और मानवीय धर्म है। वास्तविकता यह है कि भारत के वैदिक धर्मावलम्बी हिन्दुओं ने इन दुर्गुणों को अपनाने वाले शासकों के विरुद्ध अपना स्वाधीनता संग्राम आरम्भ कर दिया उन्होंने ऐसे प्रत्येक व्यक्ति से मुक्ति का संघर्ष किया जो इन दुर्गुणों में विश्वास रखता था। इस संग्राम के जारी करने का एक ही कारण था कि भारत का मूल वैदिक धर्मावलम्बी हिन्दू इन सभी दुर्गुणों को धर्म विरुद्ध, अनैतिक और अनाचार को प्रोत्साहित करने वाले मानता था। जिससे मानवता का और धर्म का अहित होना निश्चित था।

भारत का विदेशों से व्यापारिक सम्बन्ध : उन दिनों सिन्ध का समुद्री मार्ग पूरे विश्व के साथ व्यापार करने के लिए प्रयोग किया जाता था। जहाँ तक भारत की बात है तो भारत तो और भी प्राचीन काल से सम्पूर्ण भूमण्डल के देशों और देशवासियों के साथ अपने व्यापारिक सम्बन्ध स्थापित किए हुए था। भारत के व्यापारी अपनी ईमानदारी, सादगी, नैतिकता और धार्मिकता के लिए पूरे विश्व में जाने जाते थे। विश्व के जिस कोने में भी भारतीय व्यापारी गए उन्होंने वहाँ अपने इन मानवीय गुणों की छाप छोड़ी और मानवता को उन्नत करने में अपना हर

प्रकार का सहयोग प्रदान किया। यही कारण था कि विश्व के सभी आँचलों में भारत के व्यापारियों का सम्मान होता था। उनके माल को लोग बड़े विश्वास के साथ खरीद लेते थे। क्योंकि उन्हें यह भरोसा होता था कि भारत के व्यापारी कुछ भी ऐसा नहीं करेंगे जो अनैतिकता और बेईमानी को प्रोत्साहित करने वाला हो।

भारत के सामान से खुश रहते थे लोग।
भारत से संबंध को मानै थे शुभ योग।।

चोर बाजारी, मिलावट या कोई भी ऐसा कार्य जो व्यापार के माध्यम से लोगों के लिए जानलेवा हो सकता है या उनके लिए कोई गम्भीर संकट खड़ा कर सकता है- ऐसी सोच भारतीय व्यापारियों को छू तक भी नहीं गई थी। वास्तव में मिलावट और चोर बाजारी का काम संसार को उन लोगों ने दिया है जो काफिरों के साथ जायज नाजायज कुछ भी करने को पूर्णतया उचित मानते रहे हैं।

बौद्ध साहित्य से पता चलता है कि भारत तथा पश्चिमी देशों के बीच प्राचीन काल से ही गहरे व्यापारिक सम्बन्ध स्थापित थे। पश्चिमी भारत में इस समय सोपारा तथा भृगुकच्छ अर्थात भड़ौच प्रसिद्ध बन्दरगाह थे। इन बंदरगाहों से विदेशों के लिए व्यापार होता था। यहीं पर आकर विभिन्न देशों के व्यापारी अपना सामान जहाजों से उतारते थे और यहाँ से माल भरकर अपने देश ले जाते थे।

जातक ग्रन्थों में कई स्थानों पर व्यापारियों द्वारा समुद्री यात्रा करने तथा कभी-कभी जहाजों के दुर्घटनाग्रस्त होने के उल्लेख हैं।

ईसा पूर्व छठा शती के मध्य साइरस महान के नेतृत्व में ईरान में हखामनी साम्राज्य की स्थापना हुई। उसके उत्तराधिकारी दारा प्रथम (522-486 ई. पू.) के समय भारत का पश्चिमी देशों के साथ व्यापारिक सम्बन्ध बढ़ा।

पश्चिमोत्तर सीमा से कुछ ईरानी सिक्के मिलते हैं। इनसे भी ईरान के साथ भारतीय व्यापार की पुष्टि हो जाती है। भारतीय व्यापारी ईरान होते हुए मिस्र तथा यूनान तक जाते थे और व्यापार करते थे। सिकन्दर के आक्रमण के बाद भारत तथा यूनान के बीच व्यापारिक सम्बन्ध और भी अधिक मजबूत हुए।

क्लासिकल विवरणों से पता चलता है कि भारत में नौकाओं तथा पोतों का निर्माण प्रचुर रूप में होता था, जिनसे होकर व्यापारी पश्चिमी देशों को जाते थे। टालमी के अनुसार- भारत के पश्चिमी प्रदेशों से दो हजार नौकाओं में लादकर अश्व तथा अन्य पदार्थ नियार्कस भेजे गये थे। मौर्य काल की सुदृढ़ राजनीतिक

परिस्थितियों ने व्यापार-वाणिज्य की प्रगति में महान योगदान दिया। इस समय भारत का व्यापार सीरिया, मिस्र तथा अन्य पश्चिमी देशों के साथ स्थापित हुआ। यूनानी-रोमन लेखक भारत के समुद्री व्यापार का वर्णन करते है।

एरियन लिखता है कि भारतीय व्यापारी मुक्ता वेचने के लिये यूनान के बाजारों में जाते थे। व्यापारिक पोतों का निर्माण इस काल का एक प्रमुख उद्योग था। महामती चाणक्य के 'अर्थशास्त्र' से हमें पता चलता है कि इस समय व्यापारी विदेश जाते थे। नवाध्यक्ष तथा पण्याध्यक्ष नामक अधिकारी विदेश जाने वाले व्यापारियों की देख-रेख किया करते थे।

कहने का अभिप्राय है कि हमारे व्यापारियों के विषय में हमें यह तो जानकारी मिलती है कि उन्होंने कब-कब किस काल में किस प्रकार के व्यापारिक कीर्तिमान स्थापित किए? परन्तु उन्होंने कहीं भारत के सामाजिक व सांस्कृतिक मूल्यों के विरुद्ध जाकर दूसरे देशों के लोगों के साथ छल कपट किया हो या। वहाँ की राजनीतिक सत्ता को हथियाने का प्रयास किया हो या वहाँ के लोगों पर अपना कब्जा कर उनके खून को निचोड़ने के अमानवीय कृत्य किए हों-ऐसा कोई भी उल्लेख में कहीं भी प्राप्त नहीं होता।

व्यापार में मानवता और विदेशों में जाकर उस देश के नियमों के प्रति समर्पण का भाव सीखना है तो भारतीयों से ही सीखा जा सकता है। क्योंकि इन लोगों ने प्राचीन काल से ही दूसरों के अधिकारों का अतिक्रमण करना अनैतिक और अन्याय पूर्ण माना है।

मानवता और सादगी यही नियम व्यापार।
सच्चाई से ही निभै, सत्य पूर्ण व्यवहार।।

जबकि दूसरी सभ्यताओं व संस्कृतियों को अपनाने का दावा करने वाले लोगों ने विधर्मी लोगों के या परदेसियों के साथ अन्याय और अनीति करने को ही प्राथमिकता दी। उसी के कारण संसार में उपद्रव, उत्पाद और उग्रवाद फैले। यदि ये सब चीजें आज भी जारी हैं तो इसके पीछे भी कारण केवल यही है कि लोग विधर्मी लोगों के साथ अनीतिपूर्वक व्यवहार करने को ही उचित मान रहे हैं। दूसरों के अधिकारों का अतिक्रमण कर दूसरे देशों पर जाकर जबरन अपना शासन थोपने वाले लोग आज हमें सभ्यता का पाठ पढ़ाते हैं और नीति क्या है? न्याय क्या है? इन सब पर हमें उपदेश देते हैं। जबकि हम इन्हें प्राचीन काल से

जानते हैं। जो स्वयं पक्षपाती हैं, वर हमें निष्पक्ष व्यवहार करने की शिक्षा देते हैं। यदि ये अपने गिरेबान में झांकें तो पता चलेगा कि संसार में जितना भी अन्याय बढ़ा हुआ दिखाई देता है या अनीति पांव फैलाए हुए दिखाई देती है वह सब इन्हीं तथाकथित उपदेशकों के कारण ही है।

वास्तव में शान्तिपूर्वक लोकतांत्रिक ढंग से व्यापार किए जाने की प्रक्रिया भी यही है कि आप दूसरे देश में जाएं तो अवश्य परन्तु वहाँ के सामाजिक राजनीतिक क्षेत्र में किसी प्रकार का हस्तक्षेप ना करें। व्यापारिक सम्बन्धों को राजनीतिक सम्बन्धों से अलग रखने की वैश्विक नेताओं की सोच आज भी यही होती है कि हमारे सामाजिक राजनीतिक सम्बन्ध अपने स्थान पर होंगे और व्यापारिक सम्बन्ध अपने स्थान पर होंगे। कहना न होगा कि भारत ने लोकतांत्रिक शासन प्रणाली के इस मूल्य को प्राचीन काल से अपने लोगों के चरित्र का एक आवश्यक अंग बनाने में सफलता प्राप्त की।

अरब के व्यापारियों का व्यवहार : इतिहास का यह एक दुर्भाग्यपूर्ण तथ्य है कि भारत के व्यापारियों के विपरीत अरब के व्यापारियों का धर्म नीचता की हर सीमा का उल्लंघन कर चुका था। लूटमार, हत्या, डकैती, बलात्कार और अपने स्वार्थों की पूर्ति के लिए दूसरे देशों के लोगों के साथ किसी भी प्रकार का छल-कपट करने के कार्य को वह अपने व्यापार का एक अनिवार्य अंग मानकर चलते थे। यह और भी अधिक दुर्भाग्यपूर्ण बात है कि अरब के इस्लामिक शासकों की छत्रछाया भी अपने ऐसे व्यापारियों पर बनी रहती थी, क्योंकि ऐसे व्यापारी अपने लूट के माल में से एक निश्चित हिस्सा अपने खलीफाओं को भी जाकर दिया करते थे।

कहने के लिए तो खलीफा धर्मगुरु थे, किन्तु वास्तव में वह अधर्म के कार्यों को प्रोत्साहित करते थे। यदि उनके इस प्रकार के अनीतिपरक कार्यों पर दृष्टिपात किया जाए तो उन्हें 'लूट गुरु' कहने में भी कोई अतिशयोक्ति नहीं होगी। क्योंकि उस समय जितने भी 'लूट दल' बनाकर दूसरे देशों में भेजे जाया करते थे उन सबके प्रमुख यह खलीफा ही हुआ करते थे। इन्हीं के दिशा निर्देश में संसार के विभिन्न देशों की संस्कृति और सभ्यता को लूटने व समाप्त करने का सारा खेल उस समय खेला जा रहा था। श्लूट गुरुश के प्रति पूरी श्रद्धा दिखाने का भाव हम आज भी देखते हैं।

बना बनाकर लूट दल करते थे अपराध।
मानवता भय मानती देख बेसुरी बात।।

इस प्रकार के कार्यों को भूमिगत होकर जो लोग अपने प्यादों के माध्यम से कराते हैं वे सारे प्यादे अपने ऐसे भूमिगत 'लूट गुरु' के प्रति बहुत ही अधिक श्रद्धा भक्ति वाले पाए जाते हैं। जो लोग यह कहते हैं कि 'मजहब नहीं सिखाता आपस में बैर रखना' उनका यह भ्रम इन तथाकथित धर्म गुरुओं या खलीफाओं के इस प्रकार के आचरण को देखकर टूट सकता है।

अरब के व्यापारी जिन-जिन रास्तों से गुजरते थे, उन-उन रास्तों में पड़ने वाले शहरों व नगरों को उजाड़ने या वहाँ पर कोई भी हिंसक या अपराधिक कार्य करने को वे अपना मजहबी अधिकार मानते थे।

आतंक फैलाना और लोगों को आतंकित कर उनका धनमाल लूटना इन अरब व्यापारियों का प्रमुख व्यवसाय था।

सिन्ध और 'सोने की चिड़िया'

सिंध उन दिनों अपनी आर्थिक समृद्धि के लिए प्रसिद्ध था। संपूर्ण भारतवर्ष 'सोने की चिड़िया' के रूप में अरब के व्यापारियों की नजरों में खटकता था।

उन्होंने इस देश की आर्थिक समृद्धि के बारे में बहुत सारे किस्से कहानी सुन रखे थे। इसलिए जब-जब भी 'सोने की चिड़िया' का ख्याल उनके मन-मस्तिष्क में आता था तब-तब ही वे इसे लूटने और अपने आधीन कर लेने के सपने देखा करते थे। इस्लाम के खलीफाओं के द्वारा जब उनसे यह कह दिया गया यदि वह ऐसा करने में सफल होते हैं तो उन्हें जन्नत मिलेगी और जन्नत में भी 72-72 हूरों के साथ मौज मस्ती करने का अवसर मिलेगा तब तो मानो उनके लिए सोने पर सुहागा वाली बात हो गई, इसलिए वह अब 'सोने की चिड़िया' भारत को लूटने के लिए और भी अधिक व्याकुल हो उठे थे। वास्तव में जन्नत में 72 हूरों के मिलने के लालच ने संसार में उग्रवाद को प्रोत्साहित करने में बहुत अधिक सहयोग प्रदान किया है। लोगों ने इस लालच में फंसकर अनेकों लोगों के साथ अत्याचार और अन्याय भरे अमानवीय कृत्य किए हैं।

मिलें दर्जनों हूर भी और जन्नत की ठौर।
दुनिया भर में छा गया था दहशत का दौर।।

भारत किस प्रकार विश्व के लिए आर्थिक समृद्धि का केंद्र रहा है? इसकी जानकारी हमें 'दैनिक जागरण' (24 जनवरी 2019) में छपे इस लेख से मिलती है- "1000 वर्षों के मुगल/अन्य आक्रमणकारियों के शासन के बाद भी, विश्व की जीडीपी में भारत की अर्थव्यवस्था का योगदान 25% के बराबर था। इसी समय में अंग्रेजों ने भारत पर कब्जा किया था लेकिन जब अंगेज भारत को छोड़कर गए तो भारत का विश्व अर्थव्यवस्था में योगदान मात्र 2-3% रह गया था, लेकिन आज भारत विश्व की पांचवी सबसे बड़ी अर्थव्यवस्था बन गया है।

मुगलों के शासन शुरू करने से पहले, भारत दुनिया की सबसे बड़ी अर्थव्यवस्था थी। जब मुगलों ने 1526-1793 के बीच भारत पर शासन किया, इस समय भारत की आय (17.5 मिलियन पाउंड), ग्रेट ब्रिटेन की आय से अधिक थी। वर्ष 1600 ई. में भारत की प्रति व्यक्ति आय 1305 डॉलर थी जबकि इसी समय ब्रिटन की प्रति व्यक्ति आय 1137 डॉलर, अमेरिका की प्रति व्यक्ति आय 897 डॉलर और चीन की प्रति व्यक्ति आय 940 डॉलर थी। इतिहास बताता है कि मीर जाफर ने 1757 में ईस्ट इंडिया कंपनी को 3.9 मिलियन पाउंड का भुगतान किया था। यह तथ्य भारत की सम्पन्नता को दर्शाने के लिए बड़ा सबूत है।

अरब वालों के लिए भारत की आर्थिक समृद्धि थी ईर्ष्या का कारण: वास्तव में उन दिनों भारत की आर्थिक समृद्धि अरब के खलीफाओं और उनके सैनिकों के लिए बहुत ही अधिक ईर्ष्या का कारण बन चुकी थी। वह किसी न किसी प्रकार से भारत पर आक्रमण कर यहाँ की अकूत सम्पदा को लूटने की योजनाएं बनाने लगे थे।

उन दिनों महाराजा दाहिर सेन की राजधानी अलोर थी। वह अपनी राजधानी में बैठे रह कर भी अरब की गतिविधियों पर पूरी सावधानी से नजर रखे हुए थे। वैसे भी पिछले लगभग 70 वर्ष से अधिक के काल में भारत पर अरब आक्रमणकारियों के अनेकों आक्रमण हो चुके थे। जिनमें यह तथ्य स्पष्ट हो चुका था कि इन लोगों का प्रमुख उद्देश्य दूसरे देशों का इस्लामीकरण करना और वहाँ के धनमाल को लूटना ही होता है। ऐसे में राजा दाहिर सेन जैसे देशभक्त राजा से यह अपेक्षा नहीं की जा सकती कि वह निश्चिंत होकर बैठे होंगे, अपितु यही माना जा सकता है कि वह पूरी तैयारी के साथ दुश्मन की हर गतिविधि

पर नजर रखे हुए थे।

अलोर शहर भी उन दिनों विश्व राजनीति में अपना विशेष स्थान रखता था। राजा दाहिर ने अपने शासन को सुव्यवस्थित ढंग से चलाने के लिए अलग-अलग प्रांतों में विभक्त किया हुआ था। उन्होंने यह भली-भांति अनुमान लगा लिया था कि अरब के व्यापारी देवल बंदरगाह पर कभी भी हमला कर सकते हैं। यही कारण था कि किसी भी प्रकार की अप्रिय घटना को टालने के दृष्टिकोण से राजा ने देवल बन्दरगााह पर प्रशासन की दृष्टि से अलग सूबेदार नियुक्त किया हुआ था।

सावधान राजा भला और प्रजा रहे सचेत।
जागते हुए किसान का उजड़ न पावै खेत।।

राजा की इस प्रकार की सोच बताती है कि वह अरब आक्रमणकारियों के आक्रमण के प्रति पूर्णतया सावधान थे। उन्हें अरब वालों की सोच और कार्यशैली का पूर्ण ज्ञान था। यही कारण था कि वह किसी भी प्रकार से प्रशासनिक शिथिलता को अपनाने के पक्षधर नहीं थे। उन्होंने तूफान आने से पहले तैयारी करने में ही अपना और देश का भला समझा। राजा ने अरब के व्यापारियों और वहाँ के खलीफा के आचरण, व्यवहार और कार्यशैली का भली प्रकार पता लगा लिया था। यही कारण था कि उन्होंने देवल को प्रशासन की दृष्टि से एक अलग इकाई के रूप में स्थापित किया।

अरब का सैन्य दल पहुँचा देवल बंदरगाह : उधर अरब के लालची, स्वार्थी और दूसरे के द्रव्य पर दृष्टि रखने वाले खलीफाओं और उनके सेनापतियों की गुप्त योजनाएं देवल बन्दरगाह पर आक्रमण करने के सम्बन्ध में षड़यन्त्रपूर्ण ढंग से बनती जा रही थीं।

वह चाहते थे कि देवल बन्दरगाह पर यदि एक बार उनका अधिकार हो गया तो मानो भारत के प्रवेश द्वार पर उनका एकाधिकार स्थापित हो जाएगा। जिससे 'सोने की चिड़िया' भारत को लूटने में उन्हें सुविधा होगी। इसके अतिरिक्त यहाँ पर अपने इस्लामिक धर्म को फैलाने में भी उन्हें सहायता मिलेगी। अपनी इसी प्रकार की योजनाओं को सिरे चढ़ाने के उद्देश्य से अरब के व्यापारियों ने भारत की ओर एक दिन प्रस्थान कर ही दिया। यद्यपि इससे पूर्व भी उनके भारत पर आक्रमण करने के ऐसे प्रस्थानों का आयोजन हो चुका था, पर इस बार के प्रस्थान की कुछ विशेषताएं अलग थीं। इन अरब आक्रमणकारियों का यह

तथाकथित सैन्य दल जब भारत की ओर बढ़ा तो उसने एक दिन अचानक देवल बन्दरगाह पर आकर दस्तक दे ही दी। अरबी जहाज में बैठे यात्रियों ने देवल बन्दरगाह पर आकर विश्राम के लिए स्थान मांगा। स्थान मांगने के पीछे उनकी चालाकी थी। छल-बल अरब आक्रमणकारियों की रणनीति का एक हिस्सा रहा है। उन्होंने इसको कभी अपराध नहीं माना। युद्ध में भी धर्म को अपनाकर चलने वाले भारतीय क्षत्रियों को राक्षस वृत्ति के इन लोगों ने अपने छल-बल से कई बार पराजित किया।

भारतीय लोग कई बार इनके छल-बल को प्रारंभिक अवस्था में समझ नहीं पाए, समझे तो उस समय समझे जब सब कुछ लुट चुका था। इस बार भी कुछ ऐसा ही हुआ।

छल बल और षड़्यंत्र को लाये भारत देश।
नीच, पातकी, म्लेच्छ से जाने गए हमेश।।

भारत की ओर से नियुक्त अधिकारियों ने 'अतिथि देवो भवः' - की परम्परा का निर्वाह करते हुए उन्हें विश्राम के लिए स्थान उपलब्ध करा दिया। तब उन्हें यह ज्ञात नहीं था कि उन्होंने अतिथि के रूप में किसी दुर्दांत आतंकवादी को अपने यहाँ पर शरण दे दी है।

जो भारत में शरण लेने के दृष्टिकोण से नहीं आया है बल्कि भारत का हरण करने के लिए आया है। जिसकी सोच अतिथि वाली नहीं है बल्कि बगुला भक्ति वाली है।

वास्तव में भरत ऐसी ही 'सद्‌गुण विकृति' का शिकार हर काल में हुआ है। उसने शत्रु के भीतर के छुपे भाव को पढ़ने में चूक की। जिसका परिणाम राष्ट्रीय स्तर पर विनाश के रूप में आर्य जाति को भोगना पड़ा। हमारे लोगों ने इन विदेशी अरब आक्रमणकारियों को म्लेच्छ या किसी ऐसे ही अपशब्द से इसीलिए पुकारा कि वह इनकी नीतियों व रीतियों से कभी सहमत नहीं रहे। इनके छल कपट और दुष्ट आचरण को देखकर हमारे लोगों ने इनका सामाजिक बहिष्कार किया। इस सामाजिक बहिष्कार के बारे में अनेकों मुस्लिम इतिहासकारों ने लिखा है। इस बहिष्कार के बारे में हमें यह भी पता होना चाहिए कि यह 10-20 वर्ष नहीं चला था बल्कि सैकड़ों वर्ष तक और उसके पश्चात आज तक भी चला हुआ है। इनके पास बैठना या इनसे किसी भी प्रकार का संपर्क या सम्बन्ध बनाना

हमारे पूर्वजों ने कभी उचित नहीं माना।

हमारे पूर्वजों की रही प्रतिबंधात्मक सोच

इतिहास को पढ़ते समय हमारे पूर्वजों की इस प्रकार की सोच और इन अरब आक्रमणकारियों और इनके पश्चात इनके ही मजहब वाले आतंकवादियों या आक्रमणकारियों के प्रति अपनाए जाने वाले प्रतिबंधात्मक दृष्टिकोण को भी समझना चाहिए। केवल अपने पूर्वजों को कायर व कमजोर कहकर अपने आपको गाली देने से काम नहीं चलता बल्कि यह देखना चाहिए कि हमारे पूर्वजों ने उस समय इन राक्षसों के प्रति कैसी-कैसी नीतियां अपनाई थीं? और उनके आचरण तथा व्यवहार को देखकर इन्हें कैसे कैसे नामों से पुकारा था? इस संदर्भ में हमारा यह कहना है कि अपने इतिहास का अवलोकन करते समय हमें अपने पूर्वजों के इस प्रकार के आचरण को भी इतिहास का एक आवश्यक अंग मानना चाहिए और यह समझना चाहिए कि हमारे पूर्वजों ने किस- किस प्रकार के सुरक्षा प्रबन्ध उस समय अपने आपको और अपने धर्म व संस्कृति को बचाने के लिए किए थे?

पूर्वजों के पुरुषार्थ को भूल जाय जो देश।
ढूंढे से भी ना मिलें उसके कहीं अवशेष।।

देवल बन्दरगाह पर जो लोग पहुँचे थे वह अतिथि नहीं थे, अपितु अतिथि के रूप में छुपे हुए शत्रु थे। जो भारत की धरती पर शत्रु भाव को लेकर उतरे थे। उनमें अतिथि का भाव तो दूर-दूर तक भी नहीं था। यद्यपि हमारे देश में कुछ लेखकों व इतिहासकारों ने विदेशी आक्रमणकारियों के शत्रु स्वरूप को अपनी लेखनी की दृष्टि से उपेक्षित कर उन्हें भी अतिथि की संज्ञा दी है, जिसे संसार का कोई भी संवेदनशील और राष्ट्रभक्त व्यक्ति अतिथि नहीं मान सकता। हमारे बीच ही उपस्थित रहने वाले बहुत से इतिहास लेखक और सेकुलर नाम के कीड़े अतिथि शब्द की परिभाषा तक नहीं जानते। इसके उपरांत भी वे हमें 'अतिथि देवो भव:' का पाठ पढ़ाते हैं। यदि इन सेकुलर कीड़ों के नजरिए से हम देखें तो इनका उद्देश्य इन अतिथियों पर हमारे पूर्वजों के द्वारा किए जा रहे आक्रमणों को अनुचित ठहराना है। इनकी सोच है कि आधुनिकता और प्रगतिशीलता का संदेश लेकर आ रहे इन विदेशी आक्रमणकारियों को भारत के रूढ़िवादी लोगों की ओर से सम्मान किया जाना चाहिए था। यदि उन्होंने इनका सामना तलवारों

से किया तो यह उनकी गलती थी।

यही कारण है कि उन्होंने विदेशी आक्रमणकारियों और ऐसे लोगों को भी अतिथि मान लिया जो भारत विनाश का सपना लेकर या उद्देश्य लेकर भारत की ओर आए थे। इन मूर्खों को यह ज्ञान नहीं है कि अतिथि वह होता है जो जिसके घर पर जा रहा है उसके अभीष्ट और कल्याण की कामना से भरा हुआ होता है। पर यह जो अतिथि इस समय देवल बन्दरगाह पर टिका हुआ था, उसके मन में लूट, हत्या, डकैती, बलात्कार की बहुत ही विनाशकारी योजनाएं थीं। जिनका भारत के लोगों के कल्याण और अभीष्ट से दूर-दूर का भी सम्बन्ध नहीं था। निश्चय ही उस समय इन तथाकथित अतिथियों के अंतर्भाव को भारत के अधिकारियों ने पढ़ने में असावधानी का प्रदर्शन किया।

प्रशासक वर्ग को हुआ गलती का आभास : भारत के शासक- प्रशासक वर्ग के लोगों को अपनी गलती का आभास उस समय हुआ जब इस शत्रु व्यापारी दल ने अचानक देवल के शहर पर बिना कारण हमला कर दिया। उन्होंने इस हमले के समय अपने जिस पाशविक व्यवहार की होली खेली, उसे देखकर भारत के सीधे-साधे लोग दंग रह गए। क्योंकि उन्होंने अबसे पहले ऐसे किसी व्यक्ति या व्यक्तियों के दल को नहीं देखा था जो इस प्रकार के अमानवीय कृत्य या अत्याचार करता है। वास्तव में यह मानव दल नहीं था अपितु दानव दल था जो इस समय गिद्धों का रूप ले चुका था।

इन विदेशी आक्रमणकारियों ने भारत के लोगों को अपने ऐसे पाशविक अत्याचार दिखाए जिन्हें भारत के लोगों ने अबसे पहले कभी नहीं देखा था। उन्होंने अनेकों महिलाओं,बच्चों और पुरुषों को गिरफ्तार कर अपने जहाज में कैद कर लिया। जब इस दुःखद समाचार को हमारे सम्बन्धित सूबेदार ने सुना तो उसने अपना राष्ट्रधर्म निभाते हुए तुरन्त कार्यवाही की और जितने लोग अरब आक्रमणकारियों के द्वारा कैद कर जहाज में बैठा लिए गए थे, उन सबको उसने मुक्त करा लिया। बताया जाता है कि भारत के सूबेदार के द्वारा किया गया यह प्रतिशोधात्मक हमला इतना अधिक भयानक था कि अरब आक्रमणकारियों को अपना जहाज छोड़कर भागने के लिए विवश होना पड़ गया था।

देख हमारी वीरता और वतन से प्रेम।
ठौर ठिकाना छोड़कै भाग लिए निज देश।।

उन्हें अपनी करनी का फल मिल गया और उन्होंने साथ ही साथ यह भी समझ लिया कि भारत का पौरुष कितना भयानक है? भारत को छेड़ने का अभिप्राय है कि वह फिर किसी को छोड़ता नहीं है। निश्चित रूप से जब यह समाचार अरब पहुँचा होगा तो अरब के नेताओं को भी यह पता चल गया होगा कि भारत का शौर्य और प्रताप कितना सजग और सावधान है? तथाकथित अतिथि को अपने आतंकवादी होने का परिणाम भोगना पड़ा।

अरब आक्रमणकारियों से भारत के राजा दाहिर सेन के इस सैन्य दल की यह पहली भिड़ंत थी। जिसमें उसे पूर्ण सफलता प्राप्त हुई।

'विश्व गुरु' भारत की महानता

भारत के शौर्य और पराक्रम पर प्रश्नचिन्ह लगाने वाले तथाकथित विद्वानों को यह बात समझ लेनी चाहिए कि भारत ने प्रत्येक क्षेत्र में संसार का मार्गदर्शन किया है। इसीलिए भारत को प्राचीन काल में 'विश्वगुरु' का सम्मानित स्थान प्राप्त था। अपने इसी सम्मान को बनाने के लिए भारत में विश्व का सबसे प्रथम विश्वविद्यालय 700 बी सी में तक्षशिला में स्थापित किया गया था। इसमें सारे संसार से 60 से अधिक विषयों में 10,500 से अधिक छात्र आकर अध्ययन करते थे। नालन्दा विश्वविद्यालय चौथी शताब्दी में स्थापित किया गया था जो शिक्षा के क्षेत्र में प्राचीन भारत की महानतम उपलब्धियों में से एक है। इन सभी शैक्षणिक संस्थानों में या विश्वविद्यालयों में मानव निर्माण की योजना पर काम किया जाता था। इनमें आतंकवादी या दूसरे के धन माल को लूटने वाले राक्षस पैदा नहीं किए जाते थे।

भारत ने ही विश्व को स्वस्थ रखने के लिए आयुर्वेद की खोज की। आयुर्वेद विश्व की सबसे पहली चिकित्सा शाखा है। चरक ने हजारों वर्ष पहले आयुर्वेद का समेकन किया था। भारत ने सम्पूर्ण विश्व के साथ अपने व्यापारिक सम्बन्ध स्थापित करने के लिए प्राचीन काल में अनेकों समुद्री मार्गों को भी खोजा था। इसलिए भारत के बारे में यह कहना कि इसकी खोज कोलंबस या किसी वास्कोडिगामा या किसी अन्य व्यक्ति ने की थी, गलत है।

कुछ विद्वानों की मान्यता है कि भारत में नौवहन की कला और नौवहन का जन्म 6000 वर्ष पहले सिंध नदी में हुआ था। हमको ऐसे लोगों की मान्यता पर

आपत्ति है। क्योंकि भारत के वैदिक साहित्य में नाव, नाविक जैसे शब्द प्रयोग किए गए हैं। जिनसे स्पष्ट होता है कि भारत लाखों-करोड़ों वर्ष से नाव, नाविक और नौसेना आदि शब्दों से परिचित रहा है और इस विज्ञान को उसने सबसे पहले खोज लिया था। इस प्रकार के ज्ञान विज्ञान के लिए भी हमें विदेशों की ओर देखने की बजाय अपने वैदिक साहित्य की ओर देखना चाहिए। हमें अपने वैदिक साहित्य से जुड़ना चाहिए, विदेशी भाषा और विदेशी भाषा के साहित्य नहीं। क्योंकि अपनी संस्कृत भाषा सभी भाषाओं की जननी है और सारा ज्ञान विज्ञान उसी में समाविष्ट है।

सर्वत्र भारतवर्ष की उत्कृष्टता का बोध था,
उसके यहाँ विज्ञान का शोध था प्रतिबोध था।
दी व्यवस्था विश्व को अपने अनोखे ज्ञान से,
'विश्वगुरु' की दृष्टि में ना क्रोध था ना विरोध था।।

भास्कराचार्य ने खगोल शास्त्र के क्षेत्र में ऐसे कीर्तिमान स्थापित किए कि जिन्हें आज तक कोई लांघ नहीं पाया है। भारत के सबसे पहले आचार्य यही थे, जिन्होंने पृथ्वी द्वारा सूर्य के चारों ओर चक्कर लगाने में लगने वाले सही समय की गणना की थी। उनकी गणना के अनुसार सूर्य की परिक्रमा में पृथ्वी को 365.258756484 दिन का समय लगता है।

विद्वानों ने अपनी शोधों के आधार पर यह भी सिद्ध कर दिया है कि भारतीय गणितज्ञ बुधायन द्वारा 'पाई' का मूल्य ज्ञात किया गया था और उन्होंने जिस संकल्पना को समझाया उसे पाइथागोरस का प्रमेय कहते हैं। कुछ विद्वानों की मान्यता है कि उन्होंने इसकी खोज छठवीं शताब्दी में की, जो यूरोपीय गणितज्ञों से काफी पहले की गई थी।

भारत के विषय में जानकारी रखने वाले विद्वानों का निष्कर्ष है कि "बीज गणित, त्रिकोणमिति और कलन का उद्‌भव भी भारत में हुआ था। चतुष्पद समीकरण का उपयोग 11वीं शताब्दी में श्रीधराचार्य द्वारा किया गया था। ग्रीक तथा रोमनों द्वारा उपयोग की गई की सबसे बड़ी संख्या 106 थी जबकि हिन्दुओं ने 10 की घात 53 जितने बड़े अंकों का उपयोग विशिष्ट नाम 5000 बीसी के दौरान किया। आज भी उपयोग की जाने वाली सबसे बड़ी संख्या टेरा: 10 की घात 12 है।

सुश्रुत को शल्य चिकित्सा का जनक माना जाता है। जिन्होंने अपने सहयोगियों के साथ मिलकर अबसे हजारों वर्ष पहले मोतियाबिंद, कृत्रिम अंगों को लगाना, शल्य क्रिया द्वारा प्रसव, अस्थिभंग जोड़ना, मूत्राशय की पथरी, प्लास्टिक सर्जरी और मस्तिष्क की शल्य क्रियाएं आदि कीं।

निश्चेतक का उपयोग भारतीय प्राचीन चिकित्सा विज्ञान में भली भांति ज्ञात था। शारीरिकी, भ्रूण विज्ञान, पाचन, चयापचय, शरीर क्रिया विज्ञान, इटियोलॉजी, आनुवांशिकी और प्रतिरक्षा विज्ञान आदि विषय भी प्राचीन भारतीय ग्रंथों में पाए जाते हैं।

भारत कैसे कर सकता था आत्मसमर्पण?

कहने का अभिप्राय है कि जिस भारत में प्राचीन काल से प्रत्येक क्षेत्र में उन्नति के कीर्तिमान स्थापित किए जा रहे थे वह भारत अचानक ही किसी विदेशी आक्रमणकारी के सामने आत्मसमर्पण करने वाला नहीं था। क्योंकि उसे इस बात का घमंड था कि वह संसार पर शासन के माध्यम से धर्म की मर्यादाओं को स्थापित करना जानता है। भारत प्राचीन काल से ही यह भी जानता और मानता रहा है कि ईश्वर ने यह भूमि आर्यों को प्रदान की है। क्योंकि आर्य लोग संसार में वैदिक और धार्मिक मर्यादाओं की स्थापना करने वाले होते हैं।

मर्यादाओं को तोड़ने या भंग करने वाले लोगों को ईश्वर ने यह भूमि कदापि नहीं दी। इस प्रकार ईश्वर की आज्ञाओं और वैदिक मर्यादाओं को तोड़ने वालों का संहार करना या उनका विनाश करना भारत के क्षत्रियों ने अपना सबसे बड़ा धर्म माना। वेद ने स्वयं ऐसा वचन मनुष्य मात्र को दिया है कि वह यह भूमि आर्यों को देता है। अत: जब राजा दाहिर सेन या उनके अधिकारी आर्य धर्म की रक्षा के लिए अर्थात भारतीय संस्कृति और राष्ट्र की रक्षा के लिए अपना कर्तव्य निर्वाह करते हुए विदेशी शत्रुओं का संहार कर रहे थे तो वह अपना सबसे पवित्र कार्य कर रहे थे।

उनके इस प्रकार के कार्यों पर प्रश्नचिन्ह लगाना या उन्हें कम करके आंकना

इतिहास के साथ किया जाने वाला क्रूर उपहास नहीं तो क्या है?

जिसे अपने पूर्वजों के मान का गुमान हो,
जिसे अपनी वीरता का बोध और अभिमान हो।
वह झुक नहीं सकता कभी संकटों के सामने,
जिसके यहाँ विकल्प का ना कभी स्थान हो।।

अध्याय–5

राजकुमार जयशाह और अरब आक्रमणकारी

संसार के सभी प्राणी अपने – अपने धर्म का पालन करते हैं। पशु पक्षी भी अपनी पशुता और पक्षित्व का पालन करने से पीछे नहीं रहते। वे सब सृष्टि के नियमों के अनुकूल अपने आपको न केवल ढालने की क्षमता रखते हैं अपितु सृष्टि के नियमों का स्वाभाविक रूप से पालन करने के अभ्यासी भी होते हैं।

मनुष्य से भी वेद के माध्यम से ईश्वर ने यही अपेक्षा की है कि वह भी अपनी मनुष्यता का हर पल ध्यान रखे। भारत की संस्कृति ने उन्हीं व्यक्तित्वों को 'महान' माना है जो अपने मनुज धर्म का हर विपरीत परिस्थिति में भी कठोरता से पालन करते हैं। धर्म से पतित हो जाना–समझो अपने व्यक्तित्व की महानता को दांव पर रखना होता है। यही कारण है कि महापुरुष विपरीत परिस्थितियों को अपनी धर्म की कसौटी मानते हैं। वे उनमें पथभ्रष्ट नहीं होते बल्कि जैसे सोना अग्नि में पड़कर कुंदन बन जाता है वैसे ही महापुरुष विपरीत परिस्थितियों में रहकर अपने आपको सोने से कुन्दन बना लेने की अद्‌भुत क्षमता रखते हैं।

"जब बनते विषम हालात
नहीं महापुरुष कभी घबराते हैं।
अंधकारों को चीर वह
तूफानों से भिड़ जाते हैं।
चट्टानों की भांति खड़े हो
वह दरिया को मोड़ दिखा देते,
फिर एक दिन उनके चरणों में
अहंकारी के सिर गड़ जाते हैं।।"

राजा दाहिर सेन के लिए सोने से कुन्दन बनने का समय उस समय आया जब अरब के आक्रमणकारियों ने मोहम्मद बिन कासिम के नेतृत्व में भारत पर भयंकर प्रहार किया। जब अरब के व्यापारी भारत से जान बचाकर अपने देश पहुँचे तो उन्होंने वहाँ जाकर घटना को इस प्रकार बयान किया कि उससे खलीफा को भारत पर आक्रमण करने का उचित अवसर उपलब्ध हो गया। खलीफा भी मानो पहले से ही किसी ऐसे अवसर की खोज में था जो उसे भारत पर आक्रमण करने का अवसर उपलब्ध कराए। अपने लोगों के साथ हुई घटना का अरब के खलीफा ने वही अर्थ लिया जो उसे अपने स्वार्थों की पूर्ति के लिए उस समय ले लेना चाहिए था। उसने अपने व्यापारियों की बात पर विश्वास करते हुए भारत के प्रति उग्रवाद का वातावरण बनाने का प्रयास करना आरम्भ किया।

इस्लाम की शिक्षा

मुस्लिमों के धर्मगुरु खलीफा प्रारम्भ से ही अपने अनुयायियों को लूटमार, डकैती, बलात्कार, रक्तपात, नरसंहार और दूसरे अन्य प्रकार के अपराध करने की शिक्षा देते रहे थे। उन्होंने अपनी धर्म पुस्तक की व्यवस्थाओं का हवाला दे देकर लोगों को विपरीत मजहब के लोगों के साथ क्रूर अत्याचार करने और उनके माल असबाब को लूटने की शिक्षाएं दीं। जिससे लोग बर्बर बन सकें और निर्ममतापूर्वक दूसरों का उत्पीड़न कर सकें। पता नहीं कैसे इस बर्बरता के मजहब को भी लोगों ने प्रगतिशील उदार और भाईचारे वाला धर्म कहा है?

इस्लाम के मानने वालों के इस प्रकार के बर्बरता पूर्ण कार्यों से न केवल इस्लाम का प्रचार प्रसार होता था अपितु खलीफाओं को बैठे- बिठाए ही 'हराम का माल' उपलब्ध हो जाता था। इसी 'हराम के माल' को लेने का चस्का इन खलीफाओं को लग चुका था। जिससे उन्होंने संसार के अनेकों देशों, सभ्यताओं और संस्कृतियों का विनाश करने के लिए अपने अनुयायियों को खुला छोड़ दिया था। जब उनकी इस प्रकार की इच्छा पूर्ण हो जाती थी तब वह अपने अनुयायियों को ऐसे-ऐसे खिताबों से नवाजते थे जिससे उनके भीतर यह भ्रम पैदा हो जाता था कि मरने के बाद वे जन्नत के नजारे देखेंगे।

अरब के खलीफा ने की हमला की तैयारी : उन दिनों अरब के खलीफा का मंत्री हजाज था। वह अपनी क्रूरता और निर्दयता के लिए उस समय बहुत

कुख्यात हो चुका था। उससे पहले भारत के सिंध प्रान्त को अपने अधीन करने के प्रयास कई खलीफाओं और उनके सेनापतियों के द्वारा किए जा चुके थे। जिनमें उन्हें भारत के शौर्य और वीरता के सामने पराजय का मुँह देखना पड़ा था।

अब खलीफा ने भारत के विरुद्ध एक बार फिर आक्रमण करने की योजनाएं बनानी आरम्भ कीं। उसने अपनी योजना को सिरे चढ़ाने के लिए हजाज को आदेश दिया। हजाज ने अपने खलीफा के आदेश को शिरोधार्य कर भारत पर आक्रमण करने की तैयारियां करनी आरम्भ कर दीं। वह क्रूर और नरसंहार में कुशलता प्राप्त लोगों को इकट्ठा करने लगा।

उस समय भारत पर आक्रमण करने के लिए खलीफा और उसके लोग इसलिए तैयार रहते थे कि यदि भारत पर किसी भी प्रकार से एक बार कब्जा कर लिया जाए तो श्सोने की चिड़ियाश को लूटकर वे मालामाल हो जाएंगे। भारत के मंदिरों की लूट और भारत के सोने को अपने देश में ले जाने की तीव्र अभिलाषा उन्हें भारत पर बार बार भारत पर आक्रमण करने के लिए प्रेरित करती थी। इसके बाद भारत के लोगों को इस्लाम में दीक्षित करने की तैयारी होती थी। जिससे कि भारत को पूर्णतया नष्ट किया जा सके और सारे भूमण्डल पर स्थायी रूप से अपना राज्य स्थापित किया जा सके। इस प्रकार धर्मातरण कर हिन्दू से मुसलमान बनाने का उद्देश्य यही होता था कि भारत के भीतर भारत के लोगों में से ही मुस्लिम फौज तैयार कर ली जाए। जिसका प्रयोग भारत के लोगों को ही समाप्त करने में किया जाए। अनेकों ऐसे उदाहरण हैं जब भारत में ही बने नए मुसलमानों ने अर्थात धर्मान्तरित हिंदुओं ने अपने ही हिन्दू भाइयों पर जबरदस्त अत्याचार किए। यद्यपि अधिकांश लोग धर्मातरण के पश्चात भी अपने मूल धर्म हिंदू वैदिक धर्म के प्रति देर तक आस्थावन बने रहे, ऐसे उदाहरण अधिक हैं।

करें डकैती हिंद में भरें तिजोरी खूब।
ले ऐसे ईमान को गए हिंद में कूद।।

हिन्दुस्तान का इस्लामीकरण करने और यहाँ से धनमाल लूटने के लालच के वशीभूत होकर खलीफा के आदेश को शिरोधार्य कर हजाज और उसके डाकू दल के सदस्य भारत पर आक्रमण करने के लिए चल दिये। इस बार के डाकूदल का नेतृत्व अब्दुल्ला नामक व्यक्ति कर रहा था। उसके नेतृत्व में अरबी सैनिकों ने भारत विजय का सपना संजोकर भारत की ओर बढ़ना आरंभ किया। उनके

मन में जहाँ हिन्दुओं का कत्लेआम करके या उनका धर्मांतरण करके गाजी पद पाने की उत्कट अभिलाषा थी वहीं भारत को लूटकर मालामाल हो जाने का एक बढ़िया सपना भी था।

वेद के पुरुष सूक्त में राष्ट्र की अवधारणा

वेद का पुरूष सूक्त बड़ा ही राष्ट्रपरक है। भारतीय संस्कृति के प्रति समर्पित होकर कार्य करने के लिए इस सूक्त ने हमारे पूर्वजों को दीर्घकाल तक प्रेरित किया। इसमें क्षर पुरूष प्रकृति जो कि नाशवान है, अक्षर पुरूष-जीव, जिसकी जीवन लीला प्रकृति पर निर्भर है, और जो इसका भोक्ता है, और अव्यय पुरूष पुरूषोत्तम-ईश्वर के परस्पर सम्बन्ध का मनोहारी वर्णन है। इसी वर्णन में कहीं राष्ट्र का 'बीज तत्व' छिपा है।

हमारे पूर्वजों ने जहाँ अपने आपको अर्थात राष्ट्र के लोगों को अर्थात क्षर नाशवान समझा वहाँ राष्ट्र को अक्षर के रूप में स्वीकार किया। यह सृष्टि के प्रारम्भ से सृष्टि के अन्त तक बना रहने वाला एक सनातन विचार है, जिसमें ऐसे लोग स्वाभाविक रूप से मित्र भाव और परस्पर परिजनों की भाँति रहते हैं, जिनका उद्देश्य मोक्ष की प्राप्ति होता है और जीवन को सकारात्मक ऊर्जा के साथ जीना अपने लिए शुभ और अनिवार्य समझते हैं। ऐसे लोग सामूहिक रूप से उन लोगों के विरोधी होते हैं जो समाज की शांति व्यवस्था में किसी प्रकार का विघ्न डालते हैं। राष्ट्र के इस सजीव स्वरूप के उपासक बनकर लोगों ने काम करने की प्रतिज्ञा ली। वेद के इस सूक्त ने लोगों को इसी प्रकार जीवन जीने का एक अनोखा ढंग प्रदान किया।

वतन परस्ती वेद में मिलती है भरपूर।
पुरुष सूक्त से हो रहे सारे संदेह दूर।।

इस प्रकार भारत के दर्शन में राष्ट्र एक शाश्वत और सनातन प्रक्रिया है। जिसमें लोग आते हैं, चले जाते हैं, परन्तु यह सनातन प्रक्रिया निरन्तर जारी रहती है। सनातन धर्म के उपासक सनातन भारत यह राष्ट्र की सनातन की यह प्रक्रिया भी सनातन है। इसकी परंपराएं सनातन हैं। इसके आदर्श सनातन हैं। यह सनातन में आनंद खोजता है और उस आनंद को मोक्ष प्राप्ति का साधन बनाकर उसी में विलीन हो जाना चाहता है। इसने राष्ट्र को भी सनातन के आनंद के साथ

जोड़कर उस आनंद में बिना किसी स्वार्थ के अपने प्राणोत्सर्ग करना उचित माना। क्योंकि ऐसे प्राणोत्सर्ग करने से सनातन का और सनातन मूल्यों में विश्वास रखने वाले मानव मात्र का ही नहीं बल्कि प्राणीमात्र का भी कल्याण होना निहित है।

इस बीज तत्व से जहाँ हमारे पूर्वजों ने प्रेरणा ली वहीं इसने हमारी संस्कृति को 'विश्व संस्कृति' बनाने में भी महत्वपूर्ण योगदान दिया।

स्पष्ट है कि राजा दाहिर सेन भी भारतीय संस्कृति के इस 'बीज तत्व' से अछूते नहीं थे। जब मां भारती की छाती पर राक्षस आकर तांडव नृत्य कर रहे थे या भारतीय सनातन की यज्ञ प्रक्रिया को बाधित करने का घिनौना प्रयास कर रहे थे, तब भारत पुत्र राजा दाहिर सेन ने भारत की सनातन यज्ञ प्रक्रिया में विघ्न डालने वाले राक्षसों के संहार के लिए किसी दशरथ के किन्हीं राम और लक्ष्मण को न खोजकर अपने आपको ही इस महान कार्य को पूर्ण करने के लिए प्रस्तुत कर दिया। क्योंकि वह कोई ऋषि नहीं थे, बल्कि वह स्वयं क्षत्रिय योद्धा थे। जो यह जानते थे कि उन्हें राम और लक्ष्मण की खोज नहीं करनी है बल्कि अपने क्षत्रिय बल से स्वयं युद्ध के मैदान में खड़े होकर चुनौती को स्वीकार करना है।

डॉक्टर कुसुमलता आर्या की व्याख्या

वेद का ऋषि इस मंत्र की व्यवस्था करते हुए क्षर पुरूष को भूमि, अक्षर पुरूष को दशांगुल (पंचप्राण+मन+बुदि्घ+चित्त +अहंकार+जीव) तथा अव्यय पुरूष को सहस्र शीर्षाक्षपाद कहता है। ऋषि की इस व्यवस्था से भारतीय समाज की व्यवस्था के निर्माण में हमें सहयोग मिलता है, साथ ही प्राचीन भारत के सामाजिक व राजनीतिक परिवेश को समझने में भी सहायता मिलती है। डा. कुसुमलता आर्या ने इस पुरूष सूक्त की व्याख्या करते हुए कहा है-

'अपाणिपाद अव्यय पुरूष को यहाँ जो शीर्ष, अक्ष, बाहु, आदि से युक्त बताया गया है, उसका अभिप्राय ये है कि सृष्टि की प्रवृत्ति हेतु अव्यय पुरूष अनन्त ज्ञान, अनन्त ईक्षण, अनन्त बल और अनन्त क्रियावान हो जाता है।

राष्ट्रपुरूष भी तब सहस्र शीर्षाक्ष बाहुरूपाद बन जाएगा कि जब राष्ट्र का शीर्ष संन्यासी, अक्ष-ब्राह्मण, बाहु क्षत्रिय उरू-वैश्य तथा पाद शूद्र राष्ट्रपुरूष के अवयव बनकर कार्य करेंगे। तब सहस्रशीर्षाक्षबाहुरूपाद राष्ट्रपुरूष राष्ट्रभूमि को सब ओर से घेरकर दशांगुलम कर्म और कर्मफल का अतिक्रमण करके अनासक्त

भाव से नारायण पद पर अवस्थित होगा।ष

हमारे देश के राष्ट्रधर्म में इस व्यवस्था का बहुत अधिक योगदान रहा है। इस पुरुष सूक्त में जो व्यवस्था दी गई है वह हम सभी देशवासियों का प्राचीन काल से ही राष्ट्रधर्म रहा है। पुरूषसूक्त का 12वां मंत्र है-

ब्राह्मणो अस्य मुखमासीद् बाहू राजन्यः कृतः।
उरू तदस्य यदवैश्यः पदभ्यां शूद्रो अजायत्।।

यहाँ समाज राष्ट्र का चित्रण है कि इसके अवयव क्या होंगे? सहयोग की भावना का अत्यंत उत्तम चित्रण करते हुए ऋषि कहता है कि मुखवत कार्य करने वाला व्यक्ति समाज में ब्राह्मण, भुजाओं की भांति कार्य करने वाला क्षत्रिय, जंघा सदृश कार्य करने वाला वैश्य तथा पैरों की भांति कार्य करने वाला शूद्र होगा। तनिक इस सुन्दर समायोजन पर विचार करें। यहाँ किसी वर्ग विशेष को ब्राह्मण या शूद्र नही कहा गया है। यहाँ कहा गया है कि मुखवत कार्य करने वाला व्यक्ति ब्राह्मण है। मुख सारी ज्ञानेन्द्रियों की अभिव्यक्ति का माध्यम है, और ईश्वर की पवित्र व्यवस्था भी देखिए कि मुख सारी ज्ञानेन्द्रियों के बीच में रखा गया है। मानो सारे ऋषि मंत्रीगण उसके पास ही उपस्थित हैं। जब यह मुख देववाणी का उच्चारण करता है तो इसे हम मुखारविंद कहते हैं।

देववाणी संस्कृत की विशेषता

संस्कृत इसलिए देववाणी है, क्योंकि उसमें एक भी अपशब्द नही है। किसी के मुख से अपशब्द आते ही वह अपने ब्राह्मणत्व से पतित हो जाता है, इसलिए ब्राह्मण वह है जो पतित नही है, निश्छल है, निर्भ्रान्त है, शांत है और ऊर्ध्वगामी है, ऊर्ध्वरेता (ब्रह्मचर्य से वीर्य को ऊपर चढ़ा लेने वाला है) ऐसा ब्राह्मण समाज का प्रवक्ता (मुख) बन जाता है। राष्ट्र ऐसे प्रवक्ता, वक्ता, प्रचेता और प्रणेताओं से ही महान बनता है। ऐसा महापुरूष अपने पैरों का सेवक होता है, शूद्रों का कल्याणकारक होता है, उनका स्वामी नही। जैसे राष्ट्रपति राष्ट्र का प्रथम पुरूष होकर भी सबसे बड़ा सेवक होता है, वैसे ही ब्राह्मण भी सारी भूमि को क्षत्रिय को देकर सारी प्रजा में सुख शांति देखता फिरता है कि कहीं अन्याय आदि तो नही हो रहे हैं। वह राष्ट्र को अपने उपदेशों से, आदेशों से, निर्देशों से सदा जगाता रहता है सावधान करता रहता है कि अन्याय या अत्याचार मत करना, अन्यथा

अनिष्ट हो जाएगा। पाप हो जाएगा।

मत मार किसी जीव को हो जाएगा पाप।
जन्म जन्म तक भोगना पड़ता है संताप।।

छोटी सी चींटी को भी मत मारना, अन्यथा पाप हो जाएगा, क्योंकि उसकी चीख भी वातावरण को विषाक्त बनाएगी। इसके उपरांत भी यदि कहीं से कोई अन्याय या अत्याचार की बात आती थी, तो वह ब्राह्मण राष्ट्र के क्षत्रिय को, शासक को जगाता था और उसका शक्ति से दमन कराता था।

हमने पुरुष सूक्त के उपरोक्त आदेशों को अपनी अन्य पुस्तकों में भी यथा स्थान उद्धृत किया है। जिसे हमने यहाँ पर जानबूझकर इसलिए उद्धृत किया है कि हमें अपने नायक राजा दाहिर सेन को समझने में सहायता मिल सके। जिस देश की राजनीतिक और सामाजिक परंपराएं पुरुष सूक्त की इस आदर्श व्यवस्था के आधार पर चलती रही हों और जिन परंपराओं का उद्देश्य लोक कल्याण और प्रत्येक प्राणी का हितचिंतन करना रहा हो, उसमें राजा राष्ट्र रक्षक, स्वतंत्रता प्रेमी और लोक कल्याणकारी होना निश्चित है।

राजा दाहिर सेन और राष्ट्रधर्म : यही कारण है कि राजा दाहिर सेन को जब विदेशी शत्रु आक्रमणकारी अरबों के विषय में यह समाचार मिला कि वे सिन्ध पर आक्रमण करने की तैयारी कर रहे हैं तो उन्होंने भी युद्ध का सामना करने की तैयारी करना आरम्भ कर दिया। वैसे भी भारत में मानवता के शत्रुओं से युद्ध करना धर्म युद्ध माना गया है। सिन्ध पर अरब आक्रमणकारी जिस उद्देश्य से भारत की ओर बढ़ते आ रहे थे, उनका वह उद्देश्य भी शत्रुता का ही था, जिसे राजा दाहिर सेन ने समझने में तनिक भी देर नहीं की। राजा दाहिर सेन को यह समाचार देवल के अपने सूबेदार से प्राप्त हुआ कि अरब जहाज पर सवार व्यापारियों ने किस प्रकार वहाँ उपद्रव किया था और वे किस प्रकार अपनी जान बचाकर भागने में सफल हो गए थे? राजा ने समझ लिया कि अरब का खलीफा निश्चय ही इस घटना को बात का बतंगड़ बना कर भारत पर हमला करेगा। फलस्वरूप राजा ने अपनी सेना को युद्ध के लिए तैयार रहने के आदेश जारी कर दिए। जिससे सेना युद्ध के लिए सभी आवश्यक सामग्री जुटाने लगी।

भारत के राजाओं की यह भी एक बहुत ही अद्‌भुत और वीरतापूर्ण परम्परा रही है कि जब देश - धर्म की रक्षा का प्रश्न आ उपस्थित होता था तो राजा

युद्ध के मैदान के लिए अपने परिजनों को भी वैसे ही भेजता था जैसे आम प्रजाजन को युद्ध के मैदान के लिए भेजा जाता था। कहने का अभिप्राय है कि उस समय देश रक्षा के लिए राजा अपने किसी परिजन या पुत्र आदि को पीछे छोड़ने की बात नहीं सोचता था, अपितु उसे देश धर्म की रक्षा के लिए सबसे पहले बलिदान देने के लिए प्रेरित करता था।

राजा यह प्रयास करता था कि जनता के लोग किसी राजकुमार या राजा के परिजन से यह प्रेरणा प्राप्त करें कि जैसे वे देश के लिए अपना सर्वस्व बलिदान करने के लिए तैयार रहते हैं वैसे ही हमें भी तैयार रहना चाहिए। राजाओं के इस प्रकार के आचरण से भारत के राजधर्म की यह भावना परिलक्षित होती है कि राजा के लिए अपना पुत्र हो या किसी सामान्य जन का पुत्र हो, सब एक समान थे। उसके दृष्टिकोण में किसी प्रकार का पक्षपात नहीं था। भारत के राजधर्म की इस वीरतापूर्ण परम्परा का निर्वाह करते हुए राजा दाहिर सेन ने जब अपनी सेना को शत्रु सेना का सामना करने का आदेश जारी किया तो उन्होंने अपने पुत्र जयशाह उपनाम जयसिंह को उस सेना का सेनापति नियुक्त किया।

राजकुमार जयशाह ने संभाला मोर्चा : राजकुमार जयशाह ने अपनी सेना के साथ युद्ध क्षेत्र की ओर प्रस्थान किया। राजकुमार के भीतर अद्‌भुत वीरता, साहस, शौर्य और देशभक्ति का भाव उस समय हिलोरें ले रहा था। शत्रु की भुजाएं मरोड़ने और उसे छठी का दूध याद दिलाने के लिए राजकुमार जयशाह की भुजाएं फड़क रही थीं। उसे पता था कि यदि शत्रु पक्ष से पराजय का मुंह देखा तो उसका परिणाम क्या होगा? निश्चय ही लोक में–अपयश की प्राप्ति ही इसका एक मात्र फल होगा। जिसे राजकुमार कतई प्राप्त करना नहीं चाहता था।

अपयश कभी नहीं चाहिए जो हो सच्चा वीर।
सेवा करता देश की वह हो करके गंभीर।।

राजकुमार अपयश से बचने के लिए प्रत्येक प्रकार के ऐसे उत्कृष्ट वीरतापूर्ण कृत्य को आज अपने शौर्य के साथ दिखा देने के लिए आतुर था जो उसे भारत के इतिहास में एक देशभक्त योद्धा का स्थान दिला सके। अतः राजकुमार अपनी वीरता का प्रदर्शन करने और देशभक्ति के भावों को हृदय में संजोये बड़ी तेजी से शत्रुपक्ष का सामना करने के लिए जा रहा था।

राजकुमार ने आज यह भली-भांति समझ लिया था कि देश की सीमाओं पर खड़े शत्रु का यदि विनाश नहीं किया गया तो इसका परिणाम उसके देश और धर्म के लिए बहुत ही घातक होगा।

शत्रु दल में मच गई भगदड़ : अतः वह हर स्थिति में शत्रु का विनाश करने का उद्देश्य लेकर आगे बढ़ता जा रहा था। बड़ी तेजी से राजकुमार जयशाह अपने सैन्य दल के साथ शत्रु पक्ष का सामना करने के लिए देवल बंदरगाह पर पहुँच गया। शत्रु दल ने राजकुमार की सेना पर पहला आक्रमण किया। इसके पश्चात घनघोर युद्ध आरम्भ हो गया। राजकुमार के सैनिक बहुत वीरता के साथ लड़ रहे थे। उन्होंने आज सूर्यास्त से पहले ही शत्रु दल को मैदान छोड़कर भाग जाने की मानो सौगंध उठा ली थी। क्योंकि उन्हें लगता था कि शत्रु के भारत भूमि को छूने मात्र से भी वह अपवित्र हो जाती है और ऐसा कोई व्यक्ति जो हमारी पवित्र भूमि को अपवित्र करता हो, हमारे रहते हुए भारत भूमि पर खड़ा नहीं रह सकता। भारत के सीमावर्ती राज्य सिन्ध के ये वीर सैनिक उस दिन सिन्ध की ओर से नहीं बल्कि भारत की ओर से लड़ रहे थे। इसलिए माँ भारती का शुभाशीष उनके साथ था। सारे देश की अंतरात्मा उनकी सफलता की कामना कर रही थी।

माँ भारती के प्रति अपने कर्तव्य धर्म को समझ कर उन्होंने अपनी वीरता और शौर्य का ऐसा प्रदर्शन किया कि शत्रु दंग रह गया। शत्रु ने भी संभवतः ऐसे वीरतापूर्ण युद्ध का अबसे पहले कहीं सामना नहीं किया था। उसे आज पहली बार यह आभास हो रहा था कि किसी को लूटना, मारना या काटना कितना महंगा पड़ सकता है और बात जब भारत के शौर्य से भिड़ने की हो तो उसका तो सामना करना भी कितना कठिन है? भारत के शौर्य व पराक्रम को देखकर अरब के डाकू दल के पांव उखड़ गए।

शत्रु दल के अनेकों सैनिक धरती पर पड़े हुए या तो संसार से सदा के लिए विदा हो चुके थे या अपनी अंतिम सांसें गिन रहे थे।उनकी दशा को देखकर अरब के सैनिकों को समझ आ गया कि यदि कुछ देर और यहाँ रहा गया तो वह भी नहीं बचने वाले। इसलिए उन्होंने एक बार फिर प्राण बचाकर भागने में ही अपना लाभ देखा।

दुश्मन दल भगने लगा छोड़ युद्ध का खेत।
मुश्किल में पड़ी जान तो भाग चले निज देश।।

नैतिक रूप से शत्रु दल का मनोबल टूट चुका था। इसी समय शत्रु दल के सेनापति अब्दुल्लाह के बारे में भी शत्रु पक्ष में यह खबर बड़ी तेजी से फैल गई कि वह भी संसार से विदा हो चुका है, अर्थात भारत के वीर सैनिकों ने उसको भी दोजख की आग में डाल दिया है। ऐसी परिस्थिति में अब्दुल्लाह की सेना नेतृत्व विहीन हो चुकी थी। अब उसके पास मैदान छोड़कर भागने के अतिरिक्त अन्य कोई उपाय नहीं था। फलस्वरूप अब्दुल्लाह के बचे हुए सैनिक मैदान छोड़कर भाग खड़े हुए। भागती हुई अरब सेना पर नैतिकता और मर्यादाओं की सीमा में बंधी भारत की सेना ने पीछे से आक्रमण नहीं किया और उन्हें भाग जाने दिया। मैदान से वास्तव में वही भागता है जो कमजोर होता है और कमजोर वही होता है जिसकी अंतरात्मा निर्बल होती है, जो चोरी, डकैती, लूट और दूसरे अपराधों के वशीभूत होकर दूसरों पर आक्रमण करता है। उसकी अंतरात्मा निर्बल होती है और जो इस प्रकार के अपराधियों का सामना कर रहा होता है उनकी आत्मा में भीतर से अपने आप ही उत्साह और उल्लास का अमिट भाव उनका नेतृत्व कर रहा होता है।

भारतीय वीरों को मिली बड़ी सफलता

हर आदमी युद्ध के मैदान में अपनी अंतरात्मा से नेतृत्व ग्रहण करता है। यद्यपि लोग बाहरी नेतृत्व को खोजते हैं और सोचते हैं कि बाहरी नेतृत्व के बल पर ही सैनिक युद्ध क्षेत्र में लड़ते हैं। हमारा मानना है कि बाहरी नेतृत्व का सहयोग इसमें बहुत कम होता है। भीतरी नेतृत्व कहीं अधिक बलवान होता है। इसके समर्थन में ऐसे अनेकों उदाहरण भारतीय इतिहास से दिए जा सकते हैं जब हमारे मुट्ठी भर सैनिकों ने विदेशियों की बड़ी-बड़ी सेनाओं को समाप्त करने में सफलता प्राप्त की।

भारत के शौर्य और पराक्रम का प्रदर्शन कर रहे सिंध के सैनिकों ने अपने राजकुमार के नेतृत्व में शत्रु सेना को मार भगाकर बहुत बड़ी जीत प्राप्त की थी। यद्यपि चुनौतियां अभी समाप्त नहीं हुई थीं। वे भविष्य में और भी कितनी भयंकर हो सकती हैं? यह देखना अभी शेष था, परन्तु उपलब्ध अवसर के बारे में यदि

चिंतन किया जाए तो निश्चित रूप से वे पल हमारे सैनिकों के लिए प्रसन्नता और गौरव के पल थे। फलस्वरूप सभी सैनिकों ने अपनी प्रसन्नता व्यक्त करते हुए गर्व और गौरव की अभिव्यक्ति के साथ अपने राजकुमार का स्वागत किया। सभी सैनिकों ने अपने राजकुमार को एक जुलूस के रूप में लेकर राजधानी की ओर प्रस्थान किया। देश के लोगों ने भी अपने वीरों की वीरता का हृदय से स्वागत और सत्कार किया। मार्ग में अनेकों लोगों ने विजयी होकर लौटती राजकुमार की सेना का पुष्प वर्षा से स्वागत किया और देश धर्म के प्रति अपने सहयोग व समर्थन का आश्वासन दिया। बहनों ने आरतियां उतारकर अपने वीर सैनिक भाइयों का मनोबल बढ़ाया। चारों ओर देशभक्ति का ऐसा वातावरण बन गया था जिसे देखकर हर दिल में देश पर मर मिटने की भावना पैदा हो सकती थी। राजकुमार की जय, सिन्ध देश की जय, राजा दाहिर सेन की जय, मां भारती की जय, हर हर महादेव आदि के गगनभेदी नारों से आकाश गूंज उठा। सर्वत्र भारत माता के शूरवीरों की यशोगाथा का वर्णन हो रहा था और लोग अपने राजकुमार की झलक पाकर भी अपने आपको धन्य अनुभव कर रहे थे।

उन वीर सपूतों की गाथा
अब सारा भारत गाता है,
देखकर उनके जज्बे को
हर व्यक्ति शीश नवाता है,।
अंतिम क्षण तक की देश की सेवा
नहीं दिखाई कायरता,
शत्रु के सीने चीर दिए
ना छोड़ा कोई अता पता।।

सर्वत्र राजकुमार जयशाह की जय जयकार हो रही थी। जब यह समाचार राजा दाहिर सेन को मिला तो उन्होंने भी राजकुमार जयशाह और उनके सैनिकों के स्वागत सत्कार की उचित तैयारियां करायीं। राजा ने विजयी होकर लौट रहे राजकुमार और उनके सैनिकों के स्वागत सम्मान के लिए राजधानी के मुख्य द्वार से राजभवन तक बड़ी भव्य तैयारियां कराईं। राजभवन के प्रवेश द्वार पर विशेष आरती उतारकर राजा ने राजकुमार और उनके सैनिकों का यथोचित सम्मान किया। इसके पश्चात राज भवन के भीतर इन सभी शूरवीरों की वीरता को

सम्मानित करने के लिए एक विशेष कार्यक्रम का आयोजन किया गया।

युद्ध क्षेत्र से भागा शत्रु पीछे मुड़कर देखने को तैयार नहीं था। क्योंकि उसकी पीठ पर जितनी चोट पड़ी थी, वह उससे भुलाये नहीं भूली जा रही थी। इस भागती हुई सेना के साथ कमी केवल यह रह गई थी कि हमारे विजयी योद्धा यदि इसका थोड़ा सा पीछा करके इसे समूल नष्ट कर देते तो अच्छा रहता। शत्रु का समूलोच्छेदन बहुत आवश्यक होता है। उधर शत्रु को अपनी राजधानी में घुसना कठिन दिखाई दे रहा था, क्योंकि उसे डर था कि जैसे ही उसके खलीफा को उसके खाली हाथ लौटने की सूचना मिलेगी वैसे ही उन पर वहाँ भी मार पड़ेगी।

राजभवन में भी हुआ भव्य स्वागत : इधर हमारा राजकुमार जयशाह था जो पूरे उत्साह के साथ अपनी राजधानी में प्रवेश कर रहा था। हारने और जीतने वाले का बस यही अंतर होता है। हारने वाला जहाँ युद्ध के मैदान से हताश, निराश और उदास होकर भागता है, वहीं वह भागते-भागते अपना ऐसा आश्रय स्थल भी ढूंढने का प्रयास करता है जहाँ लोग उसे सम्मान के साथ बैठा सकें? जबकि जीतने वाला जहाँ उत्साह के साथ मैदान से घर के लिए प्रस्थान करता है वहीं उसे आश्रय देने वाले भी अनेकों होते हैं। सर्वत्र उसकी जय जयकार होती है और जिन लोगों की जीवन रक्षा का संकल्प लेकर वह गया था जब वे लोग यह देखते हैं कि उनका जीवन अपने विजयी राजा, राजकुमार या योद्धा सेनापति के कारण आज सुरक्षित है तो वह भी फूले नहीं समाते और स्वाभाविक रूप से सड़कों पर आकर अपने विजयी, राजा, राजकुमार या योद्धा सेनापति का स्वागत फूल मालाओं से करने को आतुर हो उठते हैं।

ऐसे में जनसाधारण की इन फूलमालाओं पर राजा दाहिरसेन के पुत्र राजकुमार जयशाह का इस समय पूर्ण अधिकार था। फूल मालाओं के साथ लोगों का प्यार और सम्मान भी गुँथा हुआ था। जो आज अपने राजकुमार और उसके साथियों के गले में गुम्फित होकर लिपट जाना चाहता था।

जीत में वीर योद्धा मानू गुर्जर का योगदान

राजकुमार जयशाह की इस जीत में वीर योद्धा मानू गुर्जर का भी विशेष योगदान रहा था। मानू गुर्जर उस समय का एक ऐसा महान व्यक्तित्व था जिसने

उन अरब आक्रमणकारियों को कठोर दंड दिया था जिन्होंने देवल (कराची) की बन्दरगाह में अरब के समुद्री जहाजों के उन नागरिकों को मारकर सामान लूट लिया था जो वहाँ की सिन्धी हिन्दू स्त्रियों का अपहरण करके ले जाना चाहते थे। मानू गुर्जर जैसे योद्धा ने देश की नारियों के सम्मान को राष्ट्र की अस्मिता का प्रश्न बनाकर अपने लिए भी प्रतिष्ठा का प्रश्न बना लिया था। वैसे यह भारतीय समाज और संस्कारों की प्राचीन परंपरा है कि नारी के सम्मान को अपना सम्मान समझना चाहिए, फिर चाहे नारी किसी भी जाति बिरादरी की क्यों न हो?

वास्तव में हमारे लिए जाति बिरादरी तो बाद में आती है पहले तो हम नारी की एक मातृशक्ति के रूप में पूजा करते हैं। अपनी इस परंपरा को मानू गुर्जर भली प्रकार जानते व समझते थे। इसलिए उन्होंने नारी के सम्मान के लिए उठ खड़े होकर शत्रु का सामना करना उचित माना था। एक विदेशी राक्षस हमारी धरती पर आकर यदि हमारी बहन बेटियों से कुछ कहता है या उनके सम्मान को चोट पहुँचाता है तो उनकी रक्षा करना प्रत्येक क्षत्रिय का कर्तव्य कर्म था। जिसे इस महान योद्धा मानू गुर्जर ने समझा और ऐसा अनिष्ट करने वाले विदेशी राक्षसों को कठोर दण्ड दिया।

मानू गुर्जर ने मान बढ़ाया
भारत माँ के वैभव का,
बेशकीमती हीरा बन उभरा
भारत के यश और गौरव का।
सर्वत्र हुई चर्चा उसकी
उसके यश और पौरुष की,
यशोगान किया लोगों ने
उसके यौवन शैशव का।।

बाद में वही मानू गुर्जर महाराजा दाहिर का प्रधान सेनापति बना था। मानू गुर्जर इस महत्वपूर्ण पद पर अपनी योग्यता और प्रतिभा के बल पर पहुँचा था। उसने अपने शौर्य और वीरता का प्रदर्शन उचित समय पर इस प्रकार किया था कि शत्रु दाँत तले उंगली दबा कर उनके सामने पीठ दिखा कर भाग गया था। सिन्ध के इतिहास में जहाँ राजा दाहिर सेन, राजकुमार जय शाह और उनके अन्य अनेकों नाम अनाम सैनिकों, अधिकारियों का विशेष उल्लेख किया जाना अनिवार्य

है वहीं मानू गुर्जर जैसे महान वीर योद्धा का स्मरण करना भी बहुत आवश्यक है। क्योंकि इन लोगों के कारण ही भारत उस समय अपनी राष्ट्रीय अस्मिता व संप्रभुता की रक्षा करने में सफल हो पाया था। यह माना जा सकता है कि आज सिन्ध का वह क्षेत्र भारत के पास नहीं है परंतु इसका अभिप्राय यह नहीं हो जाता है कि हम अपने तत्कालीन इतिहास के गौरवमयी पृष्ठों को ही फाड़ दें या उनके बारे में यह मान लें कि उन पृष्ठों का इतिहास में ना तो कोई स्थान है और ना ही कोई योगदान है।

हमारा मानना है कि भारतवर्ष का इतिहास भी तब तक अपूर्ण ही रहेगा जब तक उसमें राजा दाहिर सेन, उनके पुत्र जयशाह और मानू गुर्जर जैसे वीर योद्धाओं का यशोगान ना हो। आज आवश्यकता भी इसी बात की है कि हम अपने इतिहास पर गहन शोध करें और उसमें उन योद्धाओं को उचित स्थान दें जिन्होंने समय विशेष पर देश की सीमाओं को अखण्ड बनाए रखने की दिशा में महत्वपूर्ण योगदान दिया था या किसी भी विदेशी राक्षस आक्रमणकारी को समय पर उचित उत्तर देकर अपनी वीरता का लोहा शत्रु से मनवाया था।

अध्याय-6

तूफान से पहले की शान्ति

राजकुमार जयशाह से पराजित हुए बहुत ही निराश, हताश और उदास अरब सैनिकों ने जाकर खलीफा को अपनी पराजय का संदेश सुनाया। जिसे सुनकर खलीफा को पसीना आ गया। जब अरब के लुटेरे दलों की सर्वत्र जय जयकार हो रही थी, तब एक भारत ही ऐसा देश था जिसकी धरती पर आकर अरबों को बार-बार पराजय का मुँह देखना पड़ रहा था। अबसे पहले भी कई आक्रमणों में अरब आक्रमणकारियों को किसी प्रकार की उल्लेखनीय सफलता प्राप्त नहीं हुई थी। इसलिए खलीफा को जब यह समाचार प्राप्त हुआ कि इस बार भी उसकी सेना को पराजय का ही मुँह देखना पड़ा है तो वह बहुत अधिक दु:खी हो उठा।

मार पराजय की मिली और अरब हुए बेहाल।
गहरा जख्म दिल पे लगा सिर पे चढ़ गया काल।।

इस बार खलीफा प्रतीक्षा में था कि उसकी सेना के सैनिक निश्चय ही उसके लिए हिंदुस्तान से बेशकीमती तोहफे ले जाकर उसे भेंट करेंगे। उसने नहीं सोचा था कि इस बार भी कटे हुए सिरों की एक गुमनाम सी कहानी ही वे आकर उसे सुनाएंगे। कटे हुए सिरों की गुमनाम कहानी की जानकारी जैसे ही खलीफा के देशवासियों को हुई तो उसके देश में मौत का सा सन्नाटा छा गया। अपनी सेना की पराजय की दुर्गति को खलीफा और हजाज पचा नहीं पा रहे थे। तब उन्होंने नए षड़यंत्र और कुचक्रों पर विचार करना आरंभ किया।

भारत में मन्यु की धारणा : भारतीय वांग्मय में हमारे ऋषियों ने यह स्पष्ट किया है कि क्रोध तब आता है जब कोई आपके स्वार्थ में बाधा उत्पन्न करता है या स्वयं बाधक बन जाता है। अब खलीफा और हजाज के लिए उनके भारत विजय अभियान के सपने को साकार होने देने में दाहिर सेन एक बाधा बन चुके

थे। जिन पर उनका क्रोधित हो उठना स्वाभाविक था। इस क्रोध की व्याख्या करते हुए इस्लामिक विद्वान इसे खलीफा और हजाज की वह जुनूनियत कहते हैं जो उन्हें भारत विजय के लिए निरंतर प्रेरित करती रही थी। इधर हम भारतीय हैं कि अपने देशभक्त राजा की देशभक्ति के जुनून को भुलाकर खलीफा और उसके सैनिकों के जुनून के गुण गाने लगते हैं। हम यह तनिक भी नहीं सोचते कि जिस देश के लोगों ने विदेशी आक्रमणकारियों को अब तक लगभग 10 बार बुरी तरह पराजित किया था वे भी महान हो सकते हैं या उन्हें भी देशभक्ति का जुनून हो सकता है?

ये लोग क्रोध को विनाशकारी नहीं मानते। इनकी मान्यता है कि ऐसा क्रोध जो अनेकों लोगों की हत्या का कारण बने, किसी भी दृष्टिकोण से उचित नहीं माना जा सकता। इनकी मोटी बुद्धि इन्हें यह निर्णय नहीं लेने देती कि क्रोध तब तक उचित है जब तक वह मानवता के हित में हो। सात्विक क्रोध को हमारे यहां पर 'मन्यु' कहा गया है। उस क्रोध को किन परिस्थितियों में किन व्यक्तियों पर अभिव्यक्त करना चाहिए? इस पवित्र दृष्टिकोण को खलीफा, हजाज और उनके समर्थक लेखक कभी समझ नहीं पाए, ना समझ पाएंगे। भारत के महान योद्धाओं ने अब तक जितने भर भी अरब आक्रमणकारियों को पराजित किया था वे सारे के सारे सात्विक मन्यु अर्थात क्रोध के उपासक थे। वे हमारे देश पर आक्रमण करने वालों को या देश की मान मर्यादा का अपमान करने वाले लोगों को किसी भी कीमत पर छोड़ने वाले नहीं थे। ऐसे में यदि गुणगान करने की आवश्यकता है तो हमारे महान योद्धाओं के 'मन्यु' का गुणगान होना चाहिए।

दुष्ट दलन है वीरता पापों का करे अंत।
मन्यु सबको चाहिए चाहे राजा हो या संत।।

भारत में महर्षि मनु जैसे विद्वानों ने निर्धारित किया है कि दूसरों का धन हड़पने की इच्छा, निषिद्ध कर्म (मन जिन्हें करने से मना करें) करने का प्रयास, देह को ही सब कुछ मानना,कठोर वचन बोलना, झूठ बोलना, निंदा करना, बकवास (बिना कारण बोलते रहना) चोरी करना, तन, मन, कर्म से किसी को दु:ख देना, पर-स्त्री या पुरुष से संबंध बनाना- यह 10 ऐसे पाप हैं जो काम और क्रोध से जन्म लेते हैं। यही कारण है कि हमारे ऋषियों ने काम और क्रोध को जीतने को प्राथमिकता दी। खलीफा और हजाज का मजहब काम और क्रोध को

खुला छोड़कर शांति बनाए रखने की बात करता था, जो कि सर्वथा असम्भव कार्य था। काम और क्रोध को यदि खुला छोड़ोगे तो उपरोक्त दस पाप निश्चित रूप से होंगे।

काम और क्रोध के बारे में भारत के दृष्टिकोण को भुलाकर विश्व ने ईसाइयत और इस्लाम के इस दृष्टिकोण को जबसे अपनाना आरंभ किया है कि इन दोनों को खुला छोड़ दो, तब से ही संसार में कामज और क्रोधज पापों में वृद्धि हुई है। आज का संसार भी इसी लिए कष्ट अनुभव कर रहा है कि लोग कामज और क्रोधज पाप की अग्नि में भुन रहे हैं। काम और क्रोध को नियंत्रण में लेकर इन पापों से मुक्ति पाने की और कोई भी नहीं सोच रहा। बस, इस्लाम और ईसाइयत की संसार को सबसे बड़ी देन यही है।

हमारा कहने का अभिप्राय यह है कि प्रत्येक गंभीर इतिहासकार को या इतिहास लेखक को इतिहास लिखते समय यह ध्यान रखना चाहिए कि जिस पात्र के विषय में वह लिख रहा है उसके काम और क्रोध से जन्मे इन पापों को वह पाप ही माने। इन्हें किसी भी दृष्टिकोण से उचित ठहराने का प्रयास ना करे। यदि इसके उपरांत भी कोई इतिहासकार या इतिहास लेखक ऐसा कार्य करता है तो निश्चय ही वह इतिहास लेखन के अपने पवित्र धर्म का निर्वाह करने में चूक कर रहा होता है।

संस्कृति रक्षक राजा दाहिर सेन

ऐसे में यदि निष्पक्ष होकर विचार किया जाए तो खलीफा और उसके लोग इस समय काम और क्रोध से जन्मे पापों के वशीभूत होकर मानवता की हत्या कराने पर उतारू हो गए थे, इसलिए उन्हें पापी कहना ही उचित होगा। यह लोग अधर्म, अन्याय और अत्याचार की राह पर चल रहे थे। जबकि उधर हमारा राजा दाहिर सेन था जो पाप से सर्वथा विमुख था और वह अधर्म, अन्याय व अत्याचार के विरुद्ध एक वीर योद्धा की भांति युद्ध क्षेत्र में खड़ा हुआ था। काम, क्रोध, पापों के वशीभूत हुए जितने भी अरब आक्रमणकारियों के तूफान भारत की ओर आ रहे थे उन सबका वह न केवल सामना कर रहा था बल्कि उनका विनाश भी कर रहा था। इसलिए राजा दाहिर सेन को भारतीय संस्कृति का रक्षक माना जाना चाहिए। भारत की तो स्पष्ट मान्यता है कि-

कामज क्रोधज पाप के होकर के वशीभूत।
जो नर दुनिया में रहे - होता वही कपूत।।

इतिहास के बारे में कुछ लोगों की मान्यता यह भी है कि यह विजेताओं का लिखा जाता है। हमारा मानना है कि इतिहास विजेताओं का नहीं अपितु छली, कपटी, षड्यंत्रकारी, अत्याचारी, पापाचारी लोगों के द्वारा लिखवाया जाता है। ऐसा इतिहास लिखने वाले लेखक पापाचारी लोगों के पापाचरण को नैतिक और उचित सिद्ध करने का प्रयास करते हैं। इस प्रकार ऐसा इतिहास उन चाटुकारों के द्वारा लिखा जाता है जो चंद सिक्कों में अपनी अंतरात्मा का सौदा कर लेते हैं। वास्तव में उनका ऐसा कार्य मानवता के विरुद्ध किया जाने वाला निंदनीय कृत्य होता है। हमारी यह स्पष्ट मान्यता है कि ऐसे इतिहास को इतिहास नहीं माना जाना चाहिए।

इतिहास लेखन में कमी : इतिहास लेखन के समय प्रत्येक इतिहासकार या लेखक को यह बात ध्यान रखनी चाहिए कि जिस समय का वह इतिहास लेखन कर रहा है, उस समय डाकू दल का नेतृत्व कौन कर रहा था और डाकू दल के विनाश के लिए कौन व्यक्ति संकल्पित हुआ खड़ा था? यदि इस दृष्टिकोण से न्यायसंगत तथ्यों के आधार पर इतिहास लेखन किया जाएगा तो पता चलेगा कि खलीफा और उसकी विचारधारा के पोषक लोग डाकू दल के सदस्य हैं, जबकि राजा दाहिर सेन और उसकी विचारधारा के पोषक लोग डाकू दल का विनाश करने के लिए संकल्पित हुए खड़े हैं। तब प्रत्येक इतिहासकार और लेखक की लेखनी राजा दाहिर सेन की जय बोलने से पीछे नहीं हटेगी। क्योंकि तब उसे सच का पता चल जाएगा और वह अपने इस लेखनी धर्म को भी पहचान जाएगा कि उसे अपनी लेखनी के माध्यम से उन स्मारकों को संवारना चाहिए जो मानवता की रक्षा के लिए अपने-अपने समय में संघर्ष करते रहे।

जो लोग डाकूदल को सच्चा मानव, उदार, धर्म प्रेमी, मानवता प्रेमी आदि विशेषणों से सम्मानित कर उनका पक्ष पोषण करते हैं,वे लोग मानवता की बहुत बड़ी हानि कर रहे होते हैं। क्योंकि यह वही लोग होते हैं जो एक ओर तो आज के डाकू को न्यायालयों के माध्यम से दंडित करने की वकालत करते हैं और दूसरी ओर इतिहास की अदालत में खड़े डाकुओं को छोड़ने का पाप करते हैं। यह कभी नहीं हो सकता कि एक हाथ से आप डाकुओं को पकड़ने की बात करें और दूसरे हाथ से उन्हें छोड़ने का पाप करें।

डाकू दल की आरती लेखन का है पाप।
वीरों का अपमान है देश के संग है घात।।

दोहरे मापदंड और दोहरे मानदंडों को अपनाने से काम नहीं चलेगा। यदि आज आप किसी ऐसे व्यक्ति को चोर, डकैत, पापी, बलात्कारी, अत्याचारी कहते हो जो दूसरों के माल को लूटता है, दूसरों की महिलाओं के साथ अत्याचार करता है या निरपराध लोगों की हत्याएं करता है तो इतिहास की अदालत में खड़े पापियों को भी आपको डाकू या पापी कहना ही पड़ेगा।

यदि भारत के इतिहास लेखकों ने इस दृष्टिकोण को अपनाकर इतिहास लिखना आरंभ कर दिया तो सारे डाकू, सारे पापी और सारे अत्याचारी व बलात्कारी इतिहास की जेलों में सड़ रहे होंगे और जिन निरपराध देशभक्त लोगों को इतिहास की जेलों में सडाकर मारने का षड्यंत्र रचा गया है, वे सारे ससम्मान बरी होकर हमारे लिए वंदनीय पुरुष के रूप में प्रकट होंगे। ऐसे लोगों में सबसे प्रमुख नाम होगा राजा दाहिर सेन का।

खलीफा ने की घोषणा

इतिहास के ऐसे वन्दनीय पुरुष महाराजा दाहिर सेन की वीरता और देशभक्ति इस समय खलीफा और उसके लोगों की नजरों में चुभ रही थी। वह काम और क्रोध से जन्मे पापों के पक्षाघात से पीड़ित हो उठे थे। अब खलीफा को एक ही बात नजर आ रही थी कि जैसे भी हो राजा दाहिर सेन को जिंदा या मुर्दा मेरे सामने लाया जाए। उसने एक प्रकार से अपने देश में अपने अनुयायियों के लिए यह घोषणा ही कर दी कि जो भी राजा दाहिर सेन को जिंदा या मुर्दा पकड़कर लाएगा उसके उस को 'उचित पुरस्कार व सम्मान' दिया जाएगा।

जिन परिवारों के घरों के युवा अब तक भारत पर हुए हमलों में काम आ चुके थे, उनके परिजनों, परिचितों, मित्रों व संबंधियों को खलीफा की ऐसी घोषण ा से बहुत बड़ी शांति से अनुभव हुई। उन्हें लगा कि अब उनके मरे हुए परिजनों का प्रतिशोध लिया जाएगा। इस प्रकार खलीफा की ऐसी घोषणा से उसे नया डाकू दल तैयार करने में सहायता मिली।

अबकी बार और अरब सेना का सेनापति कौन होगा? कौन हमारे सैनिकों का नेतृत्व करेगा? इस बात को लेकर खलीफा और उसके निकटस्थ लोग बड़े

चिंतित थे। खलीफा ने अपना यह विचार अपने दरबार में भी रख दिया था कि इस बार अरब सेना का सेनापतित्व कौन करेगा? खलीफा के इस विचार को लेकर उसके दरबार में मंथन प्रक्रिया बड़ी तेजी से चल रही थी। इस बार खलीफा और उसके दरबारी लोग नए सेनापति के बारे में बहुत अधिक सावधान और सजग थे। उन्हें यह पता था कि यदि इस बार भी भारत से सेना पिटकर आई तो उन्हें बहुत अधिक अपमान का सामना करना पड़ेगा। लोग फिर उनकी बातों पर विश्वास करना छोड़ देंगे।

दरबारियों के सामने कई लोगों के नाम उभरकर आए। जिनसे यह अपेक्षा की जा सकती थी कि वे राजा दाहिर सेन को जीवित या मृतावस्था में खलीफा के सामने ला सकते हैं? इस महान कार्य के लिए जितनी तेजी से कोई नाम उभरकर सामने आता था उतनी ही तेजी से वह नेपथ्य में चला जाता था। कई ऐसे उतावले और भावुक लोगों ने भी अपने नाम दरबार में रख दिये या चलवा दिए जो भारत को लूट कर लाने का श्रेय लेना चाहते थे, पर वास्तव में वह इस योग्य नहीं थे। खलीफा ने स्वयं ही ऐसे लोगों के नाम निरस्त कर दिए। इस बार वह किसी भी हल्के व्यक्ति को भारत पर आक्रमण करने के लिए भेजना नहीं चाहता था। क्योंकि खलीफा को भारत के शौर्य और साहस का इस समय तक पूरा ज्ञान और भान हो चुका था।

अरब लड़ाके हो गए पूरी तरह बलहीन।
भारत के महा तेज ने कर दिया था दमहीन।।

वैसे एक सच यह भी है कि अरब देश के अधिकांश तथाकथित लड़ाके अब इस स्थिति में नहीं रह गए थे कि वह भारत के विजय अभियान के लिए चलने वाले डाकू दल का नेतृत्व करने को सहज रूप से तैयार हों। क्योंकि पिछले अनुभव उनके लिए बड़े ही कड़वे रहे थे।

मोहम्मद बिन कासिम को किया गया चयनित

712 ई0 में अरब शासक हजाज (अल हज्जाज) ने भारत पर आक्रमण करने का यह बड़ा काम अपने भतीजे और दामाद मोहम्मद बिन कासिम को सौंपा।

मुहम्मद बिन कासिम उस समय 17 वर्ष की अवस्था का था। इतनी कम अवस्था में ही उसमें मुस्लिम सांप्रदायिकता सिर चढ़कर बोल रही थी। मुस्लिम

विद्वानों के द्वारा ही यह कहा जाता है कि एक मुसलमान का 8 वर्ष का बालक जितना सांप्रदायिक होता है, उतना हिंदू 80 वर्ष का भी नहीं होता। मोहम्मद बिन कासिम काफिरों से उतनी ही घृणा करता था, जितना उसका मजहब उसे बताता था। उसे काफिरों का खून बहाने में बड़ा आनन्द आता था। उसका यह गुण उसके चाचा और ससुर ने भली प्रकार परख लिया था। यही कारण था कि इस बार भारत पर हमला करने का दायित्व उसी के कंधों पर डाला गया।

अरबों के अबकी बार के आक्रमण का नेतृत्व मोहम्मद बिन कासिम ने संभाल लिया और अब वह भारत पर आक्रमण की तैयारी में जुट गया। अरब सेना का सेनापति बनने का उसका सबसे बड़ा गुण यह था कि वह हज्जाज का दामाद था। उसका दूसरा गुण यह था कि वह अत्यंत निर्दयी, क्रूर और अत्याचारों के बीच खिलखिलाकर हंसने वाला व्यक्ति था, अर्थात उसे नरसंहार करने में आनंद की अनुभूति होती थी। किसी भी मुस्लिम आक्रमणकारी के भीतर निर्ममता, क्रूरता और काफिरों के प्रति निर्दयता का भाव होना उसके सेनापतित्व का सबसे अच्छा गुण माना जाता रहा है। अरबी या मुस्लिम इतिहासकारों ने अपने ऐसे सेनापतियों के इस प्रकार के गुणों को बढ़ा चढ़ाकर प्रस्तुत किया है। उन्होंने अपने सेनापतियों के ऐसे व्यक्तित्व का गुणगान करते हुए ऐसा संदेश दिया है कि इन गुणों के चलते वह बहुत ही अधिक बलशाली, शक्ति संपन्न, वीर, साहसी और मानवता के प्रति आस्था रखने वाला व्यक्ति था। यद्यपि मोहम्मद बिन कासिम अभी किशोरावस्था में ही था, परंतु वासना का भूत उसके सिर पर चढ़कर बोलता था। उसने भारत में आने के पश्चात अनेकों हिन्दू ललनाओं के साथ बलात्कार किए और कई हिन्दू वीरांगनाओं के सामने अपनी बेगम बनाने का प्रस्ताव रखा, परन्तु किसी भी हिन्दू वैदिक महिला ने अपने भारतवर्ष के सम्मान का सौदा उसके हाथों नहीं किया।

सिन्ध के दीवान गुंदूमल की सुपुत्री

भारत में ऐसी असंख्य नारियां हुई हैं, जिन्होंने भारतीय धर्म और संस्कृति की रक्षा के लिए अपने प्राणों का उत्सर्ग करने में देर नहीं की। यदि किसी विदेशी आक्रमणकारी ने उन पर बुरी नजर रखी या उनके सामने अपनी बेगम या पत्नी बनने का प्रस्ताव रखा तो उन्होंने कितने ही अवसरों पर ऐसे प्रस्ताव रखने वाले

का या तो सर कलम कर दिया या लड़ाई में अपना स्वयं का सर कलम करवा लिया या परिस्थिति देखकर जोहर कर लिया या फिर स्वयं ही खंजर भोंककर अपनी जीवन लीला समाप्त कर ली।

सतीत्व की रक्षा के लिए दे दिया निज बलिदान।
था बेटी ने रोशन किया - माता-पिता का नाम।।

सिन्ध के दीवान गुंदूमल की सुपुत्री ने भी ऐसा ही वीरतापूर्ण कृत्य किया। उसने मोहम्मद बिन कासिम के द्वारा अपनी बेगम बनाने के प्रस्ताव को कठोरता से अस्वीकार कर दिया था। हिन्द की इस बेटी के भीतर वीरता और संस्कृति प्रेम कूट-कूट कर भरा हुआ था। उसे यह कदापि स्वीकार नहीं था कि कोई मुस्लिम लुटेरा उसे अपनी बेगम बनाए या उसका सतीत्व भंग करे। यही कारण था कि इस वीरांगना बेटी ने मोहम्मद बिन कासिम के इस प्रकार के प्रस्ताव को कठोरता से अस्वीकार कर दिया। उसकी कठोरता व संस्कृति प्रेम को देखकर मोहम्मद बिन कासिम का गुस्सा बेकाबू हो गया।

मोहम्मद बिन कासिम को एक छोटे से व्यक्ति की बेटी से ऐसी अपेक्षा नहीं थी कि वह उसके विवाह प्रस्ताव को अस्वीकार कर देगी। फलस्वरूप उस बेटी के ऐसा करने के पश्चात उसका सर कलम कर दिया गया था, परंतु निज धर्म और अपने सतीत्व की रक्षा के लिए उस आर्य वीरांगना ने अपना सर उतरवाना तो स्वीकार किया परंतु अपने सतीत्व का सौदा करना उचित नहीं माना। ऐसी वीरांगनाओं के वीरतापूर्ण कृत्य हमें यह बताते हैं कि हमारी माताएं और बहनें भी उस समय अपनी वीरता के प्रदर्शन में किसी प्रकार से पीछे नहीं रहती थीं। अपने धर्म की रक्षा के लिए वह भी हिन्दू पुरुषों की भाँति अपना सर्वस्व बलिदान करने के लिए तत्पर रहती थीं।

मोहम्मद बिन कासिम के बारे में

मुहम्मद बिन कासिम इस्लाम के आरम्भिक काल में उमय्यद खिलाफत का एक अरब सिपहसालार था। अन्य मुस्लिमों की भांति वह भी विधर्मियों या काफिरों से उतनी ही घृणा किया करता था जितनी एक सच्चे मुसलमान से अपेक्षा की जाती है। भारत को नष्ट कर भारत के धन सम्पदा को लूटने का सपना उसकी आंखों में भी तैरता रहता था। सउदी अरब में स्थित ताइफ शहर

में मोहम्मद बिन कासिम का जन्म हुआ था। उस समय अरब में अनेकों कबीलों की व्यवस्था हुआ करती थी। ये कबीले भी परस्पर खूनी भैंसों की भांति लड़ा करते थे।

कबीलाई संघर्ष इतिहास में बहुत बार सुना जाता है। इस कबीलाई अपसंस्कृति के खूनी संघर्ष ने भी इस्लाम के खूनी चेहरे को रंगत देने का काम किया। मोहम्मद बिन कासिम अल-सकीफ नाम के कबीले का सदस्य था। उसके पिता कासिम बिन युसुफ का देहावसान मोहम्मद बिन कासिम के बचपन में ही हो गया था। पिता की मृत्यु के पश्चात कासिम को उसके ताऊ हज्जाज बिन युसुफ ने पिता के रूप में अपना सहारा दिया था। उसने हज्जाज की बेटी जुबैदाह से शादी कर ली। उसने जुबैदाह से यह शादी 15-16 वर्ष की अवस्था में ही की होगी।

जीवनी शक्ति भंग का किया खूब अभ्यास।
अपनायी ना साधना चढ़ गया भोग विलास।।

हिंदू-आर्य संस्कृति में 15-16 वर्ष की अवस्था का बच्चा गुरुकुल में संस्कार सीख रहा होता है और आने वाले जीवन में मानवता की सेवा कर किस प्रकार महानता प्राप्त करेगा? ऐसी शिक्षा लेने का प्रयास करता है। आर्य संस्कृति में 25 वर्ष की अवस्था तक ब्रह्मचर्य आश्रम की अवस्था होती है। जिसमें ब्रह्मचर्य भंग न होने की पूरी साधना की जाती है। जिससे जीवन का आधार मजबूत बने। जबकि इस्लाम के मदरसे प्रारम्भ से ही 'मोहम्मद बिन कासिम' पैदा करते रहे हैं। जो संसार को आतंकित कर खून के दरिया में स्नान करने के लिए कैसे बाध्य कर सकता है? यही सिखाते हैं। यह एक अच्छी बात है कि आज के कुछ इस्लामिक विद्वान आधुनिक शिक्षा की प्रगतिशीलता को समझकर मुस्लिम मदरसों का विरोध करने लगे हैं।

मोहम्मद बिन कासिम का आक्रमण का रास्ता : मोहम्मद बिन कासिम को सिंध पर मकरान तट के रास्ते से आक्रमण करने के लिए समझा बुझाकर भेजा गया था। सारी योजना पर बड़ी सूक्ष्मता से चिन्तन, मनन और मन्थन किया गया था। जिसे मोहम्मद बिन कासिम ने भी पूर्णतया समझ लिया था। कासिम के अभियान को सफल बनाने के लिए हज्जाज भी उसका पूर्णतया साथ दे रहा था। इस अभियान में यद्यपि वह शारीरिक रूप से उसके साथ नहीं था परन्तु वह कूफा नामक शहर में बैठकर इस अभियान को संचालित कर रहा था।

हमें मोहम्मद बिन कासिम के इस तथाकथित विजय अभियान के सन्दर्भ में यह समझ लेना चाहिए कि मुसलमानों के तत्कालीन सभी बड़े नेताओं ने उसे हिन्दुओं पर किसी भी प्रकार के अत्याचारों या नरसंहार आदि के लिए खुली छूट देकर भारत भेजा था। उनके भीतर केवल और केवल प्रतिशोध की आग दहक रही थी। वह नहीं चाहते थे कि उनके रहते हुए कोई भी देश अपनी स्वतन्त्रता का दावा कर सके। विशेष रूप से भारत के आर्य-धर्म, आर्य-संस्कृति और आर्यत्व को पूर्णतया विध्वंसित कर देना उनका लक्ष्य था।

ऐसे में कभी भी हमें मुस्लिम विद्वानों या किन्ही अन्य इतिहास लेखकों के इस दुष्प्रचार का शिकार नहीं होना चाहिए कि मोहम्मद बिन कासिम ने भारत में प्रथमतः तो कोई अत्याचार किए ही नहीं और यदि किए भी तो वह उनके लिए उस समय आवश्यक हो गए थे, क्योंकि उनका प्रतिशोध हिन्दू भी बड़ी क्रूरता के साथ कर रहे थे। यदि इस प्रकार की भ्रामक और दोगली बातें कहीं आपको पढ़ने को मिलें तो समझ लें कि ऐसा इतिहास लेखक भारत से द्वेष भाव रखता है या वह दोगली बात करके आपको भ्रमित कर देना चाहता है।

एक इतिहासकार का धर्म

हमें यह समझ लेना चाहिए कि इतिहास लेखक को एक न्यायाधीश की सी भूमिका का निर्वाह करना चाहिए। न्यायाधीश सदा उस पक्ष का साथ देता है जो अन्याय को झेल रहा होता है और जिस पर दूसरा व्यक्ति हमला करता है। यदि कोई व्यक्ति अपनी प्राण रक्षा के लिए दूसरे पक्ष को परास्त कर देता है या युद्ध में उसका वध कर देता है तो ऐसे वध को हत्या नहीं माना जाता। इसके विपरीत उस व्यक्ति को सम्मानित किया जाता है जिसने ऐसा वध किया था। न्याय का यही सिद्धांत इतिहास लेखक का भी सिद्धांत होना चाहिए।

न्यायाधीश सम होत है, कलम का पहरेदार।
इतिहासकार होता वही वंदन का अधिकार।।

बिना किसी कारण के दूसरे की संपत्ति और सम्मान की लूट के उद्देश्य से प्रेरित होकर हमला करने वाले को इतिहास लेखक को कभी भी वीर,बहादुर और साहसी जैसे विशेषणों से अलंकृत नहीं करना चाहिए। यहाँ तक कि यदि वह किसी देश की सत्ता प्राप्त करने में भी सफल हो जाए तो भी उसे लुटेरा और

हत्यारा ही कहा जाना चाहिए। क्योंकि उसने लूट, डकैती और हत्या के आधार पर ऐसा राज्य स्थापित किया है, जिसे मान्यता नहीं दी जा सकती।

ऐसे लुटेरे व हत्यारे व्यक्ति को किसी राज्य का संस्थापक कहना मानवता के सिद्धांतों की हत्या करना है।

राजा दाहिर सेन के पक्ष में क्या हो रहा था?

उधर राजा दाहिर सेन भी इस बात को भली प्रकार समझ चुके थे कि यदि शत्रु इस बार राजकुमार जयशाह के सामने पीठ दिखाकर भागा है तो वह और भी अधिक प्रबलता के साथ शीघ्र ही सिन्ध पर आक्रमण करेगा। क्योंकि शत्रु के पीठ दिखाकर भागने का अभिप्राय है शत्रु घायल सर्प की भाँति फिर जहर उगलने या अपने शत्रु पर हमला करने के लिए लौटेगा अवश्य। शत्रु की मानसिकता को समझने वाले राजा दाहिर सेन बहुत ही व्यावहारिक बुद्धि के वीर योद्धा थे। यही कारण है कि उन्होंने शत्रु के विरुद्ध अपनी तैयारियों को बढ़ा दिया। अपने गुप्तचरों के माध्यम से उन्होंने भविष्य की आपदा का आंकलन और मूल्यांकन कर लिया था कि इस बार की आपदा कितनी भयानक हो सकती है?

इससे पहले कि हम राजा दाहिर सेन और मोहम्मद बिन कासिम के बीच के युद्ध का वर्णन करें, हम यह बताना चाहेंगे कि भारतवर्ष प्राचीन काल से ही युद्ध के नियम निश्चित करके लड़ने वाला देश रहा है।

महाभारत काल में युद्ध के नियम : महाभारत में जब युद्ध अवश्यंभावी हो गया तो उसके लिए भी दोनों पक्षों ने मिल बैठकर युद्ध के नियम तय किए थे। जिसके अनुसार यह निश्चित किया गया था कि प्रतिदिन युद्ध का समय सूर्योदय से सूर्यास्त तक ही रहेगा। सूर्यास्त के पश्चात् युद्ध नहीं होगा। युद्ध समाप्ति के पश्चात दोनों पक्षों के लोग एक दूसरे के शिविर में आ जा सकेंगे और छल-कपट छोड़कर सभी लोग प्रेम का व्यवहार करेंगे।

युद्ध के नियमों में यह भी निश्चित किया गया था कि रथी रथी से, हाथी वाला हाथी वाले से और पैदल पैदल से ही युद्ध करेगा। इसका अभिप्राय था कि समान शक्ति वाले से समान शक्ति वाला ही युद्ध करेगा। ऐसा नहीं हो सकेगा कि कोई अधिक शक्ति संपन्न व्यक्ति अपने समक्ष खड़े कमजोर शक्ति वाले शत्रु का अन्त कर दें।

युद्ध में नियम रहे – यह भारत की रीत।
मर्यादा की पालना, यही योद्धा की प्रीत।।

युद्ध के नियमों में यह भी निश्चित किया गया कि एक वीर के साथ एक ही वीर युद्ध करेगा। एक वीर योद्धा को अनेक योद्धा मिलकर मारेंगे नहीं, ना ही उस पर हमला करेंगे।भय से भागते हुए या शरण में आए हुए लोगों पर अस्त्र-शस्त्र का प्रहार नहीं किया जाएगा। इसका तात्पर्य यह है कि युद्ध में यदि कोई व्यक्ति भय ग्रस्त हो गया हो और अपने प्राणों की भिक्षा मांगने लगे तो उसे छोड़ दिया जाएगा, उस पर ऐसी स्थिति में कोई हमला नहीं किया जाएगा। जो वीर निहत्था हो जाएगा उस पर कोई अस्त्र नहीं उठाया जाएगा।

युद्ध में सेवक का काम करने वालों पर कोई अस्त्र नहीं उठाएगा। सेवकों से अभिप्राय ऐसे लोगों से भी है जो अपने-अपने पक्ष के लोगों को या तो पानी पिलाने का काम करते थे या उनके हथियारों की आपूर्ति करते थे। यदि ऐसे सेवक शत्रु पक्ष की ओर से भी युद्ध सामग्री लेकर अपने पक्ष की ओर जा रहे होते थे तो भी उन सेवकों को आने-जाने दिया जाता था और उन पर किसी प्रकार का हमला नहीं किया जाता था, ना ही उनके हथियारों को लूटा जाता था। इसी प्रकार के और भी कई युद्ध के नियम बनाए गए थे, जिन्हें भारतवासी परंपरा से मानते चले आ रहे थे।

हमने युद्ध के इन नियमों को यहाँ पर इसलिए उल्लेखित किया है कि भारत के लोग अपने युद्ध में भी धर्म की मर्यादा का पालन करते रहने के अभ्यासी रहे थे। जबकि अरबी आक्रमणकारियों के भीतर युद्ध के नियमों से बंधे रहकर युद्ध करने का भाव तनिक भी नहीं था। वह युद्ध में प्रत्येक प्रकार की अमर्यादा, अनैतिकता, छल – कपट आदि के प्रयोग को भी उचित मानते थे। उनका अन्तिम लक्ष्य काफिरों का विनाश करना होता था।

छल बल और घात को बना लिया हथियार।
हत्या, लूट अपराध से मच गयी हाहाकार।।

काफिरों का विनाश करने के लिए उनके युद्ध में कोई किसी प्रकार की मर्यादा आड़े नहीं आती थी। भारत के लोग और राजा दाहिर सेन जैसे शासक शत्रु के इस प्रकार के अनैतिक आचरण का कभी न तो प्रतिशोध कर सके और ना ही उसका अनुमान लगा सके कि शत्रु अनैतिकता के स्तर पर कितना

गिर सकता है? हमारे राजाओं का नैतिक नियमों से बंधे रहना और शत्रु पक्ष के अनैतिक स्वभाव का मूल्यांकन करने में उनका असफल रहना भी कभी उनकी पराजय का तो कभी शत्रु पक्ष द्वारा किए गए भारी जनसंहार का कारण बना।

अगले अध्याय में हम राजा दाहिर सेन और मोहम्मद बिन कासिम के बीच होने वाले युद्ध से पहले की उन परिस्थितियों पर विचार करेंगे जिनमें राजा की दो बेटियां और उनके अन्य परिजन जहाँ देश में देशभक्ति की अलख जगा रहे थे, वहीं कुछ लोग ऐसे भी थे जो देशभक्ति की उस पवित्र भावना में देश के प्रति गद्दारी का घुन लगा रहे थे। अभी जो काल चल रहा था, वह तूफान से पहले की शान्ति का काल था। जिसमें दोनों पक्ष अपनी अपनी तैयारियों में लगे हुए थे और उनकी यह तैयारी ही भविष्य की ओर भयानक संकेत कर रही थी।

अध्याय-7

वफादारी और गद्दारी का संगम

जब मोहम्मद बिन कासिम के आक्रमण की सूचना राजा दाहिर सेन को प्राप्त हुई तो उन्होंने पहले से ही अपनी रक्षा तैयारियां करनी आरम्भ कर दी थीं। उस समय राजा दाहिर सेन ने बहुत ही दूरदर्शिता और कूटनीतिक दृष्टिकोण से कार्य किया। उन्होंने देश,धर्म और संस्कृति की रक्षा के लिए उन सभी शक्तियों का सहयोग लेना उचित समझा जो अभी तक उनसे या तो रुष्ट थीं या किसी कारण से दूरी बनाए हुए थीं।

सबको साथ लगायकर चले थे सेन नरेश।
सब मिल उन्नति करें आगे बढ़े निज देश।।

दाहिर सेन ने अपनी दूरदर्शिता का परिचय देते हुए पदच्युत किए गए गुर्जर, जाट और लोहाणों को पुनः अपने साथ लिया और उन्हें उचित सम्मान देते हुए अतीत की कड़वाहट को भूलने के लिए प्रेरित किया।

राजा दाहिर सेन के इस प्रकार के सद्भावपूर्ण प्रस्ताव का समर्थन करते हुए गुर्जर, जाट और लोहाणों ने भी उदारता और अपने हृदय की विशालता का परिचय दिया। उन्होंने देश, धर्म व संस्कृति की रक्षा के लिए सहर्ष राजा दाहिर सेन के साथ मिलकर काम करना स्वीकार किया। इस प्रकार भारतवर्ष में राजा दाहिर सेन के साथ बड़ी शक्तियों ने मिलकर काम करने का निर्णय लेकर न केवल अपनी दूरदर्शिता का बल्कि देश भक्ति का भी परिचय दिया। लोग एक साथ एक उद्देश्य के प्रति समर्पित होकर राजा दाहिर सेन के नेतृत्व में काम करने को तैयार हो गए।

भारतीय इतिहास में घटी ऐसी घटनाओं का हमें विशेष दृष्टिकोण से अवलोकन करना चाहिए, जब किसी एक राजा ने अपने आपसे असंतुष्ट या रुष्ट

शक्तियों को विदेशी आक्रमणकारियों के विरुद्ध सहायता देने के लिए आमंत्रित किया और उन असन्तुष्ट शक्तियों ने सहर्ष अपने देश के लिए उक्त राजा के साथ मिलकर काम करना उचित समझा।

ऐसी घटनाओं से हमें यह पता चलता है कि राष्ट्रीय आपदा के समय हमने मिलकर काम करने में भलाई समझी है।

भारतीयों ने त्याग दिये व्यक्तिगत स्वार्थ : उस समय भारतवासियों ने व्यक्तिगत स्वार्थों को त्यागकर बड़े स्वार्थ अर्थात राष्ट्रीय हितों पर काम करना उचित समझा है। हम भारतवासियों को हमारे पूर्वजों के इस प्रकार के देशभक्ति पूर्ण कार्यों से परिचित नहीं कराया जाता। केवल 'फूट-फूट' को इस प्रकार प्रदर्शित व बार-बार दोहरा जाता है कि हम इतिहास को पढ़ते समय अपने बारे में यही मान लेते हैं कि हमारे पूर्वजों में बड़ी गहरी फूट थी? वे किसी भी एक मुद्दे पर एकमत होकर काम करने को कदापि तैयार नहीं होते थे। वैसे यह ध्यान रखना चाहिए कि गुर्जर, जाट और लोहाणा लोग क्षत्रिय समाज के लोग रहे हैं और क्षत्रिय समाज राष्ट्र रक्षा को अपना सर्वोपरि कर्तव्य प्राचीन काल से समझता आया है।

'फूट-फूट' तो सब कहें मैं कहता कुछ और।
'लूट-लूट' की सोच को लाया मुस्लिम दौर।।

ऐसी परिस्थितियों में जब राजा दाहिर सेन ने इन सभी लोगों को अपना साथ देने के लिए आमंत्रित किया तो उन सभी ने राजा को बढ़-चढ़कर अपना सहयोग दिया। उस समय राजा दाहिर सेन के लोगों ने राष्ट्रवाद की अलख जगाने के लिए अब तक के इतिहास में अनोखा कार्य किया। जिसका उदाहरण हमें आज के सन्दर्भ में भी लेना चाहिए। राजा का पूरा परिवार देश रक्षा के लिए मैदान में उतर आया। राजा और उसके परिवार के सदस्यों ने राजसिक सुखों को त्यागकर जनता के बीच जाकर काम करने में भलाई समझी।

राजा की वीरांगना बेटियां : महाराजा दाहिर की दोनों पुत्रियों राजकुमारी परमाल और सूर्यकुमारी ने भी अपने आपको देश सेवा के लिए समर्पित कर दिया। वह सिंध के गांव-गांव में जाकर घूमने लगीं और युवा शक्ति को सेना में भर्ती होकर देश सेवा के लिए प्रेरित करने लगीं। उनकी वीरता, सादगी और

देशभक्ति को देखकर लोगों में एक अलग ही तरह का उत्साह, उमंग और देशभक्ति का भाव पैदा होने लगा। राजा की वे बेटियां जिस गांव में भी जातीं वहीं लोगों की बड़ी भीड़ उन्हें देखने,सुनने और उनके साथ काम करने के लिए एकत्रित हो जाती।

लोगों में देशभक्ति का एक अलग ही भाव पैदा हो चुका था। सभी मिलकर विदेशी शत्रु का सामना करने के लिए तैयार थे और इसके लिए अपनी ओर से जो भी बलिदान करने की आवश्यकता हो - उसे वह करने के लिए पूर्णतया तैयार थे। अपनी दोनों राजकुमारियों के प्रति लोगों की भावाभिव्यक्ति ऐसी थी कि वे भाव विभोर होकर अपना सर्वस्व उनके लिए समर्पित करने को तैयार थे। उन लोगों को यह बात विशेष रूप से प्रेरित और उत्साहित कर रही थी कि राजा की बेटियां स्वयं उनके बीच आकर देशभक्ति का आह्वान कर रही थीं।

राजा की बड़ी बेटी लोगों के समक्ष खड़े होकर यह बोलती कि "देश आज आपको पुकार रहा है। अपने युवा शक्ति का आवाहन कर रहा है कि देश के लिए उठ खड़े होओ और माँ भारती का सम्मान बचाने के लिए विदेशी शत्रु का मिलकर सामना करो। विदेशी शत्रु के सामने यदि एकताबद्ध खड़े होकर हमने उसका सामना नहीं किया और उसे धूल नहीं चटाई तो हमारी भारतीय संस्कृति का नाश होना तय है। यदि हम आज जागरूक नहीं हुए तो हमारा धर्म नहीं बचेगा और हमारी बहन बेटियों का सम्मान नहीं बचेगा। भारत की वैदिक संस्कृति के शत्रुओं का नाश किया जाना समय की आवश्यकता है। इसके लिए भारत की जवानी यदि नहीं मचली तो संसार से मानवता और नैतिकता का पतन आरंभ हो जाएगा। भारत के नौजवानों को अपनी नौजवानी विदेशी शत्रु के विनाश के लिए लगानी चाहिए।

"यौवन मचलता देश का,
धर्मार्थ ही उद्देश्य था,
हिंद की उन बेटियों का
सहयोग कुछ विशेष था।।
सर्वत्र जय जयकार था
भारत भय शत्रु पे सवार था।

अपनी बेटियों के 'अभियान'
से भारत युद्ध को तैयार था।।"

हमें यह समझ लेना चाहिए कि इस्लाम का यह तूफान जिस प्रकार भारत की ओर चढ़ा आ रहा है, वह अबसे पहले जिस प्रकार कई संस्कृतियों और देशों की सभ्यताओं को लील चुका है, वह अब ऐसा ही भारत के साथ करने वाला है। इसलिए इस तूफान को समाप्त करने के लिए हम सब मिलकर सामना करें, यही समय की आवश्यकता है।"

दिया लोगों ने भरपूर समर्थन

अपनी राजकुमारियों के इस प्रकार के वचनों और उत्साहपूर्ण संबोधन को सुनकर बच्चा-बच्चा अपने राजा के साथ उठ खडा हुआ। हिन्द की दोनों बेटियों ने उस समय जो कुछ भी किया वह 'सिन्ध' के लिए ना करके 'हिंद' के लिए किया था। उनके देश भक्तिपूर्ण शब्दों का जादू लोगों के सिर चढ़कर बोल रहा था। राजकुमारी जिस प्रकार की संयत और देशभक्ति पूर्ण भाषा का प्रयोग कर रही थीं, उससे लोगों के भीतर उत्साह छलांगें मार रहा था। अपनी राजकुमारी के संबोधन के बीच नौजवान 'हिंद की जय' 'सिन्ध की जय' और 'राजा दाहिर सेन की जय' के गगनभेदी नारे लगाते रहे और अपने उत्साह के माध्यम से अपनी राजकुमारियों का मनोबल बढ़ाते रहे।

राजकुमारियों के इस महान कार्य पर हमें गर्व और गौरव की अनुभूति होनी चाहिए। क्योंकि इतिहास में ऐसे कम ही उदाहरण मिलते हैं जब किसी राजा की बेटियों ने देश सेवा के लिए इस प्रकार का अनुपम और वीरता पूर्ण कार्य किया हो। उन्होंने उस समय देश की रक्षा के लिए एक अभियान चलाया और उस अभियान का नेतृत्व अपने हाथों में लेकर यह सिद्ध किया कि जब देश की रक्षा की बात आएगी तो देश की बेटियां भी पीछे रहने वाली नहीं हैं। इसके लिए वे राजभवनों के ऐश्वर्यपूर्ण जीवन को त्यागने के लिए ही तैयार नहीं हैं, बल्कि किसी भी प्रकार का बलिदान देने तक के लिए तैयार हैं।

राजकुमारियों के इस महान अभियान को देश के लोगों ने जिस प्रकार अपना सहयोग और समर्थन प्रदान किया उससे यह पता चलता है कि भारत का राष्ट्रवाद बड़ा गहरा और व्यापक है। यह हर उस काल में अपने उफान पर आया है जब

इसने देखा है कि देश की संस्कृति के लिए शत्रु देश के शौर्य को ललकार रहा है। दोनों राजकुमारियों के ओजस्वी भाषणों को सुनकर लोग देश सेवा के लिए अपना सर्वस्व समर्पित करने के लिए तैयार हो गए। उस समय सिंध में चारों ओर देशभक्ति का एक अलग ही दृश्य उपस्थित हो गया था। तनिक सी आवाज पर लोग एक साथ मिलकर मां भारती के लिए संकल्पित होकर 'हर हर महादेव' का नारा लगाते और अपनी एकता का परिचय देते।

सिंध प्रांत का सूबेदार ज्ञानबुद्ध

देश के लिए विभिन्न मत मतान्तर भारतीय राष्ट्रवाद के विचार को प्रभावित करने में बहुत अधिक सफल रहे हैं। राजा दाहिर सेन ने उस समय देवल का सूबेदार बौद्ध मत के ज्ञानबुद्ध को बना दिया था। महात्मा बुध्द यद्यपि अपने काल में एक समाज सुधारक के रूप में सामने आए थे, वेद के नाम पर जिस प्रकार हिंसा को लोगों ने धर्म का एक अंग बना लिया था उसके विरुद्ध महात्मा बुद्ध ने उस समय एक सफल क्रांति की थी। उन्होंने लोगों को बताया था कि अहिंसा ही हमारा परम धर्म है, इसलिए वेदों के नाम पर यज्ञ आदि में ऐसा मत कीजिए।

वेदों के आदर्श का
उद्धार बुद्ध ने किया,
वेदों के अपकर्ष का
उत्कर्ष बुद्ध ने किया।
उनके बाद इस संघर्ष को
नया मोड़ लोगों ने दिया।
अर्थ का अनर्थ कर
नया तोड़ लोगों ने दिया।।

कालांतर में महात्मा बुद्ध के इस सिद्धांत की अति हो गई। जिससे लोग बौद्ध धर्म को स्वीकार करने का अर्थ यह लगाने लगे कि अब हमें हिंसा किसी भी स्थिति परिस्थिति में नहीं करनी है। 'जबकि आपत्ति काल में कोई मर्यादा नहीं होती।' ऐसा भारतीय सिद्धांत कहता है, जिसे लोगों ने महात्मा बुद्ध की अहिंसा की अति के कारण विस्मृत कर दिया। फलस्वरूप अनेकों लोग अहिंसावादी बनकर समय आने पर राष्ट्र धर्म से ही मुख फेर कर बैठ गए। इसका सबसे

बड़ा उदाहरण सम्राट अशोक का है। जिसने महात्मा बुद्ध के बौद्ध धर्म को स्वीकार करने के उपरान्त अपनी तलवार को ही खूंटी पर टांग दिया था और यह घोषणा कर दी थी कि वह अब हिंसा नहीं करेगा।

यदि महात्मा बुद्ध के जीवन पर हम प्रकाश डालें या विचार करें तो पता चलता है कि वह वेद धर्म के ही सुधारक थे। उन्होंने राजाओं को हथियार खूंटी पर टांगने की सलाह नहीं दी थी। उन्होंने राज्य विस्तार के लिए लोगों की हत्या करने वाले राजाओं को ऐसा करने से रोकने का सुझाव दिया था। उनके दृष्टिकोण में जन कल्याण राजा का सबसे बड़ा धर्म है, इसलिए उसे अपने राज्य विस्तार के लिए हत्याएं नहीं करनी चाहिए। उनकी शिक्षाओं का अनुचित अर्थ लगाकर लोगों ने अहिंसा को सही ढंग से नहीं समझा।

राजा दाहिर सेन की चूक : राजा दाहिर सेन ने देवल जैसे प्रांत का सूबेदार ज्ञानबुद्ध को बना तो दिया पर यहाँ उनसे एक चूक भी हो गई कि उन्होंने सामरिक दृष्टिकोण से सबसे महत्वपूर्ण प्रान्त का सूबेदार एक ऐसे व्यक्ति को बना दिया था जो महात्मा बुद्ध की 'अहिंसा' में विश्वास रखता था। राजा दाहिर सेन को ज्ञान बुद्ध के संदर्भ में यह समझना चाहिए था कि वह व्यक्ति अहिंसा का पुजारी होने के कारण तलवार को खूंटी पर टांग चुका था या ऐसा भी कह सकते हैं कि उसके तेजस्वी राष्ट्रवादी क्षत्रिय विचारों में उस समय अहिंसा की जंग लग चुकी थी। जिससे वह कायर, कमजोर और देश के प्रति गद्दारी के भावों से भी भर गया था। क्योंकि उसके दृष्टिकोण में महात्मा बुध और उनकी अहिंसा प्रथम पूजनीय हो गई थी।

अहिंसा वैरी बन गयी देश किया बर्बाद।
ज्ञान बुद्ध दुश्मन बना शत्रु किया आबाद।।

महात्मा बुद्ध से प्रभावित ज्ञानबुद्ध हिंसा करने को पाप समझता था। फिर चाहे ऐसी हिंसा देश, धर्म व संस्कृति के भक्षक किसी विदेशी हमलावर के विरुद्ध ही क्यों ना हो? समझो कि ऐसे विचारों से वह है एक पैर से लंगड़ा हो चुका था और लंगड़े कभी युद्ध नहीं लड़ा करते। कहा भी गया है कि छोटी सोच और पैर की मोच आगे नहीं बढ़ने देती है। ज्ञानबुद्ध उस समय छोटी सोच और पैर की मोच-दोनों से ही ग्रसित था। लंगडी मानसिकता कभी युद्ध में पूर्ण मनोयोग से

नहीं करने देती है। जो व्यक्ति ऐसी सोच के शिकार हो जाते हैं वह कभी युद्ध जीता भी नहीं करते हैं। इतना ही नहीं, यदि उनका वश चले तो वे उल्टा पाशा भी पलट सकते हैं अर्थात देश के साथ गद्दारी भी कर सकते हैं। समय आने पर ज्ञान बुद्ध ने ऐसा ही किया।

ऐसे में राजा दाहिर की दोनों बेटियां जितना पुरुषार्थ और उद्यम करके देशभक्ति का माहौल बनाने में सफल होती जा रही थीं, उस पर देवल प्रान्त के सूबेदार ज्ञानबुद्ध की अहिंसा की सोच उतना ही तुषारापात भी कर रही थी। उस क्षेत्र में जितने लोग बौद्ध धर्म को अपना चुके थे वे सारे के सारे मानसिक रूप से लंगड़े हो चुके थे। उनकी लंगडी मानसिकता पर दोनों राजकुमारियों के उद्‌बोधन, संबोधन और प्रोत्साहन का किसी प्रकार का कोई सकारात्मक प्रभाव नहीं पड़ रहा था। उनके लिए आने वाला शत्रु भी एक मानव था और उसके प्रति दयालुता और सहिष्णुता दिखाना उनके लिए सबसे बड़ी बात थी। बस, यही सोच भारत के पतन का कारण बनी।

जब ज्ञानबुद्ध ने की गद्दारी : जब ज्ञान बुद्ध को अरबी आक्रमण का समाचार प्राप्त हुआ तो कहते हैं कि वह अत्यन्त उदास हो गया था। वह एक ऐसे अंतर्द्वंद में फंस गया था जिसमें उसका राष्ट्रधर्म उससे शत्रु का सामना करने के लिए कहता था, जबकि उसका अपना बौद्धमत उसे अहिंसावादी बने रहकर शत्रु के सामने हथियार फेंकने की प्रेरणा दे रहा था। इसके अतिरिक्त उसके भीतर अब एक दूसरा राक्षस भी आ घुसा था जो उसे देश और अपने राजा के प्रति गद्दारी करने के लिए प्रेरित कर रहा था। भीतर ही भीतर वह अपने राजा से दूर हो चुका था और विदेशियों के निकट संपर्क में आकर ऐसी घातक योजनाओं पर विचार कर रहा था जो देश के लिए बहुत हानिकारक होने वाली थीं।

यह एक सर्वमान्य सत्य है कि जब कोई योद्धा अंतर्द्वंद में फंस जाता है तो उसकी शक्ति का ह्रास होता है, जिसकी सबसे अधिक क्षति राष्ट्र को उठानी पड़ती है। बौद्ध धर्म के अनुयायी ज्ञानबुद्ध के इस अंतर्द्वंद का प्रभाव भी देश के मनोबल पर पड़ रहा था। ज्ञान बुध के एक ओर कुआं खुद गया था तो दूसरी ओर खाई बन गई थी। वह समझ नहीं पा रहा था कि कुआं में गिरे या फिर खाई की ओर अपना कदम बढ़ाए। यद्यपि इस अंतर्द्वंद के बीच वह अपना मार्ग खोज चुका था और अब उसने मन बना लिया था कि वह अपने देश और अपने

राजा के विरुद्ध जाकर अपने निहित स्वार्थ में काम करेगा।

अपने धर्म गुरु से लिया उपदेश : फिर भी अपनी इस अंतर्द्वंद की समस्या का समाधान खोजने के लिए ज्ञानबुद्ध ने अपने धर्म गुरु से इस सम्बन्ध में आवश्यक सन्देश और उपदेश लेने का निर्णय लिया। उसने अपने धर्म गुरु को पहले यही समझाने का प्रयास किया कि उसके द्वारा विदेशी आक्रमणकारी मोहम्मद बिन कासिम के विरुद्ध युद्ध करना बौद्ध धर्म के नियमों के प्रतिकूल होगा। वह नहीं चाहता कि बौद्ध धर्म की अहिंसावादी नीति का परित्याग कर वह शत्रु के विरुद्ध लड़ाई लड़कर रक्तपात करे। उसने युद्ध न करने के अनेकों तर्क अपने गुरु को दिए। जिससे उसे युद्ध न करके शत्रु पक्ष में मिलने का मार्ग मिल सके।

गुरु संन्यासी सागरदत्त ने उसकी भावनाओं का सम्मान न करते हुए उसे न्यायसंगत, तर्कसंगत और धर्मसंगत मार्ग सुझाने का वैसे ही प्रयास किया जैसे कभी श्री कृष्ण जी ने अर्जुन को महाभारत के युद्ध क्षेत्र में उपदेश देते हुए किया था। गुरुदेव ने पथभ्रष्ट और ज्ञान भ्रष्ट हुए ज्ञान बुद्ध को नीति संगत उपदेश देते हुए कहा कि आपदा की इस घड़ी में उसे देश और अपने राजा के साथ रहना चाहिए। उसे कुछ भी ऐसा नहीं करना चाहिए जिससे देश और राजा को अपयश का भागी होना पड़े। गुरु सागर दत्त ने ज्ञानभ्रष्ट ज्ञानबुद्ध को यह भी बता दिया कि यदि वह ऐसा करेगा तो निश्चय ही पाप का भागी होगा और देश का इतिहास उसे कभी भी क्षमा नहीं कर सकेगा।

गुरु ने सच समझा दिया देश घात है पाप।
देशहित हिंसा करो कुछ नहीं लगता पाप।।

यह अलग बात है कि आज के 'अर्जुन' पर अपने गुरु सागरदत्त की शिक्षाओं का तनिक भी प्रभाव नहीं हुआ और वह भीरू होकर युद्ध से भागने पर अड़ा रहा। जब सिद्धांतों की हत्या होती है तो फिर ऐसे ही 'ज्ञानबुद्ध' पैदा हो जाया करते हैं जो 'ज्ञान' और 'बुध' होकर भी 'अज्ञानी' और 'बुद्धू' रह जाते है।, भारतीय संस्कृति को ऐसे ज्ञानबुद्ध 'अज्ञानी' और 'बुद्धुओं' ने बहुत अधिक क्षति पहुंचाई है। यह ऐसे लोग होते हैं जो बहुत कम जानकर सब कुछ जान लेने का दावा करते हैं। वास्तव में अज्ञान-अंधकार में भटकने वाले ऐसे लोगों से ही अधिक हानि की संभावना रहती है, क्योंकि यह सहज रूप में सही रास्ते को

अपनाने के लिए तैयार नहीं होते। पथभ्रष्ट, धर्मभ्रष्ट सुर बुद्धि भ्रष्ट हुए ज्ञान बुद्ध ने देश और राजा के विरुद्ध जाने का निर्णय ले लिया था।

गुरु सागर दत्त की एक न मानी

ज्ञानबुद्ध को उनके गुरु सागरदत्त ने समझाने का प्रयास किया कि बौद्ध धर्म जहाँ दया करना, उदारता और प्रेम जैसे गुणों का प्रचारक प्रसारक है, वहीं वह ऐसे शत्रुओं का संहार करने की भी अनुमति देता है जो धर्म, संस्कृति और देश की एकता और अखण्डता के शत्रु हैं। बुद्ध ने विश्व बंधुत्व का उपदेश तो दिया है पर इसका भी अभिप्राय यह नहीं है कि वह विश्व बंधुत्व की भावना के शत्रु लोगों के संहार की भी अनुमति नहीं देते।

सागर दत्त ने अपने उपदेश को जारी रखते हुए ज्ञान बुद्ध को यह भी समझाने का प्रयास किया कि अरब आक्रमणकारियों और उनके निर्दयी सैनिकों ने मकराना प्रान्त में आकर बौद्ध मठों को भी समाप्त कर दिया है। जिससे यह स्पष्ट हो जाता है कि ये विदेशी आक्रमणकारी बौद्ध धर्मावलम्बियों को भी समाप्त करने का उद्देश्य लेकर यहाँ आए हैं। ऐसे लोगों के बारे में यदि ज्ञानबुद्ध यह भ्रांति पाल रहा है कि ये विदेशी आक्रमणकारी उसके मत को मानने वाले लोगों के साथ अन्यायपूर्ण व्यवहार करेंगे तो वह गलत सोच रहा है। गुरु सागर दत्त ने कहा कि इन विदेशी आक्रमणकारियों के लिए जो भी कोई व्यक्ति इनके मत से विपरीत विचार रखता है,वही काफिर है। इसलिए बौद्ध धर्मावलंबियों को भी वे अपने शासन में यह अधिकार नहीं देंगे जो एक न्याय प्रिय शासक के शासन में सभी लोगों को सहज रूप में उपलब्ध होते हैं।

ऐसे में यह बात साफ हो जाती है कि यदि अरब आक्रमणकारी भारत में अपने उद्देश्य में सफल होते हैं तो यहाँ से बौद्ध धर्मावलंबियों को भी अपने विनाश के लिए तैयार रहना चाहिए। अब अपने अस्तित्व की रक्षा के लिए तलवार उठाना और इन विदेशी आक्रमणकारियों का सामना करना ही एकमात्र रास्ता है। राजा दाहिरसेन यदि इस समय देश धर्म की रक्षा के लिए कार्य कर रहे हैं और इन विदेशी आक्रमणकारियों का सामना कर इन्हें भगाने और मारने के प्रति संकल्पित हैं तो उनके साथ लगकर काम करना समय की आवश्यकता है।

विदेशी हमलावरों से की गुप्त संधि : बौद्ध धर्म की अहिंसा से ज्ञानबुद्ध

पूर्णतः नपुंसक बन चुका था। वह इस समय अपने राष्ट्र धर्म को भूल चुका था। इतना ही नहीं, अब उसके भीतर राष्ट्र के प्रति गद्दारी का भाव भी जन्म ले चुका था। अब उसे अपने देश की कोई चिन्ता नहीं थी। गद्दारी के भाव उसे पूर्णतया कायर बना चुके थे। देश के प्रति वफादारी के स्थान पर उसने गद्दारी को और तलवार उठाने के स्थान पर पलायन को प्राथमिकता दी। जब किसी व्यक्ति के भीतर वफादारी के स्थान पर गद्दारी और तलवार के स्थान पर पलायन के भाव जन्म ले लेते हैं तो वह अनैतिकता के किसी भी स्तर तक गिर सकता है। अब ज्ञान बुद्ध नैतिक पतन के रास्ते पर बढ़ चुका था। फलस्वरूप उसने अपने मंत्री मोक्षवासव से समझौता करके खलीफा से सिन्ध के देवल और अलोर की राजगद्दी के बदले में उन्हें अपनी सहायता देने का सन्देश भेजा।

ज्ञान बुद्ध बुद्धि भ्रष्ट था, पूरा था गद्दार।
नीच कर्म को देखकर देश हुआ शर्मसार।।

ज्ञानबुद्ध अपने देश के साथ बहुत बड़ी गद्दारी कर चुका था। जब विदेशी आक्रमणकारियों के शिविर में ज्ञानबुद्ध के इस गद्दारी भरे समाचार का सन्देश पहुँचा तो वहाँ पर प्रसन्नता की लहर दौड़ गई। वास्तव में जिस 'सोने की चिड़िया' भारत को अभी तक खरोंच तक मारने का साहस कोई विदेशी नहीं कर पाया था उसे अब लूटने का एक सही मार्ग बनता हुआ विदेशी आक्रमणकारियों को दिखाई देने लगा। भारत के मजबूत किले को तोड़ने की एक बहुत बड़ी आशा की किरण उन्हें चमकती हुई दिखाई दी। उन्हें लगा कि ऐसे विश्वासघाती ज्ञानबुद्धों के कारण वह शीघ्र ही अपने भारत आने के उद्देश्य में सफल हो जाएंगे। अभी तक किसी भी खलीफा या उसके सेनापति को भारत में कोई बड़ी सफलता प्राप्त नहीं हुई थी। पर अब पहली बार ऐसा लगने लगा था कि इस बार विदेशी आक्रमणकारी भारत से कुछ ना कुछ करके ही लौटेगा।

ज्ञानबुद्ध के इस प्रकार के प्रस्ताव से प्रेरित और उत्साहित होकर शत्रु पक्ष ने अपना सन्देश अपने स्वामी खलीफा और हज्जाज के पास भी भेज दिया। जिससे उनके अपने निज देश में भी खुशी की लहर दौड़ गई। देश के लिए घातक बना ज्ञानबुद्ध इस समय अपने भविष्य के स्वर्णिम सपनों में खोया हुआ था। उसे लग रहा था कि विदेशी आक्रमणकारी तो यहाँ से माल लूट कर चले जाएंगे, पर उसके पश्चात वह एक बड़े साम्राज्य का मालिक होगा। नए-नए सपने उसे सोने

नहीं दे रहे थे। यद्यपि राजा दाहिर सेन अभी अपने इस तथाकथित ज्ञानबुद्ध के अज्ञान और बुद्धूपन से पूर्णतया अपरिचित थे। उन्हें नहीं पता था कि वैचारिक और मानसिक रूप से कमजोर ज्ञान बुद्ध उनके विरुद्ध कैसी नीचतापूर्ण हरकतों में लगा हुआ है? और राष्ट्र को विनष्ट करने के मार्ग पर आगे बढ़ चुका है।

वो मुल्क कभी तरक्की नहीं कर सकता....

ज्ञानबुद्ध जैसे गद्दारों के बारे में कवि की पंक्ति बड़ी सार्थक हैं :---

"जहाँ गद्दारी के फैले जाल होते हैं,
वहाँ हुनरमंदों के सपने बेहाल होते हैं,
वो मुल्क कभी तरक्की नहीं कर सकता,
जहाँ के वजीर ही दलाल होते हैं।"

यद्यपि हमने वीरता के इतिहास लिखने में भी कोई किसी प्रकार की कमी नहीं छोड़ी है। पर हमारे वीरता और शौर्य को ज्ञानबुद्ध जैसे गद्दारों ने समय-समय पर बहुत बुरी तरह प्रभावित किया है। यदि इतिहास में गद्दारों की यह परम्परा नहीं होती तो निश्चित रूप से भारत का आज का इतिहास कुछ दूसरा होता। बाद की घटनाओं ने यह स्पष्ट कर दिया कि ज्ञानबुद्ध ने राजा दाहिर सेन के पतन में बहुत बड़ी भूमिका निभाई थी। यदि वह गद्दारी ना करके देश के प्रति वफादार रहता और राजा दाहिर सेन का साथ देता तो शत्रु भारत में कभी सफल नहीं होता। इसी गद्दार ज्ञान बुद्ध ने राजा और उसकी दोनों बेटियों के उस अभियान की हवा निकाल दी जो उन्होंने घर-घर व गांव - गांव जा जाकर चलाया था और लोगों में देशभक्ति का भाव पैदा करके देश पर मर मिटने के लिए उन्हें तैयार किया था।

"हमने दुनिया की पुस्तक में
सत्य,अहिंसा बोल लिखा,
लेकिन जब तलवार उठाई,
दुनिया का भूगोल लिखा,
हिमशिखरों का सिर हम तक
आते ही झुक जाता है,
सागर की लहरों का गर्जन

हमसे मिल रुक जाता है,
हम राम-कृष्ण के धामों वाली
पुण्य धरा के वासी हैं,
हम भगत सिंह के वंशज,
जय भारत के अभिलाषी हैं,
लेकिन जब-जब इस धरती पर
देश विरोधी नारे हैं,
तब लगता है अपने घर में
जयचंदों से हारे हैं।।"

कुल मिलाकर इस समय जहां राजा दाहिर सेन की दोनों बेटियां, उनके परिजन व अन्य शासकीय अधिकारी बड़े स्तर पर देश में देशभक्ति का भाव पैदा करने में लगे हुए थे और देश के प्रति वफादारी सिखा कर लोगों को देश, धर्म व संस्कृति पर मर मिटने की सीख दे रहे थे, वहीं ज्ञानबुद्ध जैसे लोग देश के प्रति गद्दारी से भरे हुए थे। वफादारी और गद्दारी के इस संगम ने निश्चित रूप से देश के मनोबल को तोड़ने में सहायता दी।

अध्याय-8

गद्दारी और राजकुमार जयशाह का आपद्धर्म

राजधानी में शत्रु के हमले के प्रति पूर्णतया सावधान होकर बैठे राजा दाहिर सेन अपने वीर सैनिकों के भरोसे शत्रु का सामना करने की तैयारियों में व्यस्त थे। उनके दिशा निर्देशों के अनुसार दोनों राजकुमारियां और राजपरिवार के अन्य सदस्य जनता के बीच जाकर जिस प्रकार देशभक्ति का परिवेश बनाने में लगे हुए थे, उसके अच्छे परिणाम आ रहे थे। यद्यपि इसी समय कुछ छुपे हुए 'गद्दार' भी अपना खेल खेल रहे थे, जिनके प्रति राजा को कोई सूचना नहीं थी। इन दोनों के प्रति हमने पूर्व के अध्याय में प्रकाश डाला है।

जब राजा को यह सूचना प्राप्त हुई कि अरब आक्रमणकारियों की सेना देवल के निकट पहुँच चुकी है तो उन्होंने अपनी सेना को भी रणस्थली के लिए प्रस्थान करने का आदेश दिया। राजा को अपने भुजबल और सैन्यबल पर तो भरोसा था ही, साथ ही अपने राज्य के सभी अधिकारियों, सेनापतियों, प्रान्तपतियों, सूबेदारों और जनसामान्य पर भी पूर्ण भरोसा था कि वे सब इस शत्रु के विरुद्ध उनकी सहायता करेंगे और जैसी स्थिति शत्रु की पूर्व के आक्रमण में हुई थी उससे भी बुरी स्थिति शत्रु को इस बार देखनी पड़ेगी। राजा को किसी 'ज्ञानबुद्ध' जैसे नीच अधर्मी और देशद्रोही के द्वारा इस समय गद्दारी करने की तनिक भी जानकारी नहीं थी।

सेना ने किया युद्ध भूमि के लिए प्रस्थान : राजा का निर्देश पाकर देशभक्ति, शौर्य व साहस के भावों से भरी सेना युद्धभूमि के लिए प्रस्थान कर देती है। हमारी सेना का प्रत्येक सिपाही पूरे आत्मविश्वास के साथ शत्रु की ओर बढ़ता जा रहा था। उन्हें अपने भुजबल पर पूर्ण विश्वास था कि शत्रु को इस बार भी वह पराजित ही करेंगे। उन्हें माँ भारती के सम्मान के प्रति अपने कर्तव्य

पूर्णतया याद थे। कहा जाता है कि जब मानवता के हित में कोई अच्छा कार्य किया जाता है अर्थात ऐसा कार्य जिससे मानवता का भला होता हो,अपने देश, धर्म व संस्कृति की रक्षा होती हो और मानवता के शत्रु दल का विनाश होता हो,तब एक ऐसी ऊर्जा भीतर से मिलती अनुभव होती है जिसका कोई अन्त नहीं होता। उस अन्तहीन ऊर्जा पर सवार होकर या उससे ऊर्जान्वित होकर जब कोई व्यक्ति या सैनिक रणस्थली की ओर बढ़ता है तो उसका उत्साह देखते ही बनता है। हमारे वीर सैनिकों के साथ कुछ ऐसा ही हो रहा था। जिसके वशीभूत होकर वह यह प्रतिज्ञा करके घर से निकले थे कि युद्धभूमि से या तो विजयी होकर लौटेंगे या फिर बलिदान देकर अपना नाम बलिदानियों में सम्मिलित करा देंगे।

"संकल्प एक धार कर
चले वीर अभियान पर,
त्याग देंगे होम कर
सर्वस्व निज देश पर।।

नहीं रोक सकता कोई हमको,
ना झुका सकता कोई हमको।
चाहे शत्रु कितना बलवान हो,
हम मिटा देंगे उसके दम को।।"

सैनिकों के हाव भाव और चेहरे की भाव भंगिमा इस समय पूर्णतया वीर रस के भावों से भरी हुई थी। उनका आत्मविश्वास कहीं से भी हल्का या डिगा हुआ नहीं था। उनके चेहरे का तेज अपनी अलग ही छटा बिखेर रहा था तो उनकी बाजुएं जिस प्रकार देशभक्ति के नारों पर फड़कती थीं उन्हें देखकर ऐसा लगता था कि वह आज शत्रु को कहीं से भी खोजकर लाने में संकोच नहीं करेंगे। उनके साथ जो बाजा बजता चल रहा था उससे निकलने वाली वीर रस की धुन वातावरण को और भी अधिक देशभक्ति पूर्ण बना रही थी। हमारे सैनिकों के उत्साह और देशभक्ति के भाव को देखकर लग रहा था कि जैसे आज देवगण भी स्वर्ग से पुष्प वर्षा कर रहे हैं। क्योंकि जीवन्मुक्त देवगण यह देखकर अत्यंत हर्षित और प्रसन्नचित्त हो रहे होंगे कि भारत के वीर सैनिकों का यह दल आज उन आतंकवादियों का विनाश करने जा रहा है जो देव संस्कृति अर्थात वैदिक

संस्कृति का विनाश कर देना चाहते हैं।

लोगों का उत्साह देखते ही बनता था : चारों ओर राजा दाहिर सेन और राजकुमार जयशाह के नारों का उद्घोष हो रहा था। जिनसे पता चलता था कि सारा सिंध प्रान्त अपने राजा दाहिर सेन की वीरता और देशभक्ति को हृदय से प्रणाम कर रहा है और अपने राजा के सम्मान को अपना सम्मान समझता है। उन लोगों के भाव स्पष्ट बता रहे थे कि शत्रु विनाश और अपने राजा की विजय ही उनका एकमात्र लक्ष्य था। जिसके लिए वह अपना सर्वस्व होम करने तक के लिए तैयार थे। तभी तो हमारे यह सभी वीर सैनिक अपने राजा के संकेत को ही अपने लिए आज्ञा समझकर युद्ध क्षेत्र की ओर बढ़ रहे थे।

उनके कदमों में जोश था,
चेहरे पर ओज था,
माथे पर तेज था,
आंखों में शेर की सी घूर थी,
भुजाओं में फड़कन थी और
हृदय में आत्मविश्वास था।

आज के युद्ध का नेतृत्व भी राजकुमार जयशाह के हाथों में था। राजकुमार अपनी वीरता का लोहा पहले युद्ध में मनवा चुके थे। इसलिए उनके नेतृत्व पर सिन्ध की सेना को पूर्ण भरोसा था कि वह आज भी एक नया इतिहास रचाएंगे और शत्रु को उसके किए का दण्ड अवश्य देंगे।

राजकुमार जयशाह भी शत्रु को उसके किए का दण्ड देने के दृष्टिकोण से बड़ी वीरता के साथ आगे बढ़ते जा रहे थे। उन्हें शत्रु का दोबारा भारत पर आक्रमण करने का दुस्साहस कतई सहन नहीं था। वह चाहते थे कि इस बार शत्रु को न केवल उसके किए का दण्ड भुगतना पड़े अपितु उसे इतनी कठोर सजा दी जाए कि वह दोबारा माँ भारती की ओर आंख उठाकर देखने का साहस भी ना कर सके।

राजकुमार क्रोध मिश्रित आत्मविश्वास को लिए आगे बढ़ रहे थे। इसके साथ ही साथ प्रतिशोध की ज्वाला भी उनके हृदय में धधक रही थी। शत्रु के

बार-बार सीमा पर आने के दुस्साहस को वह इस बार मसल देना चाहते थे उनकी मचलन स्पष्ट बता रही थी कि वह अपने शत्रु पर शेर की भांति झपट्टा मारने की सोच रखते थे।

राजकुमार को अपनी विजय पर पूर्ण विश्वास था : राजकुमार का आत्मविश्वास भी पूर्णतया यह कहानी बयान कर रहा था कि वह विजयी होकर ही लौटेंगे।

माँ भारती के उस वीर पुत्र को तनिक भी यह आभास नहीं था कि इस बार शत्रु के साथ उनके गद्दार मिल चुके हैं। जो माँ भारती के सम्मान का सौदा कर चुके हैं और यदि इस युद्ध में सिंध के राजा दाहिर सेन और उनकी सेना की पराजय होती है तो इसके लिए भी गद्दार शत्रु के साथ मिल चुका है। योजना इस प्रकार बन चुकी है कि चाहे जो हो जाए पर इस बार शत्रु और गद्दार का 'मनोवांछित उद्देश्य' पूर्ण होना चाहिए। राजकुमार अपने सैन्य अधिकारियों के साथ कई बार जोशीली वार्ता में भी व्यस्त हो जाते और युद्ध क्षेत्र में शत्रु को अपनी व्यूह रचना में घेरने के बारे में भी विचार विनिमय करने लगते। सैन्य अधिकारी भी पूरी गर्वीली भाषा में अपने सेनापति और राजकुमार का साथ देते और उन्हें इस बात के लिए आश्वस्त करते कि हम पूर्णतया शत्रु को घेरने में सक्षम हैं और इस बार उसकी स्थिति वैसी ही कर देंगे जैसी राजकुमार और राजा चाहते हैं।

उद्‌घोष बढ़ाते जोश को जोशीले थे वीर।
जोश शोभता वीर में ज्यों नदिया में नीर।।

जब राजा दाहिर सेन की सेना के वीर सिपाही 'सिन्धु देश की जय', 'महाराज दाहिर सेन की जय', 'राजकुमार जयशाह की जय' के नारे लगाते तो वातावरण और भी अधिक देशभक्ति पूर्ण बन जाता। इस पर राजकुमार जयशाह को भी बहुत अधिक गर्व और गौरव की अनुभूति होती। वह शत्रु को कड़ा पाठ पढ़ाने के लिए और भी अधिक उतावले हो उठते थे।

राजकुमार चाहते थे कि जितना शीघ्र हो उतनी शीघ्रता से शत्रु का अन्त कर दिया जाए।

राजा दाहिर सेन का वीर दल अब युद्ध भूमि के निकट पहुँच चुका था। युद्ध भूमि में प्रवेश करते ही उन्होंने एक बार फिर जोरदार ढंग से 'सिंधु देश की

जय', 'राजा दाहिर सेन की जय', 'राजकुमार जयशाह की जय' के नारे लगाए।

मच गया शत्रु दल में हड़कंप : भारतीय सैन्य दल की वीरता के उद्घोष को सुनकर शत्रु दल में हड़कंप मच गया। शत्रु दल के जिन सैनिकों ने भारतीय वीरों के ऊंचे स्वर में लगने वाले ऐसे ओजपूर्ण नारों को आज से पहले नहीं सुना था उनका तो कलेजा निकलने को हो गया। इसके साथ ही जिन अरब सैनिकों ने अबसे पूर्व भी भारतीय वीर पुत्रों के उद्घोष को सुना था, उन्हें भी पुराने दिनों के बीते पलों की यादों ने घेर लिया। कलेजा उनका भी बाहर को निकलने को था। क्योंकि उन्हें पता था कि इस युद्धघोष के पश्चात भारत के सैनिक किस प्रकार शत्रु की सेना का अन्त करते हैं? और अब जबकि वह घड़ी उनके सामने आने ही वाली है तो कुछ पता नहीं कि उनकी जीवन लीला कितनी देर की है? ऐसे विचारों से वह भी घबरा गए।

युद्ध भूमि अब युद्ध के लिए सज चुकी थी। बस, थोड़ी सी चिंगारी की आवश्यकता थी। अब उसी की प्रतीक्षा की जा रही थी कि कौन सा पक्ष युद्ध के लिए पहल करे?

भारतीय पक्ष अपनी उस आदर्श परम्परा का निर्वाह करना चाहता था, जिसमें वह निरपराध लोगों पर अपनी ओर से कभी आक्रमण नहीं करता था। यद्यपि भारत की यह भी परम्परा रही है कि जो सेना या शत्रु दल भारत के वीर सैनिकों से युद्ध भूमि में लड़ने के लिए आ खड़ा हो, वह फिर कभी उसका मित्र नहीं हो सकता और ना ही उसके रक्त बहाने में भारत के वीरों ने कभी कोई किसी प्रकार का संकोच किया। भारत के वीर योद्धाओं ने युद्ध के मैदान में खड़े शत्रुओं को मानवता का शत्रु समझकर उनसे धर्म युद्ध करना ही उचित माना है। आज भी उन्हें शत्रु दल से धर्म युद्ध करना था। यह धर्म युद्ध मानवता के कुछ मूल्यों को लेकर होने वाला था। जिसमें यह तय होने वाला था कि मानवता का रक्त बहाना उचित है या रक्त बहाने वालों का रक्त बहाना उचित है? इतिहास बड़ी निकटता से और बड़ी गंभीरता से इन पलों को निहार रहा था, क्योंकि उसे रक्त बहाने वालों का रक्त बहाना उचित है या मानवता का रक्त बहाना उचित है? इस प्रश्न का उत्तर जो देना था।

जब युद्ध सिर पर हो खड़ा तब एक ही संकल्प लो।
न सांझ वतन की होने देंगे – मन में यही ठान लो।।

हम कदम से कदम मिलाकर, बढ़ते रहेंगे चाव से।
सर्वस्व देंगे निज देश को, हृदय के पवित्र भाव से।।

अरबी आक्रमणकारियों की सेना देवल के किले के बाहर ही डेरा डाले हुए पड़ी थी। दोनों सेनाओं के सेनानायक आक्रमण करने के लिए अब पूरी तरह तैयार थे। यह बहुत ही दुर्भाग्यपूर्ण पल थे जब शत्रु पक्ष को कोई भी यह समझाने वाला नहीं था कि वे मानवता के विरुद्ध अपराध करने वाले इस युद्ध को रोक दें और अपनी लूट और स्वार्थ की प्रवृत्ति को त्याग कर स्वदेश लौट जाएं।

– युद्ध कितना मानवीय है या कितना दानवीय है? –कितना प्रासंगिक हो गया है और कितना अप्रासंगिक है?

– युद्ध का औचित्य और अनौचित्य क्या है?

इसे समझाने और बताने वाले तो केवल भारत में ही होते रहे हैं। जो मानवता के हितों को सर्वोपरि रखते रहे हैं। हम युद्ध की गंभीरता, युद्ध की आवश्यकता, युद्ध के औचित्य और युद्ध के अनौचित्य पर गंभीरता से चिंतन करते थे और जब दो सेनाएं कहीं युद्ध क्षेत्र में इस प्रकार आमने सामने आ जाती थीं तो उनके युद्ध के प्रयोजन को समझकर ऐसे गंभीर व्यक्तित्व उन्हें युद्ध से कई बार रोक दिया करते थे। उन्हें कठोर शब्दों में यह चेतावनी दे दिया करते थे कि वे दोनों ही धर्म के रास्ते पर नहीं हैं। इसलिए उन दोनों को ही युद्ध क्षेत्र से पीछे हट जाना चाहिए और यदि उन दोनों में से कोई एक गलत होता था तो उसको भी गलत कहने वाले गम्भीर व्यक्तित्व हुआ करते थे। इतना ही नहीं यदि कोई 'अर्जुन' युद्ध के मैदान से भागने का प्रयास करता था तो उस 'अर्जुन' को युद्ध क्षेत्र में डटे रहकर मानवता के विरुद्ध कार्य करने वाले शत्रुओं का विनाश करने के प्रति सजग करने के अपने छत्रिय धर्म का पालन करने वाला भी कोई हमारे पास 'श्रीकृष्ण' होता था। पर आज ऐसा कुछ भी नहीं था।

बज गई रणभेरी : विश्वशान्ति के लिए उस समय बहुत बड़ा खतरा स्पष्ट मंडराता हुआ दिखाई दे रहा था। इसके उपरान्त भी मजहबी उन्माद से पगलाए हुए शत्रु दल का कोई भी नेता यह सोचने के लिए तैयार नहीं था कि वे मानवता के विरुद्ध बहुत भयंकर अपराध करने जा रहे हैं? मजहब के नाम पर अपने ही भाइयों अर्थात मानव जाति के परिवार के सदस्यों का विनाश करना पता नहीं कौन से मजहब की सेवा में आता है? या उस समय ऐसी सेवा की परिधि

में आ रहा था? इसका निर्धारण करने के लिए भी कोई वैज्ञानिक बुद्धि का प्रमाणिक नेता अरब सैनिकों के पास नहीं था।

अरब सैनिक केवल और केवल विनाशकारी सोच के वशीभूत होकर युद्ध के मैदान में खड़े थे और वह युद्ध के माध्यम से विनाश का एक नया इतिहास लिख देना चाहते थे। क्योंकि ऐसे अपराध करना उनकी प्रवृत्ति में सम्मिलित हो चुका था। उन्हें ऐसे युद्ध में मजा आता था, क्योंकि इससे उनकी मजहबी इच्छाएं पूर्ण होती थीं। उन्हें लगता था कि यदि वह युद्ध में कामयाब होते हैं तो न केवल लूट का माल मिलेगा बल्कि और भी बहुत सारे मजहबी लाभ उनकी झोली में आ पड़ेंगे। उन्हें इस समय 'सोने की चिड़िया' की सोने की चमक ही दिखाई दे रही थी, अर्थात लूट और हत्या का उन्माद उनके सिर चढ़कर बोल रहा था।

अब युद्ध की रणभेरी बज चुकी थी। इसलिए दोनों ओर से युद्ध आरम्भ हो गया। वीर योद्धाओं के सिर धड़ से अलग होकर जमीन पर गिरने लगे। भारत के वीर सैनिक मातृभूमि की रक्षा के लिए इस समय सब कुछ भूलकर युद्धरत हो चुके थे। सदा की भांति उनका युद्ध का कौशल अपना अलग ही चमत्कार दिखा रहा था। शत्रु सेना में बड़ी संख्या में योद्धाओं के होते हुए भी भारत के सैनिकों का मनोबल और वीरता उन्हें आश्चर्यचकित कर रही थी। भारत के वीर सैनिक बिना किसी हिचक और संकोच के अरबी सैनिकों को धरती पर लिटाते जा रहे थे। जिधर भी हमारे वीर योद्धाओं का दल चल पड़ता उधर ही अरबी सेना के सैनिकों से मैदान साफ हो जाता।

भारत प्राचीन काल से ही शत्रु सेना के विनाश के लिए भारतीय योद्धाओं को तैयार करने की परंपरा रही है। ऋग्वेद (10 /101 /8) के मंत्र में सीधे-सीधे यह आदेश दिया गया है कि शत्रु सेना के विनाश के लिए युद्ध शिविर सजाओ। इस मंत्र की व्याख्या करते हुए स्वामी वेदानंद तीर्थ जी 'स्वाध्याय सन्दोह' नामक पुस्तक में कहते हैं कि "व्रज बनाओ। बाड़ा बनाओ। समुदाय बनाओ। छावनी सजाओ। वही तुम्हारा नृपाण है। ... सबसे पूर्व जनमत को अपने पक्ष में करो। वास्तविक नृपाण तो वही है। शेष तो उसके उपकरण हैं। बड़े-बड़े और असंख्य वर्म सिलाओ। वर्म का अर्थ केवल तनूत्राण अर्थात कवच ही नहीं है। समस्त युद्ध साधनों को वैदिक परिभाषा में वर्म कहते हैं। उनमें कवच भी सम्मिलित है। ......नगरों को, दुर्गों को लोहमय तथा अधृष्ट (अर्थात किसी से न दबाया जाने

वाला) बनाओ। युद्ध समय में ऐसा न हो कि शत्रु तुम्हारे नगरों पर आक्रमण करके उन्हें नष्ट-भ्रष्ट कर दें। इसके लिए प्रबन्ध करना चाहिए। उनकी रचना ऐसी होनी चाहिए कि अस्त्रों-शस्त्रों का वार उस पर बेकार जाए तथा उसके अंदर बसने वाले ऐसे वीर दुर्दांत हों कि शत्रु आक्रमण का साहस ही न कर सके।"

जिस देश ने सृष्टि के निर्माण के काल में ही युद्ध के लिए ऐसी तैयारियों का पाठ पढ़ लिया हो, उसके बारे में यह सहज ही अनुमान लगाया जा सकता है कि जिस काल का वर्णन हम कर रहे हैं जब शत्रु पक्ष हमारे सैनिकों को उस समय चुनौती दे रहा होगा तो उस समय भी हमने किस प्रकार युद्ध शिविर सजाए होंगे?

भारत के सैनिकों ने खड़ी की गम्भीर चुनौती

भारत के विषय में यह समझ लेना चाहिए कि इस महान राष्ट्र ने वेद को अपना आदि संविधान माना है। वेद के अनुसार सारी जीवन शैली, जीवन प्रक्रिया और जीवन व्यवहार को चलाने का संकल्प लिया है। आज जब वेद हमारे जीवन व्यवहार से बाहर निकाल देने का प्रयास राजनीतिक दलों की ओर से धर्मनिरपेक्षता के नाम पर किया जा रहा है, तब भी वेद किसी न किसी रूप में हमारे जीवन व्यवहार का संचालन करने में हमारी सहायता कर रहे हैं। यदि युद्ध संचालन की बात करें तो इस सृष्टि के प्रारंभ में ही नहीं बल्कि सृष्टि दर सृष्टि चलने वाला वैदिक ज्ञान हमारा पूर्व सृष्टियों में भी इसी प्रकार मार्गदर्शन करता रहा है।

पूर्ण सैन्य क्षमताओं, पराक्रम, वीरता और शौर्य के साथ लड़ रही भारत की वीर सेना ने शत्रु के लिए इतनी गम्भीर चुनौती खड़ी कर दी थी कि शाम होते होते उसके पैर युद्ध के मैदान से उखड़ चुके थे। भारत के सन्दर्भ में हम सभी यह जानते हैं कि सूर्यास्त के पश्चात भारतीय परम्परा में युद्ध वर्जित है, इसलिए दुर्भाग्यवश उस दिन भी सूर्यास्त के समय ही युद्ध समाप्त कर दिया गया। वास्तव में भारत की यह 'सद्‌गुण विकृति' कई बार हमारे विनाश का कारण बनी है।

सदगुण भारी पड़ गया तेज हुआ निस्तेज।
अब शत्रु ने षड़यंत्र की बिछा दई थी सेज।।

यदि हमारे वीर योद्धा उस दिन मात्र दो घंटे शत्रु पक्ष का विनाश करने

के लिए और लगा देते तो शत्रु सेना का या तो सफाया हो गया होता या फिर वह युद्ध के मैदान से भागकर स्वदेश लौट गई होती। अपनी युद्ध की आदर्श परंपराओं का पालन करने के मोह का संवरण हमारी सेना नहीं कर पाई और जैसे ही सूर्यास्त हुआ वैसे ही युद्ध की समाप्ति की घोषणा कर दी। भारत के सैनिकों की युद्ध समाप्ति की घोषणा उस दिन शत्रु पक्ष के लिए वरदान सिद्ध हुई। हारती हुई शत्रु सेना को मानो जीवन दान ही मिल गया। अब उसके सामने एक ही विकल्प था कि वह भारत के वीर योद्धाओं की सेना का छल- बल से किसी प्रकार खात्मा करे।

गद्दारों ने की गद्दारी : भारत के सैनिक तो बड़े सहज भाव से अपने शिविरों में चले गए और अगले दिन की युद्ध नीति पर विचार विनिमय करने के पश्चात मन्त्रणा के उपरान्त सो गए, जबकि शत्रु ने उस दिन भारत का दुर्भाग्य लिखते हुए कुछ दूसरी ही रणनीति पर विचार करना आरम्भ कर दिया। भारत का गद्दार 'ज्ञानबुद्ध' भी अब अपनी सही भूमिका में खुलकर सामने आ गया। उसने शत्रु के साथ मिलकर उस दिन ऐसी गम्भीर षड़यंत्रपूर्ण योजना पर कार्य किया जो भारत के लिए अभिशाप बन गई। ज्ञानबुद्ध के इस राष्ट्रीय अपराध में उसके साथ मोक्षवासव भी सहयोगी था। इन दोनों ने शत्रु के साथ मिलकर राष्ट्र के साथ उस दिन बहुत बड़ा छल किया था। उन्होंने देवल किले के पीछे के द्वार से अरब सैनिकों का प्रवेश करवाकर भारतीय सैनिकों पर हमला कराने में अपनी सहायता दी थी।

वास्तव में इन दोनों राष्ट्रद्रोहियों का यह कुकृत्य राष्ट्र के साथ किया गया छल नहीं था बल्कि मानवता के विरुद्ध किया गया छल था। क्योंकि इससे इतिहास ने अपनी आंखों से एक ऐसे दृश्य को देखा जब राक्षस और लुटेरा दल अपनी योजना में सफल होकर मानवता के लिए काम करने वाले लोगों पर हिंसक होकर टूट पड़ा था। हमारे देश के साथ यदि इन गद्दारों ने उस समय ऐसा छल नहीं किया होता तो निश्चय ही इतिहास कुछ दूसरा होता। तब और अब सैनिकों का यह लुटेरा दल भी उसी रास्ते दोजख भेज दिया गया होता जिस रास्ते उससे पूर्व में आने वाले अरबी सैनिकों को भेज दिया गया था। निहित स्वार्थ में अंधे हुए इन दोनों नीच गद्दारों को उनकी आत्मा ने इस क्रूर कृत्य के लिए धिक्कारा और धमकाया तो अवश्य होगा, परन्तु जब स्वार्थ की पट्टी आंखों पर बन्ध जाती

है तो आत्मा की आवाज की भी उपेक्षा मनुष्य कर दिया करता है। बस, यही इन दोनों दुष्टों के साथ हो रहा था, जो आत्मा की आवाज को दबाकर माँ भारती के साथ गद्दारी करने पर उतारू हो गए थे।

गद्दारों की गद्दारियां-हैं इतिहास का दर्द।
मिटे देश की आन पर वही है सच्चा मर्द।।

माँ भारती के साथ गद्दारी करने वाले दोनों नीच पुरुषों के कारण अरब सैनिक जैसे ही किले के भीतर प्रवेश करने में सफल हुए उन्होंने आनन-फानन में गहरी निद्रा में सोए हमारे सैनिकों की हत्या करना आरम्भ कर दिया। ऐसे छल - कपट से किए जाने वाले युद्ध भारत में प्राचीन काल से ही वर्जित रहे हैं, परन्तु इस्लाम की तलवार के लिए अपने विशेष उद्देश्य को प्राप्त करने के दृष्टिगत युद्ध में प्रत्येक प्रकार के अमानवीय और अनैतिक उपाय भी पूर्णतया नैतिक माने जाते रहे हैं। ऐसे युद्ध में विश्वास रखने वाले मुस्लिम आक्रमणकारी पहले दिन से यह कहते आए हैं कि वार में और प्यार में सब कुछ जायज होता है। इन लोगों के लिए युद्ध में नैतिकता या धर्म का निर्वाह करना पूर्णतया अनुचित है, विशेष रूप से तब जब यह युद्ध काफिरों के साथ हो रहा हो।

की गई भारत के योद्धाओं की हत्याएं : यही कारण था कि अरब के सैनिक बड़ी नृशंसता और निर्दयता के साथ भारतीय सैनिकों की हत्या करते जा रहे थे। नरसंहार को भी इस्लाम की सेवा मानने वाले इन राक्षसों के लिए सोते हुए सैनिकों की हत्या करना भी आनन्द का विषय बन चुका था। जब नीचतापूर्ण कृत्य आनन्द का विषय बन जाए तब समझ लेना चाहिए कि अब मानवता के लिए कहीं कोई स्थान नहीं है। ऐसे क्षणों को इतिहास को बड़ी सूक्ष्मता, गंभीरता के साथ देखना चाहिए। इतिहास को कभी भी नीचतापूर्ण कृत्य करके अपना विजय घोष कराने वाले विजयी योद्धा को विजयी स्वीकार नहीं करना चाहिए। उसे मानवता के लिए काम करने वाले वीरों के साहस, शौर्य और पराक्रम का अवलोकन करते हुए शत्रु के द्वारा इतिहास की मान्य परंपराओं का उल्लंघन करने और छल-बल द्वारा प्राप्त की गई विजय को भी एक 'आपराधिक विजय' के रूप में वर्णित करना चाहिए।

अरबी सेना के दरिंदे हमारे सैनिकों का संहार करते जा रहे थे। यदि तलवार छाती में घुसने पर हमारे किसी सैनिक की कोई चीख भी निकलती थी तो उसमें

भी इन राक्षसों को आनन्द की अनुभूति होती थी। भारतीय इतिहास का कितना दुर्भाग्य है कि नृशंसता, निर्दयता और पाशविकता के पर्याय बने इन राक्षसों के इस दुस्साहस को भी उसके पृष्ठों पर उनकी वीरता के रूप में स्थापित किया गया है? जबकि माँ भारती के लिए अपना सर्वस्व समर्पित करने वाले सैनिकों की चीखों को भी इनकी तलवारों की खनखनाहट के नीचे छुपा दिया गया है।

इस प्रकार के नीचता पूर्ण अमानवीय कृत्यों का मुस्लिम और कम्युनिस्ट इतिहासकारों ने वर्णन करते हुए ऐसे दरिंदे अरबी सैनिकों या सेनापतियों या अन्य इस्लामिक आक्रमणकारियों को अदम्य साहस, शौर्य और वीरता का प्रतीक कहकर महिमामंडित किया है।

जबकि भारत ने उन लोगों को अदम्य साहस, शौर्य और वीरता का प्रतीक माना है जो मानवता के लिए काम करते हैं और उन राक्षसों का संहार करते हैं जो मानवता के विरुद्ध कहीं अपराध करते हुए पाए जाते हैं। इस दृष्टिकोण से यदि निरीक्षण, परीक्षण और समीक्षण किया जाएगा तो इस समय अदम्य साहस, शौर्य और वीरता के प्रतीक भारत के वीर सैनिक ही थे ना कि अरबी सैनिक। क्योंकि भारत के वीर सैनिक जागते हुए जहाँ अपने कर्तव्य का वीरतापूर्ण संपादन कर रहे थे वहीं सोते हुए मौन आहुति के रूप में राष्ट्रवेदी पर अपने बलिदान दे रहे थे। जबकि शत्रु पक्ष का लुटेरा दल जागते हुए भी हिंसा और अपराध कर रहा था और सोते हुए सैनिकों की हत्या करके तो और भी अधिक घृणास्पद कार्य कर रहा था।

अनेकों देश भक्तों ने दिया बलिदान : सोते हुए सैनिकों की सुरक्षा के लिए खड़े कुछ भारतीय सैनिकों ने जब शत्रु पक्ष के इस प्रकार दुर्ग में प्रवेश पा जाने के रहस्य को समझा और शोर मचाकर उन पर टूट पड़ने की अपनी स्फूर्ति का परिचय दिया, तब तक बहुत देर हो चुकी थी। हमारे अनेकों योद्धा तब तक स्वर्ग सिधार चुके थे। मुट्ठी भर सैनिक नींद से उठे तो अवश्य परन्तु जब तक वह अपनी तलवार या अस्त्र शस्त्र लेकर शत्रु पक्ष पर टूटते तब तक उन संभलकर उठने वालों में से भी अनेकों योद्धा अपना सर्वोत्कृष्ट बलिदान देकर स्वर्ग सिधार गए थे।

वास्तव में इस प्रकार के छलपूर्ण युद्ध में जितने योद्धा मारे गए वह किसी सैनिक या सैनिकों के किसी समूह की हत्या नहीं थी, अपितु वीरता की हत्या थी,

पराक्रम, देशभक्ति और शौर्य की हत्या थी। वीरता की इस प्रकार की सामूहिक हत्या ने हमारे राजा दाहिर सेन को बहुत अधिक क्षति पहुंचाई। उस योद्धा ने जिस बात की कल्पना तक नहीं की थी- वह अब उसके सामने साक्षात रूप में खड़ी थी। यह अलग बात है कि इस सबके उपरान्त भी उसका शौर्य और साहस टूटा नहीं था।

इतिहास की इस घटना से हमें यह शिक्षा लेनी चाहिए कि जीवन एक उत्सव है, संघर्ष नहीं। इस उत्सव को मनाने के लिए जीवन में उत्साह, उमंग और उल्लास सदा बना रहना चाहिए। जो लोग जीवन में स्वार्थों के वशीभूत होकर उत्साह,उल्लास और उमंग को खरीदने का प्रयास करते हैं और इनके लिए छल कपट का ताना-बाना बुनते हैं, वह अपने ही ताने बाने में उलझकर मृत्यु को प्राप्त हो जाते हैं। जबकि जिन के लिए वह ऐसे ताने-बाने बुन रहे होते हैं वे देश, काल, परिस्थिति के अनुसार फिर उभरकर सामने आते हैं और लोग इस प्रकार के ताने-बाने बुनने वाले पर थूकते हैं और जिसके विरुद्ध ऐसा ताना-बाना बुना गया था उस पर व उसके स्मारकों पर युगों तक पुष्प चढ़ाते हैं।

अपने निहित स्वार्थों के वशीभूत होकर ज्ञानबुद्ध और वासवदेव ने चाहे कुछ भी कर दिया हो पर आज लोग उनके नाम तक से घृणा करते हैं, उन पर थूकते हैं। राष्ट्रद्रोही और धर्मद्रोही लोग कभी भी सम्मान नहीं पा सकते। कुछ समय के लिए उन्हें चाहे सुख और शांति का अनुभव हो जाए पर उनकी आत्मा को युग युगों तक इस प्रकार किए गए अपराध का पाप भोगना ही पड़ता है। इन राष्ट्रद्रोही लोगों को आने वाली पीढियां युगों तक उपेक्षापूर्ण हेयदृष्टि से देखती हैं। जबकि राजा दाहिर सेन को आज देश के अनेकों लोग अपना आदर्श राष्ट्र नायक मानते हैं।

उत्सव और उत्सर्ग का अद्‌भुत मेल : राजा दाहिर सेन के अनेकों सैनिकों ने संघर्ष को भी उत्सव के रूप में जिया और उत्सव मनाते-मनाते जीवन मृत्यु को सौंप दिया। वैसे तो जीवन मृत्यु को सौंपना बड़ा कठिन होता है, परंतु 'दाधीच परम्परा' वाले भारत के लिए यह कोई बड़ी बात नहीं है। जहाँ लोक कल्याण के लिए हड्डियों का दान करने की अनोखी और अद्‌भुत परम्परा है। मेरा भारत इसीलिए महान है कि यह अनोखी और अद्‌भुत परम्पराओं का देश है। जिन परम्पराओं की दूसरे देश कल्पना तक नहीं कर सकते, उनका निर्वाह मेरे भारत

ने हंसते-हंसते किया है।

जिंदगी एक जश्न है तू गीत के साथ मनाए जा।
यह जिंदगी है कौम की तू कौम पर लुटाए जा।।

यह ध्यान रहे कि जब जीवन को उत्सव के रूप में मनाते हुए मृत्यु को सौंपा जाता है तो वह मृत्यु सामान्य मृत्यु न रहकर बलिदानी परम्परा में किया जाने वाला उत्सर्ग हो जाती है। इस प्रकार भारतवर्ष में उत्सर्ग और उत्सव का बड़ा गहरा मेल है। उत्सर्ग और उत्सव को समानार्थक बनाकर स्वीकार करने को यदि संसार की तथाकथित सभ्य जातियां या देश किसी से सीखना चाहते हैं तो वह केवल भारत से ही सीख सकते हैं। जो लोग इस मेल को समझ लेते हैं वे उत्सर्ग करने वाले बलिदानी हो जाते हैं और जो इस उत्सव से बचकर किसी ऐसे स्वार्थ में फंसते हैं जो उन्हें तात्कालिक लाभ दिला सकता है, वह बे आयी मौत मारे जाते हैं। हमने उत्सर्ग और उत्सव के मेल से मृत्यु को जीतने की अनोखी मिसालें कायम की हैं।

हमारी यह अनोखी मिसालें विश्व इतिहास की गौरवमयी धरोहर हैं। जिन्हें विश्व कौतूहल की दृष्टि से देखता है। राजा दाहिर सेन के जिन सैनिकों ने सोते हुए अपनी मौन आहुति दी, उन्हें हमें विश्व इतिहास की इसी गौरवमयी धरोहर रूप में देखना चाहिए और अपने इतिहास में इसी प्रकार का सम्मान पूर्ण स्थान देना चाहिए।

जीवन के कुछ मोर्चों पर व्यक्ति को लड़ने के लिए सदा उद्यत रहना चाहिए। क्योंकि जीवन के कुछ मोर्चे ऐसे होते हैं जो जीवन को उत्सव में परिवर्तित करने की क्षमता और सामर्थ रखते हैं। इतिहास पर अपनी दृष्टि गाड़कर काम करने वाले लोग अवसरों को पहचानते हैं और जब उचित अवसर उनके प्राणों का भी ग्राहक बनकर उनके सामने आता है तो वे उसे सहज रूप में अपना जीवन सौंप देते हैं। जब इस महान घटना पर इतिहास की दृष्टि जाती है तो वह भी इन महान क्षणों को देश की आने वाली पीढ़ियों के लिए एक उदाहरण के रूप में प्रस्तुत करता है।

जो व्यक्ति लड़ना नहीं जानता, युद्ध उसी पर थोपा जाता है या उसको सबसे पहले मारा जाता है।

ज्ञानबुद्ध और वासवदेव चाहे चंद सिक्कों में बिक गए हों, लेकिन इतिहास

ने उनको मार दिया। ज्ञानबुद्ध जिस तथाकथित अहिंसा की दुहाई देकर युद्ध से भागना चाहता था उसके विषय में तो बहुत पहले कृष्ण जी ने अर्जुन को समझाया था कि जब किसी समस्या का समाधान शांतिपूर्ण उपायों से नहीं होता, तो फिर युद्ध ही एकमात्र विकल्प बच जाता है। कायर लोग युद्ध से पीछे हटते हैं। जबकि यहाँ तो ज्ञानबुद्ध न केवल कायर है बल्कि वह देश के प्रति गद्दार भी है।

मंजिल मिलेगी एक दिन
तू कदम कदम बढ़ाए जा।
खतरा वतन पर देखकर
सर्वस्व देश पर लुटाए जा।।

निश्चय ही ज्ञानबुद्ध और उसके अन्य साथियों को यह बात समझनी चाहिए थी कि न कोई मरता है और न कोई मारता है। सभी निमित्त मात्र हैं। आत्मा अजर और अमर है... इसलिए मरने या मारने से क्या डरना?

उनके लिए यह बात तब तो और भी अधिक समझने योग्य थी जब राष्ट्र और संस्कृति की सेवा का प्रश्न उनके समक्ष खड़ा था।

राजकुमार ने दिखाई अद्भुत वीरता : राजकुमार जयशाह ने अरब सेना के विरुद्ध लड़ते हुए अपनी अनुपम वीरता का परिचय आज भी दिया। वह किसी भी कीमत पर अपनी पीठ पर कायरता का दाग लगवाना उचित नहीं मानते थे। उन्होंने माँ के दूध का सम्मान करते हुए और माँ भारती के प्रति अपने पूर्ण समर्पण को प्रकट करते हुए इस संघर्ष को भी एक अवसर में बदलने का सफल प्रयास किया।

हमें यह बात समझ लेनी चाहिए कि इतिहास विजयी का नहीं लिखा जाता है, बल्कि वीरों का लिखा जाता है। विजयी होने वाले के लिए यह आवश्यक नहीं कि वह वीर भी हो और मर्यादित होकर उचित साधनों को अपनाकर धर्म युद्ध कर रहा हो? युद्ध में योद्धा वही होता है जो उचित साधनों को अपनाकर युद्ध करता हो, जो धर्म के लिए युद्ध करता हो और जो नैतिकता और मानवता की विजय के लिए संघर्ष करता हो। जो लोग दानवीय होकर युद्ध करते हैं और जो इतिहासकार फिर ऐसे दानवीय लोगों के इतिहास को बढ़ा चढ़ाकर प्रस्तुत करते हैं वे दोनों ही मानवता के शत्रु होते हैं। हमें ध्यान रखना चाहिए कि मानवता की रक्षा दानवीय उपायों को अपनाकर किए जाने वाले युद्धों से नहीं

हो सकती, इसकी रक्षा तो केवल मानवीय दृष्टिकोण अपनाने वाले धर्म योद्धाओं के माध्यम से ही हो सकती है। निश्चित रूप से हम जिस युद्ध का वर्णन कर रहे हैं उसमें राजकुमार जयशाह जहाँ एक धर्म योद्धा था, वहीं मोहम्मद बिन कासिम और उसके सैनिक धर्म भक्षक और दानवीय उपायों में विश्वास रखने वाले क्रूर दरिन्दे थे।

राजकुमार को पहुंचाया गया सुरक्षित स्थान पर

भारत के लिए इस युद्ध की सबसे बुरी सूचना यह थी कि राजकुमार जयशाह इस युद्ध में बुरी तरह घायल हो गए थे। उनके सैनिकों के द्वारा उन्हें आनन-फानन में किले से बाहर निकालकर जंगलों की ओर सुरक्षित स्थान पर ले जाया गया।

किले से बाहर निकलकर सुरक्षित स्थान की ओर जंगलों में राजकुमार का इस प्रकार जाना कई लोगों के लिए उनकी कायरता का परिचय हो सकता है, परंतु वास्तव में यह कायरता नहीं थी। कायरता तो उसे कहते हैं जब किसी घटना से भय खाकर व्यक्ति एक बार स्थान छोड़ दे तो फिर उधर को लौटकर देखने में भी उसको पसीना आने लगे। जबकि राजकुमार जयशाह के साथ ऐसा नहीं था। वास्तव में राजकुमार ने किले को छोड़कर जंगलों की ओर सुरक्षित स्थान पर जाना अपने आपद्धर्म के अनुसार उचित माना। जिसे अपनाया जाना नीतिसंगत और न्यायसंगत माना गया है। राजकुमार जयशाह ने आपद्धर्म को अपनाकर अपने और अपने देश के लिए कितना उचित किया? इस बात को समझने के लिए हमें उपनिषद की इस कथा पर विचार करना चाहिए।

यह कथा 'उषस्ति की कथा' के नाम से जानी जाती है। उन दिनों एक भयंकर अकाल पड़ा। एक गांव में उषस्ति नामक व्यक्ति रहता था जो इस अकाल की चपेट में आकर पिछले दो-तीन दिन से भूखा था।

तब वह भोजन की खोज में दूसरे गाँव की ओर चला, पर अकाल तो अकाल ही होता है। वह जब फैलता है तो दूर-दूर तक फैलता है। फलस्वरूप उसे अपने पड़ोसी गांव में भी अकाल की वैसी ही स्थिति देखने को मिली, जैसी उसके अपने गांव में थी। ऐसी स्थिति में उषस्ति निराश होकर उस पड़ोसी गांव से भी आगे चल दिया। भूख से अत्यंत व्याकुल हो गए उषस्ति ने कुछ आगे चलकर देखा कि एक व्यक्ति पेड़ की छांव में बैठा कुछ खा रहा था। उसके

पास भोजन की संभावना की कल्पना ने भी उसे तड़पा कर रख दिया। भूख से अत्यंत व्याकुल हुआ उषस्ति उस व्यक्ति की ओर तेजी से लपका।

उषस्ति उसके पास गया और बड़ी व्याकुलता से उस व्यक्ति से पूछ बैठा कि 'क्या खा रहे हो?' उस व्यक्ति ने उत्तर दिया, 'उड़द खा रहा हूँ।' उषस्ति ने कहा, 'मुझे उसमें से थोड़ा दो ना। मैं दो दिन से भूखा हूँ।' वह व्यक्ति बोला, 'अवश्य देता, किन्तु ये सब जूठे हो गये है।' उस पर उषस्ति बोला, 'जूठे ही सही, मुझे थोड़े दे दो।'

उस व्यक्ति ने अपने झूठे उड़द किसी पत्ते पर रखकर उषस्ति को दिये। उस व्यक्ति के निकट पानी से भरा मिट्टी का एक छोटा सा बर्तन रखा था। उस व्यक्ति ने अपना मुँह लगाकर उस बर्तन में से कुछ पानी पी लिया जबकि कुछ पानी उषस्ति के लिए बचाकर रख दिया। उस व्यक्ति को पूर्ण अपेक्षा थी कि भूख से व्याकुल उषस्ति इस झूठे पानी को भी वैसे ही पी लेगा जैसे उसने झूठे उड़द उससे लेकर खाना सहर्ष स्वीकार कर लिया था।

मर्यादा नहीं होत है - जब हो आपद काल।
हालात समय को देखकर निर्णय लो तत्काल।।

उड़द खाना पूर्ण होने के बाद उषस्ति ने पत्ता फेंक दिया और बिना पानी पिए ही वहाँ से चल दिया। तब उस व्यक्ति ने कहा, 'महाशय, पानी पी के जाओ ना।' तब उषस्ति बोला, 'मैं जूठा पानी नहीं पीता।' तब वह व्यक्ति बोला, 'जूठे उड़द खाते हो, तो जूठा पानी क्यों नहीं चलता।' तब उषस्ति ने कहा 'मैं जूठे उड़द नहीं खाता तो मर जाता। अब मुझ में कुछ जान आ गई है। कहीं आसपास झरना होगा तो देखता हूँ।' जूठे उड़द खाना यह आपद्धर्म है। पर यदि उड़द खाने के बाद उषस्ति झूठा पानी भी पी लेता तो समझा जाता कि उसने आपद्धर्म को नियमित कर दिया। आपद्धर्म को नियमित करना शास्त्र संगत नहीं है।

राजकुमार का आपद्धर्म : अतः राजकुमार जयशाह ने जंगलों की ओर जाकर अपनी प्राण रक्षा करके अपने आपद्धर्म का निर्वहन किया। यदि वह जंगलों में ही खोकर रह जाता और फिर कभी युद्ध की ओर आना तक उचित नहीं मानता तो समझा जाता कि उसने अपने आपद्धर्म को नियमित कर दिया है।

एक मान्यता यह भी है कि मौहम्मद बिन कासिम के लौटते ही सिन्ध में

स्वतन्त्रता के लिए विद्रोह फैल गये और राजा दाहिर के बेटे जयशाह उपनाम जयसिंह ने पुनः सिन्ध का राज्य प्राप्त कर लिया। यद्यपि जयसिंह कालान्तर में इस्लामिक हमलावरों से दुःखी होकर मुस्लिम बन गया था, पर अपनी भूल की अनुभूति होते ही वह फिर से स्वधर्म में लौट आया। बाद में वह मुस्लिमों के द्वारा ही मार दिया गया। अतः राजा दाहिर सेन के सैनिक और उसकी दो बेटियां स्वतन्त्रता के युद्घ के पहले स्मारक हैं तो राजा जयसिंह और उसके वीर बलिदानी सैनिक इस युद्घ के दूसरे पूज्य स्मारक हैं।

इन पूज्य स्मारकों पर पुष्प चढ़ाए बिना हमारे स्वाधीनता संग्राम का इतिहास पूर्ण नहीं हो सकता।

अध्याय-9

राजा दाहिर सेन का बलिदान

महाभारत के 'शान्ति पर्व' के अनुसार जो राजा समस्त प्रजा को धनक्षय, प्राणनाश और दुःखों से बचाता है, लुटेरों से रक्षा करके अपने लोगों को जीवन-दान देता है, वह प्रजा के लिये धन और सुख देने वाला परमेश्वर माना गया है। वह राजा सम्पूर्ण यज्ञों द्वारा भगवान की आराधना करके प्राणियों को अभय-दान देकर इहलोक में सुख प्राप्त करता है और परलोक में भी इन्द्र के समान स्वर्गलोक का अधिकारी होता है। भारत के राजनीतिक मनीषियों ने राजा के भीतर इन दिव्य गुणों की अपेक्षा की है। इसी से राजा और राज्य की उत्पत्ति के 'दैवीय सिद्धांत' की अवधारणा ने बल प्राप्त किया। कालांतर में डकैत किस्म के बादशाह या सुल्तानों ने भी अपने आपको राजा या सम्राट कहलवाना आरम्भ किया, जिससे इस सिद्धांत के आलोचकों को इसकी आलोचना करने का अवसर प्राप्त हुआ। उन्होंने भारत के सिद्धांत की ना तो समीक्षा की और ना ही उसे गहराई से समझा। बस, आलोचना के लिए आलोचना करते हुए यह कह दिया कि राजा का दैवीय सिद्धांत एक मूर्खतापूर्ण धारणा है। राजा अपनी प्रजा के लिए परमेश्वर तभी हो सकता है जब वह उसके प्रति जन कल्याण के उपरोक्त भावों से भरा हुआ हो।

ब्राह्मण की रक्षा का अवसर आने पर जो आगे बढ़कर शत्रुओं के साथ युद्ध छेड़ देता है और अपने शरीर को यूप की भाँति निछावर कर देता है, उसका वह त्याग अनन्त दक्षिणाओं से युक्त यज्ञ के ही तुल्य है। जो निर्भय हो शत्रुओं पर बाणों की वर्षा करता है और स्वयं भी बाणों का आघात सहता है, उस क्षत्रिय के लिये उस कर्म से बढ़कर देवता लोग इस भूतल पर दूसरा कोई कल्याणकारी कार्य नहीं देखते हैं। युद्धस्थल में उस वीर योद्धा की त्वचा को

जितने शस्त्र विदीर्ण करते हैं, उतने ही सर्वकामनापूरक अक्षय लोक उसे प्राप्त होते हैं। समरभूमि में उसके शरीर से जो रक्त बहता है, उस रक्त के साथ ही सम्पूर्ण पापों से मुक्त हो जाता है। युद्ध में बाणों से पीड़ित हुआ क्षत्रिय जो-जो दु:ख सहता है, उस-उस कष्ट के द्वारा उसके तप की ही उत्तरोत्तर वृद्धि होती है; ऐसी धर्मज्ञ पुरुषों की मान्यता है।

भगवान सम संसार का रक्षक हो जो भूप।
सच्चा शासक है वही, वही भगवन का रूप।।

जैसे समस्त प्राणी बादल से जीवनदायक जल की इच्छा रखते हैं, उसी प्रकार शूरवीर से अपनी रक्षा चाहते हुए डरपोक एवं नीच श्रेणी के मनुष्य युद्ध में वीर योद्धाओं के पीछे खड़े रहते हैं। अभयकाल के समान ही उस भय के समय भी यदि कोई शूरवीर उस भीरू पुरुष की सकुशल रक्षा कर लेता है तो उसके प्रति वह अपने अनुरूप उपकार एवं पुण्य करता है। यदि पृष्ठवर्ती पुरुष को वह अपने-जैसा न बना सके तो भी पूर्व कथित पुण्य का भागी तो होता ही है।

भारत में क्षत्रियों का अकाल कभी नहीं पड़ा : जिस देश का क्षत्रिय धर्म इतनी वीरता और देश भक्ति से भरा हुआ हो, उस देश के किसी काल के लिए भी यह नहीं कहा जा सकता कि उसमें अमुक काल में क्षत्रियों का अकाल पड़ गया था? भारत में तो क्षत्रियों का अकाल पड़ने की कल्पना तक नहीं की जा सकती। क्योंकि यहाँ तो धर्म और धार्मिक व्यवस्था के अंतर्गत अपने आप क्षत्रियों की पैदावार होती रहती है। भारत की वर्ण व्यवस्था के अंतर्गत क्षत्रिय वर्ण भारतीय धर्म व संस्कृति की रक्षा के लिए बोया जाने वाला एक ऐसा खेत है जो हर मौसम में देश रक्षा की फसल उत्पादित करता है।

क्षत्रिय विहीन कभी ना रहा अपना भारत देश।
दु:ख दर्द हरता रहा जग के हरे क्लेश।।

भारत के राजाओं के विदेशी आक्रमणकारियों से होने वाले संघर्ष को महाभारत की उपरोक्त व्यवस्था की कसौटी पर कसकर ही हमको देखना चाहिए और तब ही यह निर्णय लेना चाहिए कि हमारे राजाओं ने क्षत्रिय धर्म का निर्वाह करते हुए कभी आलस्य, प्रमाद या कायरता का प्रदर्शन तो नहीं किया? यदि वास्तव में हमारे राजाओं ने कहीं ऐसा प्रदर्शन किया है तो उन्हें उसी दृष्टिकोण

से इतिहास में स्थान देना चाहिए और यदि उन्होंने विदेशी आक्रमणकारियों का सामना पूरी निष्ठा और देशभक्ति की भावना को अपनाकर किया है तो सिर्फ उनके गुणगान करने में किसी प्रकार का संकोच नहीं बरतना चाहिए।

राजा चल दिए युद्ध क्षेत्र की ओर : जिस समय देवल पर मोहम्मद बिन कासिम की सेना का आधिपत्य हुआ, उस समय राजा दाहिर सेन अलोर में थे। जैसे ही राजा को युद्ध क्षेत्र की वास्तविक जानकारी प्राप्त हुई वैसे ही वह अलोर के किले की देखभाल का दायित्व तप, त्याग, देशभक्ति और वीरता की प्रतिमूर्ति अपनी रानी लाडीबाई पर छोड़कर युद्धक्षेत्र के लिए चल पड़े। राजा ने बिना देरी किए अवसर को पहचान लिया। उनके पास इस समय अपने पुत्र राजकुमार जयशाह (जिनको कुछ इतिहासकारों ने जयसिंह तो कुछ ने जयसिम्हा भी लिखा है) के प्रति ममता भाव दिखाने का भी समय नहीं था। क्योंकि यदि वह ऐसा करते तो उनका पुत्रमोह उनसे राष्ट्र धर्म का सम्यक निर्वाह नहीं करने देता। राजा के साथ उनकी सेना भी युद्ध भूमि की ओर बढ़ती जा रही थी।

राजा के मन मस्तिष्क में अनेकों प्रकार के विचार उमड़ घुमड़ रहे थे। जहाँ देश के गद्दारों के प्रति राजा इस समय क्रोधाग्नि में जल रहे थे, वहीं शत्रु के दुस्साहस को अपने लिए एक बड़ी चुनौती मान कर उसका फन कुचलने की योजनाओं पर भी वे विचार करते चल रहे थे। राजा के चेहरे पर जहाँ शत्रु विनाशक तेज दमक रहा था वहीं रह-रहकर चिन्ता की लकीरें भी उभरकर आ रही थीं जो यह स्पष्ट कर रही थीं कि राजा अपने लोगों की गद्दारी को लेकर व्यथित भी थे। राजा के लिए यह समय आत्ममंथन का था। अपने आप से बतिया ने का था। भारत के गौरवपूर्ण अतीत पर भी मनन करने का था। जिसमें अब से पूर्व ऐसा कभी नहीं हुआ जब गद्दारों ने राष्ट्र के साथ इतनी बड़ी गद्दारी की हो?

राष्ट्रप्रेम दिया विश्व को दिया धर्म का भाव।
वसुधा ही परिवार है दिया ममता का भाव।।

भारत के गौरवपूर्ण अतीत से वर्तमान के शर्मनाक दौर तक जब वह चिंतन करते तो उनके अंतर्मन में एक बिजली सी कौंध जाती थी। उन्हें नहीं लगता था कि भारत जैसे देश में भी गद्दार पैदा हो सकते हैं? जिस देश ने संसार को राष्ट्रप्रेम सिखाया है, धर्म की भक्ति सिखाई है और मानवता के प्रति समर्पण का

भाव सिखाया है–उस देश में स्वार्थलोलुप, धनलोलुप और नीच पातकी राष्ट्रद्रोही लोग हो सकते हैं, ऐसा तो कभी सपने में भी नहीं सोचा गया था।

राजा पहुँचे युद्ध भूमि में : राजा यथाशीघ्र अपने उन सैनिकों के मध्य आ उपस्थित हुए जो शत्रु सेना से संघर्ष करते हुए अब बहुत कम मात्रा में रह गए थे। अपने सैनिकों के मध्य पहुंचकर राजा ने मन ही मन अपने उन दिवंगत सैनिकों और माँ भारती के सच्चे सपूतों को श्रद्धांजलि अर्पित की जो शत्रु से लड़ते हुए वीरगति को प्राप्त हो गए थे। इसके बाद उन्होंने अपने इष्ट देव से हाथ जोड़कर प्रार्थना की कि वह उन्हें लड़ने की शक्ति प्रदान करे और उनके वीर सैनिकों का जो बलिदान हुआ है; उसका प्रतिशोध लेने की अपार शक्ति प्रदान करे। उन्होंने ईश्वर से प्रार्थना की कि जो भी लोग इस धर्म क्षेत्र में दिवंगत हो चुके हैं, उन्हें अपने श्री चरणों में स्थान दें और उनकी आत्मा की शांति के लिए हमें इतनी शक्ति, इतना बल, इतना धैर्य और संयम प्रदान करें कि हम शत्रु को युद्ध के मैदान से मार भगाएं और अपने राष्ट्र की सेवा करने में सफल हों।

राजा दाहिर सेन को अपने मध्य पाकर उनके सैनिकों का उत्साह भी दोगुना हो गया। उन्हें राजा की उपस्थिति से अपारशक्ति मिली। अभी हाल ही में जो साथी वीरगति को प्राप्त हो गए थे उनके बलिदान का प्रतिशोध लेने की भावना उनमें और भी अधिक बलवती हो उठी। उनके भीतर शत्रु के प्रति क्रोध ही था और आक्रोश भी था। वह चाहते थे कि शत्रु ने जो उनके साथ किया है उसका कठोर दंड उसे मिलना चाहिए। इसके लिए चाहे उन्हें अपने प्राण भी गंवाने पड़े तो भी उन्हें कोई चिंता नहीं थी। ऐसे ही भाव उनके ज्ञानबुद्ध और उसके विश्वासघाती साथियों के प्रति भी थे। जिन्होंने अपने राजा, अपने देश, अपने धर्म और अपनी संस्कृति के विरुद्ध अक्षम्य अपराध किया था।

राजा ने किया अपने सैनिकों का उत्कृष्ट मार्गदर्शन

राजा ने अपनी सेना के वीर सैनिकों को संबोधित करते हुए कहा कि – " मेरे वीर सैनिको! माँ भारती के ऋण से उऋण होने के हमारे लिए यह सबसे पवित्रतम अवसर है। आज हम जिस परीक्षा के लिए यहाँ खड़े हैं वह हमारे जीवन की अंतिम परीक्षा भी हो सकती है। हमें धैर्य, साहस और शौर्य का प्रदर्शन करते हुए शत्रु के साथ संघर्ष करना है। हमें यह समझ लेना चाहिए कि क्षत्राणियां

जिस समय के लिए अपने क्षत्रिय पुत्रों को जन्म देती हैं, वह समय हमारे लिए आ चुका है। देश व धर्म की रक्षा हमारे जीवन का व्रत है और यदि हमने अपने इस व्रत के निर्वाह में किसी भी प्रकार का प्रमाद किया तो आने वाली पीढ़ियां हमें क्षमा नहीं करेंगी।

धैर्य, साहस, शौर्य जिसमें गुण ये तीन।
वही जगत में है बड़ा कहलाता बलशील।।

हमें शत्रु से कभी भी यह अपेक्षा नहीं करनी चाहिए कि वह हमारी स्वाधीनता को किसी प्रकार की चुनौती नहीं दे पाएगा और हमें बिना परेशान किये यहाँ से स्वदेश लौट जाएगा। उसने हमारी स्वाधीनता को हड़पने के लिए अब से पहले कई प्रयास किए हैं और हर प्रकार के हथकंडे को अपनाने का प्रयास किया है। उसकी चाल, छल-बल आदि सभी को ध्यान में रखकर हमें एकताबद्ध होकर शत्रु को पराजय देनी है।

माँ भारती के सच्चे सपूतो ! हमें यह ध्यान रखना चाहिए कि स्वाधीनता की रक्षा के लिए बलिदान देने पड़ते हैं और हमारा इतिहास बलिदानी परम्परा का इतिहास है। आज जब फिर बलिदान देने की यह शुभ घड़ी आ गई है तो हमें बलिदान देने से पीछे नहीं हटना है।हर स्थिति में हमें माँ भारती की स्वाधीनता की रक्षा के लिए कठोर उद्योग करना होगा। हमारे जो साथी शत्रु के साथ युद्ध करते हुए बलिदान हुए हैं उनके बलिदान के सम्मान के लिए भी हमें दोगुने उत्साह से शत्रु पर टूटना होगा। इसके अतिरिक्त हमारे प्रजाजनों पर शत्रु ने जिस प्रकार अत्याचार किए हैं उनका प्रतिशोध लेने के लिए भी अब उचित अवसर आ चुका है। हमें यह समझ लेना चाहिए कि आज का युद्ध बहुत ही निर्णायक युद्ध होगा।

आपकी कीर्ति युग युगों तक रहेगी और आने वाली पीढ़ियां आपके साहस और शौर्य पर गर्व और गौरव की अनुभूति कर सकेंगी। यह इसलिए भी महत्वपूर्ण है कि जब गद्दारों ने अपनी गद्दारी दिखाने में किसी प्रकार की कमी नहीं छोड़ी है तब आप जैसे कर्तव्यनिष्ठ राष्ट्रभक्त योद्धाओं के कारण हम युद्ध में विजयी होने जा रहे हैं। हमें इस बात को ध्यान में रखना चाहिए कि यदि हमें वास्तव में अपनी स्वाधीनता की रक्षा करनी है तो हमको खून के दरिया से गुजरने के लिए तैयार रहना चाहिए। बिना खून के दरिया को पार किये स्वाधीनता के स्वर्णिम सपने को साकार नहीं किया जा सकता।

मेरे वीर सैनिको! हमने अपना घर छोड़कर युद्ध भूमि को इसीलिए प्रणाम किया है कि हम अपनी स्वाधीनता के प्रति सजग व सावधान हैं। यदि शत्रु हमारी स्वाधीनता का हन्ता नहीं होता तो सम्भवतः हमें अपने घर भी छोड़ने ना पड़ते। हम सब मिलकर अपनी संस्कृति की रक्षा के लिए युद्ध करेंगे। जो लोग हमारे धर्म का विनाश करने के लिए इतनी दूर से चलकर यहाँ आए हैं उनका स्वागत हम अपनी तलवारों से करेंगे और उनके सिरों को उतारकर माँ भारती की गोद में समर्पित कर उनका उचित सत्कार करेंगे। याद रहे हमारे दरवाजे पर हर आने वाला आगंतुक अतिथि नहीं होता।

दुर्भाव ह्रदय में पालकर जो भी आवे पास।
अतिथि वह होता नहीं जो तेरा चाहे नाश।।

अतिथि यदि किसी दुर्भाव को लेकर हमारे दरवाजे पर आया है तो वह उस दुर्भाव के चलते हमारे लिए शत्रु है, मित्र नहीं। अतिथि का सत्कार करना जहाँ हमारी परम्परा है वहीं मित्र भाव से इतर दुर्भाव को अपने ह्रदय में संजोकर चलने वाले राक्षस का संहार करना भी हमारी परम्परा रही है। इस समय हमें जो कुछ भी करना है अपने देश के लिए करना है, उसके लिए चाहे हमको जो बलिदान देना पड़े हम उसे देने से पीछे नहीं हटेंगे।

मेरे देशभक्त वीर साथियों!

प्राचीन काल से हमारा देश विश्व का नेतृत्व करता आया है। आज जो शक्तियां विश्व गुरु भारत के नेतृत्व को छीनने की तैयारी कर रही हैं, उनको समय रहते हमें समाप्त करना होगा, अन्यथा भारत का सम्मान धूमिल हो जाएगा। हमें यह भी ध्यान रखना चाहिए कि जो शक्तियां अपना मत हम पर थोपना चाहती हैं उस मत के भीतर ऐसी कोई विशेषता नहीं है जिससे उसे 'धर्म' कहा जा सके। क्योंकि वैदिक धर्म के इतर जितने भी मत मतान्तर इस समय धरती पर चल रहे हैं वे सब मिलकर भी वैदिक धर्म और संस्कृति की महानता की बराबरी नहीं कर सकते।

आपने अपने महान पूर्वजों की बलिदानी परम्परा का निर्वाह करते हुए अभी तक अनेकों बलिदान दिए हैं। परन्तु शत्रु की योजना के दृष्टिगत अभी यह नहीं कहा जा सकता कि "हमारे बलिदानों की यह परम्परा रुक गई है, अपितु यही

कहा जाएगा कि अभी हमें और भी बलिदान देने के लिए तैयार रहना चाहिए।"

राजा की सेना थी 'आजाद हिन्द फौज'

वास्तव में राजा दाहिर सेन की यह फौज उस समय की नेताजी सुभाष चन्द्र बोस की आजाद हिन्द फौज थी। जो भारत की आजादी के लिए लड़ रही थी। राजा दाहिर सेन स्वयं नेताजी सुभाष चन्द्र बोस की भूमिका में थे। अपने इन वीर सैनिकों को सम्बोधित करते हुए उनके शब्द चाहे जो रहे हों, परन्तु अपने सैनिकों के प्रति उनके शब्दों का आशय उस समय केवल एक ही था कि "तुम मुझे खून दो, मैं तुम्हें आजादी दूंगा।" इस प्रकार भारत में "तुम मुझे खून दो, मैं तुम्हें आजादी दूंगा" की परम्परा बहुत पुरानी है।

राजा ने अपने सैनिकों से खून मांगा तो एक साथ हजारों हाथ ऊपर आ गए जो 'राजा दाहिर सेन की जय', 'सिंधु देश की जय' के उद्घोष के साथ यह कह रहे थे कि हम माँ भारती की रक्षा के लिए अपना सर्वोत्कृष्ट बलिदान देने के लिए तैयार हैं। इससे पहले हम यह भी वचन देते हैं कि जिन विदेशी आक्रमण ाकारियों ने माँ भारती की पवित्रता को भंग करते हुए भारत की धरती पर अपने कदम रखने का दुस्साहस किया है, उस राक्षस सेना के अनेकों सैनिकों को भी हम दोजख की आग में धकेल देंगे।

सैनिकों ने आरम्भ किया शत्रु संहार : राजा के ओजस्वी भाषण को सुनने के पश्चात हमारे वीर सैनिकों ने शत्रु सेना का संहार करना आरम्भ किया। आज हमारे वीर योद्धा माँ भारती की स्वाधीनता के लिए जिस उत्साह और उमंग के साथ लड़ रहे थे उसे देखकर मानो देव भी प्रसन्न होकर उन पर पुष्प वर्षा कर रहे थे। उनकी वीरता, शौर्य और प्रताप देखते ही बनता था। कोई भी व्यक्ति आज इन वीरों को देखकर यही कह सकता था कि इनकी इस युद्ध में इनकी विजय अवश्यंभावी है। हमारे वीर सैनिकों के भीतर जहां अपने राजकुमार के घायल होने का दुख था, वही अपने वीर सैनिक साथियों के बलिदान पर गर्व और गौरव की अनुभूति भी साथ में जुड़ी थी। इसके अतिरिक्त राजा की उपस्थिति उनके उत्साह और उमंग को द्विगुणित कर रही थी। हमारे सैनिक चाहे संख्या बल में आज कुछ कम हो गए थे, परन्तु उन्हें अपनी संख्या पर नहीं अपने साहस और पराक्रम पर विश्वास अधिक था। वैसे भी इतिहास का यह एक कटु सत्य है कि

युद्ध संख्याबल से नहीं बल्कि आत्मिक बल से लड़े जाते हैं।

संख्या बल से कभी नहीं जीती जाती जंग।
जंग वही है जीतता जो धर्म का पकड़े संग।।

इतिहासकारों का कहना है कि कई दिनों के भयानक युद्ध के बाद कासिम की क्रूरता से भयभीत राजा दाहिर के मन्त्री ने जब शान्ति सन्धि की बात की तो दाहिर ने कहा, "उनसे कैसी शान्ति सन्धि? वे हमारी स्त्रियों का बलात्कार कर रहे हैं, उनको लूटकर अरब के बाजार में बेच रहे हैं, हमारे मन्दिरों को मस्जिद बना रहे हैं और हिन्दुओं को जबरन तलवार के बल पर मुसलमान बना रहे हैं और इंकार करने पर मौत के घाट उतार दे रहे हैं।"

इस प्रकार राजा ने स्पष्ट कर दिया कि भारतीय धर्म और संस्कृति को मिटाने के लिए युद्ध कर रहे लोगों के साथ किसी प्रकार की सन्धि या समझौता नहीं हो सकता। राजा के लिए यह इसलिए भी सम्भव नहीं था कि जिन लोगों के बलिदान अब तक हो चुके थे उन्हें समझौता करके राजा व्यर्थ नहीं जाने देना चाहते थे। राजा ने यह मन बना लिया था कि यदि अब पराजय भी होने जा रही है तो मौत की कीमत पर उसे भी स्वीकार किया जाएगा, परन्तु जलालत की कीमत पर संधि नहीं खरीदी जाएगी।

यह भी कहा जाता है कि एक मंत्री के द्वारा संधि की बात कहने पर राजा ने आवेश में आकर अपने उस मन्त्री की गर्दन ही काट दी। ऐसा करके राजा ने उन लोगों को कड़ा संदेश दे दिया था जो बार-बार राजा को सन्धि या समझौता करने की बिन मांगी सलाह दे रहे थे। राजा ने स्पष्ट कर दिया कि अब परिणाम चाहे जो हो परंतु शत्रु के सामने ना तो सिर झुकाया जाएगा और ना ही उससे संधि या समझौता करने की याचना की जाएगी। क्योंकि अदीन होकर जीवन जीना वेद की संस्कृति का संदेश है। हमारी अदीनता किसी प्रकार की अधीनता को स्वीकृति नहीं देती।

शत्रु ने फिर किया छल : शत्रु ने अपघात करके गद्दारों के साथ मिलकर भारतीय सैनिकों पर रात्रि के गहन अंधकार में चाहे जैसे अत्याचार ढहाए हों, पर युद्ध के मैदान में भारत की वीरता और पराक्रम को देखकर शत्रु पक्ष में त्राहिमाम मच गई। उन्हें दिन में तारे दिखाई दे गए और यह लगने लगा कि यदि आज

भारतीय सैनिक इसी प्रकार का पराक्रम दिखाते रहे तो युद्ध के मैदान से शत्रु पक्ष का लौटना सर्वथा असंभव है।

ऐसे बहुत कम अवसर रहे हैं जब कोई भी तुर्क, मुगल या अंग्रेज भारत के पराक्रम से सीधे-सीधे युद्ध के मैदान में विजयी हुआ हो। अधिकांश लड़ाइयां ऐसी रही हैं जिनमें विदेशी आक्रमणकारी किसी छल, कपट या धोखे से भारतीय पराक्रम के सामने विजयी हुआ है। भारत के पराक्रम को छल, कपट और धोखे से पराजित करके स्वयं को विजयी घोषित कराने की परम्परा का नाम ही भारत में सल्तनत काल, मुगल काल या ब्रिटिश काल है। विदेशी आक्रमणकारियों की इसी परम्परा का निर्वाह इन सबके 'दादा गुरु' मोहम्मद बिन कासिम ने भी किया था।

कई इतिहास लेखकों का कहना है कि 20 जून 712 को मोहम्मद बिन कासिम ने अपनी सेना के अनेकों सैनिकों को हिन्दू महिलाओं के कपड़े पहनाए।

मोहम्मद बिन कासिम को यह भली प्रकार ज्ञात था कि हिन्दू सेनानायक या सैनिक कभी भी महिलाओं पर अस्त्र शस्त्र का प्रयोग नहीं करेंगे। यदि वे महिलाएं उनके सामने सहायता की पुकार करने लगेंगी तब तो वह उन्हें निश्चय ही सहायता देना अपना धर्म समझेंगे।

इस राक्षस की यह योजना पूर्ण से सफल सिद्ध हुई।

इस योजना के अन्तर्गत तथाकथित हिन्दू महिलाओं ने रोना पीटना आरम्भ कर दिया और वे सभी राजा दाहिर सेन के सामने आकर मुस्लिम सैनिकों से अपनी प्राण रक्षा की गुहार करने लगीं। अपने मानवीय सिद्धांतों के प्रति पूर्ण निष्ठा के साथ बंधे हुए राजा ने धोखे को सच समझ लिया। जिस कारण राजा दाहिरसेन उन हिन्दू महिला वेशधारी मुस्लिम सैनिकों की सहायता के लिए उतावले हो उठे।

राजा धोखा खा गया, बीच युद्ध के खेत।
सद्‌गुण दुर्गुण बन गया अब नहीं सकता चेत।।

राजा ने इन महिलाओं की प्राण रक्षा के लिए उन्हें अपने सैनिकों के घेरे में ले लिया और अपनी सेना के बीचोंबीच एक ऐसे सुरक्षित स्थान पर भेज दिया जहाँ उनके लिए कोई किसी प्रकार का संकट नहीं हो सकता था। परन्तु यह क्या? हिन्दू महिलाओं के रोने की आवाज अभी भी राक्षस सेना की ओर से आती जा रही थी। राजा ने सोचा कि इसका अर्थ यह है कि शत्रु पक्ष में अभी और कुछ

हिन्दू महिलाएं हैं, जो उसके चंगुल में फंसी हुई हैं। जिन्हें छुड़वाना आवश्यक है।फलस्वरूप राजा ने उन महिलाओं को भी खोजना आरम्भ कर दिया जो राक्षस सेना की कैद में रहकर रोने की आवाज निकाल रही थीं।

राजा ने अपने बड़े सैन्य अधिकारियों को इन तथाकथित महिलाओं के पास तक जाने का आदेश दिया। जिससे राजा के सैनिक और बड़े अधिकारी मिलकर उन महिलाओं के खोजी अभियान में लग गए। स्पष्ट है कि इस प्रकार के खोजी अभियान से राजा का विजय अभियान रुक गया। शत्रु राजा का ध्यान भंग कर दूसरी ओर फेरने में सफल हो गया। भोले राजा को क्या पता था कि वह किसी निरपराध व निरीह महिला को नहीं ढूंढ रहे हैं अपितु अपनी मौत को ही अपने आप ढूंढ रहे हैं?

राक्षस की इस षड़यंत्रपूर्ण योजना से राजा का ध्यान भंग हो गया। वह अब अपनी विजय के लिए लड़ाई ना लड़कर इन महिलाओं की प्राणरक्षा के लिए लड़ाई लड़ रहे थे। जिससे उनकी सेना का अनुशासन भी शिथिल पड़ गया। अपनी सेना के बीच में जिन महिलाओं को उन्होंने भेजा था वह तो शत्रु थे ही साथ ही अभी जिन तथाकथित महिलाओं की ढूंढ की जा रही थी, वह और भी बड़े शत्रु थे। राजा और उनकी सेना के सैनिकों को यह भ्रांति हो गई थी कि शत्रु कहीं से हमारी हिन्दू महिलाओं को अपनी कैद में लेने में सफल हो गया है। जिससे उन्हें यह लगा कि इन सभी हिन्दू महिलाओं की प्राणरक्षा करना इस समय उनका सर्वोपरि कर्तव्य है।

राजा अब इन तथाकथित महिलाओं की खोज में अकेले पड़ गए थे। उनके सैनिक इधर-उधर दूसरे भागों में शत्रु से लोहा ले रहे थे। शत्रु की चाल अब सफल हो चुकी थी। क्योंकि वह इसी क्षण की प्रतीक्षा में था, जब राजा अकेला हो। फलस्वरूप शत्रु दल के अनेक सैनिकों ने राजा को घेर लिया। राजा के हाथी पर भी अग्नि बाणों की वर्षा की जाने लगी। जिससे हाथी विचलित हो गया और युद्ध के मैदान में बनी किसी खाई में जाकर गिर गया। शत्रु को मानो इसी पल की प्रतीक्षा थी। क्योंकि अब वह हाथी से अलग पड़े राजा पर प्राणलेवा हमले करते हुए टूट पड़ा था।

राजा का दु:खद अन्त

अकेले राजा कब तक इन राक्षसों के भालों के वारों को सहन करते? यद्यपि राजा अपनी वीरता का प्रदर्शन करते हुए इस अत्यंत विषम परिस्थिति में भी शत्रुओं के साथ बहुत देर तक संघर्ष करते रहे। पर अन्त में वह दुर्भाग्यपूर्ण क्षण आ ही गए जब राजा गम्भीर रूप से घायल होकर धरती पर गिर पड़े और सदा - सदा के लिए माँ भारती की गोद में एक वीर बलिदानी सपूत की भांति सो गए। गिरने से पहले शत्रु के अनेकों प्रहारों से उनका शरीर बहुत बुरी तरह क्षत-विक्षत हो चुका था।

भारत मां की गोद में सो गया एक सपूत।
मातम छा गया देश में 'आज' बना जब 'भूत'।।

वास्तव में आज जो शरीर धरती पर गिरा था वह किसी छोटे-मोटे सैनिक या योद्धा का शरीर नहीं था. वह भारत के एक अप्रतिम और महान योद्धा का शरीर था, जो उस समय देश,धर्म और संस्कृति की रक्षा के लिए अपना सर्वस्व दांव पर लगाकर युद्ध कर रहा था। राजा दाहिर सेन का धरती पर गिरना मानो भारत के दुर्भाग्य का द्वार खुलना था। मोहम्मद बिन कासिम भारत पर आक्रमण ाकारी के रूप में आया, यह कोई बड़ी बात नहीं थी, क्योंकि ऐसे आक्रमणकारी तो उससे पहले भी आए थे और चले गए थे,पर एक दाहिर सेन जैसे योद्धा का धरती पर गिरना बहुत बड़ा दुर्भाग्य और विडंबनापूर्ण घटना थी। क्योंकि वह योद्धा ऐसे अनेकों मोहम्मद बिन कासिमों को भारत की ओर आंख तक उठाने से रोकने की क्षमता रखता था, वह तूफानों का मुंह मोड़ने की भी क्षमता रखता था, वह चुनौतियों से खेलना जानता था और चुनौतियों का प्रत्युत्तर देने में भी हर प्रकार से सक्षम था। सचमुच जिस देश के पास से ऐसा बहादुर योद्धा चला जाए उसके लिए इससे बड़ी दुखद घटना और कोई हो नहीं सकती।

राजा के धरती पर गिरते ही दिशाएं मौन हो गई। हवाएं शांत हो गई। अस्त होते सूर्य ने भी अपने धीमे होते प्रकाश के माध्यम से मानो राजा के प्रति अपने भावों की अभिव्यक्ति करते हुए कहा कि - राजन ! तुम्हारे रहते हुए भारत का तेज सुरक्षित था। अब जैसे पश्चिम दिशा के अंक में समाते हुए मेरा तेज क्षीण हो रहा है, वैसे ही आज से भारत का तेज ही क्षीण होना आरम्भ हो जाएगा। मैं यह तो नहीं कहता कि आपके प्रयाण से माँ भारती की कोख खाली हो जाएगी, परन्तु इतना अवश्य कहता हूँ कि आज माँ भारती की गोद अवश्य खाली है। जिससे

आप जैसे महा योद्धा की कमी का एहसास देर तक लोगों को चुभता रहेगा।

शत्रु का हमलावर होकर आना एक चुनौती होती है, जिससे हमारे साहस और शौर्य की परीक्षा ली जाती है। ऐसी परीक्षाओं का आयोजन होता रहना चाहिए। भारत इन परीक्षाओं से भागने वाला भी नहीं है। पर दु:ख उस समय होता है जब इन चुनौतियों का सामना करने वाले योद्धाओं को घेरकर छल और बल से मारा जाता है और इतिहास इस प्रकार घेरकर मारने के अपराध पर ताली बजा देता है। राजा दाहिर सेन के बलिदान के सम्बन्ध में इतिहास का गला घोंट दिया गया। यह अत्यंत दुर्भाग्यपूर्ण है कि आजादी के 75 वर्ष बीत जाने के उपरान्त भी इतिहास के गले की फांस खोली नहीं गयी है।

'हिन्दू महिलाओं' ने मचाया उत्पात

जैसे ही राजा ने वीरगति प्राप्त की वैसे ही वे सारे मुस्लिम सैनिक जो हिन्दू महिलाओं के रूप में राजा दाहिर सेन की सेना के बीच में शरणागतों के रूप में खड़े थे, हमारे सैनिकों पर भूखे भेड़ियों की तरह टूट पड़े। इससे पहले कि हमारे सैनिक उन राक्षसों की वास्तविकता को समझ पाते वे हमारे सैनिकों की बड़ी संख्या में हत्या कर चुके थे। ज्ञानबुद्ध ने जिस गद्दारी का इतिहास रचना आरम्भ किया था, उस गद्दारी का एक और अध्याय इस प्रकार लिखकर इन तथाकथित हिन्दू महिलाओं ने पूरा कर दिया।

छलिया आए सामने धार के असली रूप।
हिंद सिंध की फौज पर आ पड़ी आफत टूट।।

अपने राजकुमार जयशाह के घायल होने और जंगलों की ओर चले जाने की सूचना से हमारी सेना को पहली चोट लगी थी, उसके पश्चात ज्ञानबुद्ध की गद्दारी ने सैनिकों के मनोबल को दूसरी बार तोड़ा और अब इस तीसरे छल ने उन्हें बहुत अधिक तोड़कर रख दिया था। अपने राजा को मृत देखकर सिन्ध के वीर सैनिक यद्यपि दिखाने के लिए तो अब भी युद्ध कर रहे थे, परन्तु अब उनका पहले जैसा उत्साह नहीं रहा था।

बहुत बड़ी संख्या में हमारे सैनिकों को आत्मबलिदान देना पड़ा। यद्यपि इस सबके उपरान्त भी हमारी सेना ने युद्ध के मैदान में रहकर ही वीरगति को प्राप्त करना उचित माना। युद्ध से पीठ दिखाकर भागना भारत के वीरों ने कभी सीखा

नहीं। यही कारण था कि मृत्यु को अवश्यम्भावी देखकर भी हमारे वीर योद्धा युद्ध क्षेत्र में खड़े होकर धर्म के लिए धड़ाधड़ अपना बलिदान देने को ही अपना गौरव समझने लगे।

गद्दारों के साथ हुई 'गद्दारी'

अब शत्रु के लिए देवल में प्रवेश करना बहुत सरल हो चुका था। हमारे वीर योद्धाओं की सेनाओं को काटकर अरब के निर्दयी आक्रान्ता शहर में प्रवेश कर लोगों को लूटने, मारने व काटने लगे। भारत की वीर परम्परा में निर्दोष और निरपराध लोगों पर हथियार उठाना पूर्णतया प्रतिबंधित माना गया है। अरब के आक्रमणकारियों के यहाँ युद्ध में सब कुछ उचित माना गया है। लूट के उनके क्रियाकलाप में यदि कोई भी उनके बीच में आया तो उसे मारना उन्होंने अपना धर्म समझा। इसका कारण केवल एक था कि उनका मजहब उन्हें काफिरों को लूटना,मारना और काटना सिखाता था, जबकि हमारा मानवतावादी वैदिक धर्म हमें लूटने, मारने व काटने की किसी भी स्थिति में अनुमति प्रदान नहीं करता था।

जिस बौद्ध धर्म को अपनाकर ज्ञानबुद्ध का ज्ञान लुप्त हो गया था और वह देश के साथ गद्दारी करते हुए यह मान बैठा था कि यदि वह मुस्लिम आक्रमणकारियों का साथ देगा तो मुस्लिम आक्रमणकारी युद्ध के उपरान्त बौद्धों के साथ न्याय का व्यवहार करेंगे, मुस्लिमों से उसकी यह आशा व अपेक्षा उस समय भंग हो गई जब अरब आक्रमणकारी सिन्ध की राजधानी देवल में प्रवेश करने के उपरान्त बौद्धों को भी उसी निर्ममता से मारने लगे जिस निर्ममता से वह हिन्दुओं का विनाश कर रहे थे। अरब आक्रान्ताओं ने सभी बौद्ध विहारों और हिन्दू मन्दिरों को नष्ट कर दिया। बौद्ध विहारों में बैठे अनेकों धर्माचार्यों और उनके सेवकों का भी मुस्लिमों की तलवार ने सफाया कर दिया।

अहिंसा की चादर ओढ़े बैठे यह सारे मरने वाले बौद्ध वही थे जो थोड़ी देर पहले तक यह मानकर चल रहे थे कि मुस्लिम आक्रमणकारी उनसे कुछ नहीं कहेंगे। निहित स्वार्थ में डूबे ये लोग उस समय यह भूल गए थे कि इस्लाम की तलवार जब चलती है तो दूसरों को केवल काफिर के रूप में देखकर उसके सिर को धड़ से अलग करना ही अपना परम कर्तव्य मानती है। भारतीय इतिहास की प्रमुख घटना से आज के बौद्ध धर्म और नवबौद्धों अर्थात हरिजनों को भी

शिक्षा लेनी चाहिए, जो इस्लाम के निकट जाकर मुस्लिम कट्टरता को भारत में प्रोत्साहित कर रहे हैं और मुस्लिमों को अपना सबसे अधिक हितैषी मान रहे हैं। मोहम्मद बिन कासिम को अपना आदर्श मानने वाले लोग कभी भी इन नवबौद्धों के हितैषी नहीं हो सकते।

शिक्षा लो इतिहास से सुबह शाम बस एक।
अतीत जिनका है बुरा नहीं हो सकते नेक।।

कहा जाता है कि उस समय विदेशी आक्रमणकारियों की इस निर्मम सेना ने पूरे के पूरे शहर को जलाकर राख कर दिया था। लोगों के पास जो भी जेवर, धन माल आदि प्राप्त हुआ वह सब इन विदेशी लुटेरों द्वारा लूट लिया गया और अपने देश भेज दिया गया। हजारों महिलाओं के साथ ऐसे पाशविक अत्याचार किए गए कि जिन्हें लेखनी लिख भी नहीं सकती। इस्लाम की खूनी तलवार ने ना तो महिलाओं को देखा, ना वृद्धों को देखा और ना ही बच्चों को देखा। जितने भी अत्याचार किए जा सकते थे वह सब किए गए। कितने ही लोगों का बलात धर्मांतरण कर मुसलमान बना लिया गया। जबकि अनेकों महिलाओं को अपनी रखैल बनाकर मुस्लिमों की यह लुटेरी सेना अपने साथ ले गई। इनमें से अनेकों हिन्दू व बौद्ध ललनाएं मुस्लिम धर्मगुरु खलीफा के पास भी भेज दी गई।

हमें याद रखना चाहिए कि भारत के लोगों पर ये अमानवीय अत्याचार तब हुए जब हमारा वीरनायक, देशभक्त राजा और परम प्रतापी शासक दाहिर सेन हमारे बीच नहीं रहा। उसके रहते हमारे लोगों के प्राण संकट में नहीं थे। क्योंकि वह हम सबका रक्षक बना खड़ा था और बहुत ही सावधानी और दूरदर्शिता के साथ विदेशी आक्रमणकारियों के हर उस कार्य पर अपनी गहरी और पैनी नजर रखे हुए था जो हमारे देशवासियों के लिए खतरे का संकेत हो सकता था।

राजा दाहिर सेन के प्रति श्रद्धांजलि

आज जो महामानव माँ भारती की सेवा में बलिदान हुआ था और जिसका शव आज धरती पर पड़ा हुआ था, वह किसी साधारण व्यक्ति का शव नहीं था। वह देशरक्षक, धर्म-रक्षक, प्रजारक्षक और संस्कृति रक्षक एक ऐसे महायौद्धा का शव था जो अभी तक हम सब की ढाल बनकर देश की रक्षा कर रहा था। उसका गिरना हम सबके लिए बहुत ही अधिक दुर्भाग्यपूर्ण सिद्ध हुआ। इतिहास

की गर्द में आज चाहे उसे कितना ही दाब दिया गया हो, परन्तु जैसे-जैसे अब यह गर्द साफ होती जा रही है, वैसे - वैसे ही हमें उसके महान व्यक्तित्व और कृतित्व का बोध होता जा रहा है। राजा की महानता का परिचय इस बात से ही मिल जाता है कि यदि उस समय देश रक्षक के रूप में वह ना होते तो क्या होता? निश्चय ही इस्लाम तब बहुत पहले इस देश में फैल गया होता और आज इस देश में वैदिक संस्कृति की यज्ञ हवन की जो परम्परा जीवित दिखाई देती है, वह संभवतः बहुत पहले समाप्त हो गई होती।

अपने ऐसे संस्कृति रक्षक, धर्म रक्षक और देश रक्षक इतिहास नायक राजा दाहिर सेन को हमारी विनम्र और भावपूर्ण श्रद्धांजलि।

अध्याय-10

राजा दाहिर की रानी का बलिदान

भारत के क्षत्रिय धर्म के बारे में महाभारत में बड़ा विशद विवेचन किया गया है। वहाँ पर बताया गया है कि सभी पुरुष देखने में तो समान ही होते हैं, परन्तु युद्धभूमि में जब सैनिकों के परस्पर लड़ने-भिड़ने का समय आता है और चारों ओर से वीरों की पुकार होने लगती है, उस समय उनमें जो महान् अन्तर दृष्टिगोचर होता है उससे उनके विषय में बहुत कुछ जानने को मिलता है।

प्रथम श्रेणी के वीर वह होते हैं जो निर्भय होकर शत्रुओं पर टूट पड़ते हैं। इसके पश्चात वे आगे पीछे नहीं देखते। उन्हें अपने लक्ष्य के प्रति समर्पित होकर लड़ने के अतिरिक्त और कुछ नहीं सूझता। दूसरी श्रेणी के लोग जब भयंकर युद्ध होता हुआ देखते हैं तो वे भयभीत हो जाते हैं और प्राण बचाने की चिन्ता में पड़ जाते हैं। शूरवीर शत्रु के विनाश की योजनाओं पर कार्य करते हुए वेग से आगे बढ़ता है और भीरू पुरुष युद्ध भूमि को छोड़कर शत्रु को पीठ दिखाकर भागने लगता है। ऐसा भीरू व्यक्ति स्वर्गलोक के मार्ग पर पहुँचकर भी अपने सहायकों को उस संकट के समय अकेला छोड़ देता है क्योंकि उसके लिए अपनी प्राण रक्षा सर्वोपरि होती है, जबकि जो व्यक्ति राष्ट्र रक्षा के लिए कार्य कर रहा होता है वह प्राण रक्षा के बारे में सोचता भी नहीं है।

युद्ध भूमि से पीठ दिखाकर या अपने सहायकों को अकेला छोड़कर घर लौट जाने वाले लोगों की निन्दा करते हुए भीष्म पितामह के द्वारा महाभारत में कहा गया है कि- "तात! जो लोग रणभूमि में अपने सहायकों को छोड़कर कुशलपूर्वक अपने घर लौट जाते हैं, वैसे नराधमों को तुम कभी पैदा मत करना। उनके लिये इन्द्र आदि देवता अमंगल मनाते हैं। जो सहायकों को छोड़कर अपने प्राण बचाने की इच्छा रखता है, ऐसे कायर को उसके साथी क्षत्रिय लाठी या

ढेलों से पीटें अथवा घास के ढेर की आग में जला दें या उसे पशु की भाँति गला घोटकर मार डालें।"

इस प्रकार पीठ दिखाकर युद्ध भूमि से भागने वाले लोगों की भारतीय क्षत्रिय परम्परा में सर्वत्र निन्दा की गई है। कायरता और भीरुता का प्रदर्शन करना किसी भी क्षत्रिय के लिए उचित नहीं माना गया है। इसका कारण केवल एक ही है कि क्षत्रिय वर्ण के लोगों पर राष्ट्र, समाज, धर्म और संस्कृति की रक्षा का दायित्व होता है। यदि वह भी अपने कर्तव्य निर्वाह या धर्म के पालन में कायरता और भीरुता का प्रदर्शन करेंगे या राष्ट्र के साथ द्रोह करते हुए शत्रु को किसी प्रकार से लाभ पहुंचाएंगे तो उनके क्षत्रिय धर्म के लिए इससे अधिक निन्दनीय कृत्य कोई नहीं हो सकता। भारत ने लूटमार, डकैती, हत्या व अपराध की स्वार्थ पूर्ण मनोवृति को वीरता नहीं माना है। इस प्रकार के कार्यों के साथ परद्रव्य हरण करने या परनारी का शील भंग करने जैसी प्रत्येक प्रकार की चेष्टा का पूर्णतया निषेध किया गया है। भारत ने सात्विक वीरता को प्रधानता दी है। जिसमें क्षत्रिय वर्ण के लोग युद्ध के मैदान में भी संयम और नियम के अधीन रहकर युद्ध करते हैं। उनके युद्ध और क्रोध में किसी प्रकार का अतिवाद, उग्रवाद, उत्पात, अनीति या अधर्म नहीं होता।

भीष्म पितामह इसी प्रसंग में आगे कहते हैं कि खाट पर सोकर मरना क्षत्रिय के लिये अधर्म है। जो क्षत्रिय कफ और मल-मूत्र छोड़ता तथा दुःखी होकर विलाप करता हुआ बिना घायल हुए शरीर से मृत्यु को प्राप्त हो जाता है, उसके इस कर्म की प्राचीन धर्म को जानने वाले विद्वान् पुरुष प्रशंसा नहीं करते हैं।

इसका अभिप्राय है कि छत्रिय को ऐसा कर्तव्य कर्म करते हुए ही मृत्यु को प्राप्त होना चाहिए जो उसको क्षत्रिय सिद्ध कराए।

क्योंकि तात! वीर क्षत्रियों का घर में मरण हो, यह उनके लिये प्रशंसा की बात नहीं है। वीरों के लिये यह कायरता और दीनता अधर्म की बात है। 'यह बड़ा दुःख है। बड़ी पीड़ा हो रही है! यह मेरे किसी महान् पाप का सूचक है।' इस प्रकार आर्तनाद करना, विकृत-मुख हो जाना, दुर्गन्धित शरीर से मन्त्रियों के लिये निरन्तर शोक करना, नीरोग मनुष्यों की सी स्थिति प्राप्त करने की कामना करना और वर्तमान रूग्णावस्था में बारम्बार मृत्यु की इच्छा रखना-ऐसी मौत किसी स्वाभिमानी वीर के योग्य नहीं है।

"क्षत्रिय को तो चाहिये कि अपने सजातीय बन्धुओं से घिरकर समरांगण में महान संहार मचाता हुआ तीखे शस्त्रों से अत्यन्त पीड़ित होकर प्राणों का परित्याग करे-वह ऐसी ही मृत्यु के योग्य है। शूरवीर क्षत्रिय विजय की कामना करते हुए शत्रु के प्रति रोष से युक्त हो बड़े वेग से युद्ध करता है। शत्रुओं द्वारा क्षत-विक्षत किये जाने वाले अपने अंगों की उसे सुधबुध नहीं रहती है। वह युद्ध में लोकपूजित सर्वश्रेष्ठ मृत्यु एवं महान् धर्म को पाकर इन्द्रलोक में चला जाता है। शूरवीर प्राणों का मोह छोड़कर युद्ध के मुहाने पर खड़ा होकर सभी उपायों से जूझता है और शत्रु को कभी पीठ नहीं दिखाता है; ऐसा शूरवीर इन्द्र के समान लोक का अधिकारी होता है। शत्रुओं से घिरा हुआ शूरवीर यदि मन में दीनता न लावे तो वह जहाँ कहीं भी मारा जाय, अक्षय लोकों को प्राप्त कर लेता है।"

रानी हो गई थी अचेत : इसी प्रकार की वीरगति को प्राप्त हुए राजा दाहिर सेन की पत्नी रानी लाडी को जब यह समाचार प्राप्त हुआ कि राजा वीरगति को प्राप्त हुए हैं तो वह ऐसे समाचार को सुनकर अचेत हो गईं। पर उन्होंने एक वीरांगना की भान्ति इस पर अधिक देर तक कोई शोक नहीं किया, अपितु शत्रु का सामना करने के लिए उठ खड़ी हुईं। वेदना की उन असहनीय घड़ियों में भी रानी को कर्तव्य बोध ने शीघ्र ही उस राष्ट्रबोध के प्रति समर्पित कर दिया जो राजा की मृत्यु के उपरांत पैदा हुए शून्य ने उनके लिए उत्पन्न कर दिया था। फलस्वरुप रानी शीघ्र ही यह समझ गई कि यदि उन्होंने अपने पति की वीरोचित मृत्यु पर इस समय किसी प्रकार का विलाप किया तो यह उनके पति की मृत्यु का अपमान होगा। इस समय पति के लिए सच्ची श्रद्धांजलि यही होगी कि वह युद्ध क्षेत्र की ओर प्रस्थान करें और अपने पति के अधूरे कार्य को पूर्ण करें। इसके लिए उन्हें चाहे जो भी बलिदान देना पड़े उससे पीछे न हटें।

रानी शत्रु को यह दिखा देना चाहती थीं कि राजा यदि स्वर्ग सिधार गए हैं तो भी उनकी वीरता और देशभक्ति की महान विरासत को संभालने के लिए वह स्वयं अभी जीवित हैं और जब तक वह जीवित हैं तब तक शत्रु को यह भ्रान्ति नहीं पालनी चाहिए कि युद्ध समाप्त हो गया है। रानी ने यह प्रतिज्ञा कर ली कि वह जीते जी शत्रु को राजधानी में प्रवेश नहीं करने देंगी और ना ही अपने केसरिया ध्वज को झुकने देंगी।

रानी ने लिया महत्वपूर्ण निर्णय : रानी को यह समाचार प्राप्त हो गया था कि शत्रु की सेना अब अलोर की ओर बढ़ती आ रही है। निश्चित रूप से रानी के पास इस समय सोचने के लिए अधिक समय नहीं था। उन्हें यथाशीघ्र महत्वपूर्ण निर्णय लेना था और अपने पति को वैसी ही श्रद्धांजलि अर्पित करनी थी जैसी श्रद्धांजलि के वह पात्र थे। रानी ने यथाशीघ्र अपने सहायकों और सलाहकारों की आवश्यक बैठक बुलाई। उसमें आवश्यक विचार विमर्श किया गया और निर्णय लिया गया कि शत्रु का अन्तिम क्षणों तक सामना किया जाएगा। रानी ने बड़े स्पष्ट शब्दों में अपनी बात अपने लोगों के सामने रख दी कि जब तक उनके शरीर में प्राण हैं तब तक वह अपने पति की वीर परम्परा का निर्वाह करते हुए माँ भारती की सेवा करती रहेंगी। उनके लिए राष्ट्र सर्वोपरि है और उसके लिए वह किसी भी बलिदान को देने के लिए तैयार हैं। रानी यदि चाहती तो वह अपने पति के लिए जौहर कर सकती थी। पर उस वीरांगना ने जौहर के रास्ते को न चुनकर इस बात को उचित माना कि शत्रु संहार करते हुए यदि प्राण त्याग किए जाएं तो कहीं अधिक उचित रहेगा।

रानी के इस निर्णय की सूचना जब शत्रु पक्ष में पहुंची होगी तो निश्चय ही उसके भी प्राण सूख गए होंगे। क्योंकि सम्भवत: भारत से पहले शत्रु पक्ष ने कहीं रानियों के इस प्रकार के साहस के किस्से कहानी नहीं सुने होंगे और ना ही अपनी आंखों के सामने किसी रानी को लड़ने की प्रतिज्ञा करते हुए देखा होगा। उसने नारी के अबला स्वरूप को ही देखा था जिस पर वह मनमाने अत्याचार करता रहा था। अत: भारत की वीरांगनाओं की ऐसी महान परम्परा ने उसे निश्चय ही हतप्रभ कर दिया होगा।

रानी ने त्याग दिया राज भवन : वीरता और देशभक्ति के भावों को अपने हृदय में संजोकर रानी ने रनिवास या राजमहल को सदा-सदा के लिए त्याग दिया और अब वह राष्ट्र के लिए सजने वाले बलिदानी मार्ग पर चल पड़ीं। उन्हें इस समय न केवल अपने सुहाग के उजड़ जाने की असीम वेदना ने आ घेरा था बल्कि उन बहनों के सुहाग उजड़ जाने से भी रानी उतनी ही दु:खी थी जितनी स्वयं अपने सुहाग के उजड़ जाने से दु:खी थीं और इन सबसे भी अधिक उन्हें चिंता इस बात की थी कि माँ भारती के सम्मान की रक्षा कैसे की जाए? रानी आज चंडी का रूप धारण कर मैदान में आई थी। रानी की नजरों में आज सर्वत्र

शत्रु संहार की योजना तैर रही थी। उन्हें सर्वत्र शत्रु के नरमुंड कटे पड़े दिखाई दे रहे थे। रानी के विचारों में ना तो कहीं कोई विकल्प था और ना ही कहीं कोई समझौते की संभावना थी। संधि के लिए किसी भी प्रकार का कोई प्रस्ताव रानी के लिए कोसों तक नहीं था। बस, एक ही संकल्प था और एक ही उद्देश्य था कि आज शत्रु का अंत किया जाए और जैसे भी हो भारत माता की रक्षा करते हुए अपने पति को वीरोचित श्रद्धांजलि अर्पित की जाए।

रानी ने अपनी सेना का नेतृत्व संभाल लिया। युद्ध के मैदान में खड़े शत्रु को उन्होंने एक राष्ट्रभक्त वीरांगना की भांति जा ललकारा। एक रानी द्वारा इस प्रकार अपने लिए चुनौती खड़ी प्रस्तुत हुए देखकर शत्रु की सेना में हड़कम्प मच गया। सम्भवत: विश्व इतिहास में अरब की सेनाओं का किसी ऐसी वीरांगना से पहली बार मुकाबला होने जा रहा था।

सिन्धुसुता ने आज जिस दुर्गा रूप को अपने शत्रु को दिखाया उसे देखकर शत्रुओं में हाहाकार मच गया। रानी अपने मुट्ठी भर सैनिकों के साथ जिधर भी निकलती उधर ही शत्रु की लाशों के ढेर लग जाते। अभी कुछ समय पहले तक जो शत्रु अपनी विजय का उत्सव मना रहा था अब उसका उत्साह ठंडा पड़ रहा था। अब वह चारों ओर अपनी लाशों को गिरते हुए देखकर दंग था। रानी की वीरता देखते ही बन रही थी। शत्रु सेना में रानी का आतंक फैल गया था।

देशद्रोहियों ने खेला अपना खेल : पर यह क्या? रानी के साथ भी फिर एक बार वही काम हो गया जो अबसे पहले देशद्रोहियों ने राजा और उसकी सेना के साथ किया था। जब रानी इस प्रकार के शौर्य का प्रदर्शन कर रही थी तभी कतिपय देशद्रोहियों और विश्वासघातियों के अरब सेना से मिल जाने के कारण युद्ध का पासा पलटने लगा। छल, छद्म और विश्वासघात में विश्वास रखने वाले इन नीच पातकी लोगों ने रानी पर तनिक भी दया नहीं खाई। उन्हें तनिक भी लज्जा नहीं आयी कि एक अबला के साथ ऐसा विश्वासघात नहीं करना चाहिए? सचमुच उनकी आंखों पर पाप की पट्टी बंध चुकी थी, जो उन्हें सच को देखने नहीं दे रही थी।

इस प्रकार की स्थिति को रानी ने भी भली प्रकार समझ लिया था। शत्रु के साथ मिले देशद्रोही तत्वों को रानी ने पहचान लिया। अब उन्हें यह भी समझ आ

गया कि अबसे पहले उनके महावीर पति और उनके सेनानायकों या राष्ट्रभक्त सेना को पराजय का सामना क्यों करना पड़ा था? अब रानी को यह पूर्ण विश्वास भी हो गया था कि वह शीघ्र ही अपना बलिदान देने जा रही हैं। रानी जैसी वीरांगना के लिए युद्ध से भागना भी सम्भव नहीं था। वह अब पक्का निर्णय ले चुकी थीं कि आज वह या तो विजयी होकर लौटेंगी या फिर अपना बलिदान दे देंगी। किसी भी भारतीय वीरांगना के लिए अपने सतीत्व की रक्षा करना सर्वोपरि होता है, लेकिन आज रानी न केवल अपने सतीत्व की रक्षा के लिए अपितु माँ भारती की रक्षा के लिए भी अपना जीवन दांव पर लगा चुकी थीं। रानी ने अब तक अनेकों शत्रुओं के शरीरों को शांत कर दिया था। उनकी ललकार के सामने शत्रु कुछ समय पहले तक तो इधर उधर भागता फिर रहा था और उसे अपनी जान के लाले पड़ रहे थे। पर अब शत्रु रानी के विरुद्ध लामबंद होने लगा था, क्योंकि देशद्रोही लोग उसके साथ आ जुड़े थे।

नियति बन चुकी थी क्रूर : रानी आज न केवल अपने पति के बलिदान का प्रतिशोध ले लेना चाहती थीं अपितु वे उन देशद्रोही गद्दारों से भी निपट लेना चाहती थीं जिन्होंने पीठ पीछे से वार कर राजा और उनके पुत्र की विजय श्री में बाधा डाली थी। परंतु दुर्भाग्य देश की इस महान वीरांगना का भी उसी प्रकार पीछा कर रहा था, जिस प्रकार उसके पति का करता रहा था। नियति बड़ी क्रूर बन चुकी थी। परिस्थितियों का झंझावात इतना घातक था कि उनसे अब बचाव भी नहीं हो सकता था। रानी के दिल के अरमान दिल में ही रह गए और अब वह राष्ट्रवेदी पर अपनी मौन आहुति की तैयारी सी करने लगीं।

रानी और अरबी सेना के बीच के युद्ध के बारे में यह भी कहा जाता है कि रानी को गद्दार मोक्षवासन की गद्दारी का अभी तक कोई ज्ञान नहीं था। यही कारण रहा कि उसे रानी के सैनिकों ने आराम से किले में प्रवेश कर लेने दिया। इस गद्दार मोक्षवासन ने एक बार फिर अपनी गद्दारी का परिचय दिया और शत्रु के लिए चुपके से रात्रि में किले के द्वार खोल दिए। इस गद्दार की गद्दारी का लाभ उठाकर अरबी सेना किले में प्रवेश पाने में सफल हो गई। महारानी लाडी और उनकी अनेकों वीरांगना सहेलियों ने जब देखा कि अब शत्रु के क्रूर हाथ उनके आंचल को छू सकते हैं तो उन्होंने जौहर कर लिया। इस प्रकार एक वीरांगना ने उस अमर पद को प्राप्त कर लिया जिसकी वह सच्ची अधिकारी थी।

रानी ने शत्रु के हाथ जाकर अपना सम्मान नीलाम कराने की अपेक्षा जौहर की अग्नि में जलना स्वीकार किया और माँ भारती की रक्षा करते-करते सदा के लिए गहरी नींद सो गईं। उनका यह बलिदान आज भी अनेकों देशभक्तों को और देश की वीरांगना बेटियों को प्रेरणा देता है। रानी के चरित्र की यह अद्‌भुत विशेषता थी कि उन्होंने अपने पति की वीरगति का संदेश पाकर तुरंत जौहर नहीं किया, अपितु उन्होंने शत्रु को परास्त करने के लिए पहले उससे युद्ध करना उचित समझा। जबकि कई बार हमारे यहाँ पर ऐसा भी हुआ है कि जैसे ही राजा के वीरगति को प्राप्त होने की सूचना रानी तक पहुंची तो उसने शत्रु को युद्ध के लिए चुनौती न देकर जौहर कर लिया। यदि हमारी वीरांगना नारियां जौहर से पहले शत्रु के साथ इसी प्रकार युद्ध के क्षेत्र में युद्ध करतीं तो शत्रु को और भी अधिक काटा जा सकता था और उसे अधिकतम हानि पहुंचाई जा सकती थी।

संस्कृति रक्षक और देशभक्तों को मिले सम्मान : आज आवश्यकता है कि हम अपने इतिहास में अपने उन वीर वीरांगनाओं को सम्मानित स्थान प्रदान करें जिन्होंने देश के लिए अपना बलिदान दिया। यह दुःखद है कि हम अपने वीर और वीरांगनाओं के बारे में शोध न करके उन विदेशी राक्षस लोगों पर शोध करते हैं जिन्होंने भारतीयता को उजाड़ने का काम किया। इन राक्षसों को ही हम वीर के रूप में पढ़ते और पढ़ाते हैं।

इन संस्कृतिभक्षक तथाकथित वीर अरब आक्रमणकारियों के बारे में बाबू रतन लाल वर्मा जी लिखते हैं- "पहले चार खलीफा अबू बकर, सद्दीक, उमर, उस्मान अली थे और अरब की जलसेना द्वारा भारत पर पहला आक्रमण 636 ई. में भड़ौंच राज्य के थाना स्थान पर हुआ था। जिसको भड़ौंच के गुर्जरों ने करारी हार देकर खदेड़ दिया था। उपरोक्त खलीफाओं के समय अरबों को आश्चर्यजनक सफलताएं मिलीं। अरब की अजेय सेनाएं फिलिस्तीन, सूडान, लीबिया, अल्जीरिया आदि देशों को विजय करती हुई तथा वहाँ के जन समूह को तुरन्त मुसलमान बनाती हुई अफ्रीका महाद्वीप के अधिकांश भागों पर अपना कब्जा कर चुकी थीं। मिश्र, बेबीलोन की पुरानी सभ्यताएं समाप्त हो गई थीं। पूर्व में ईरान को विजय करके इस्लाम बना दिया गया था और वहाँ के जो लोग जान बचाकर भारत आ गए थे, वे पारसी कहलाते हैं। उन चार के बाद कर्बला का आपसी युद्ध जीतकर तथा हजरत अली के पुत्र हुसैन को मारकर उमैया वंश के लोग खलीफा बने थे।

उनके समय अरब साम्राज्य अफ्रीका, एशिया व यूरोप तीनों महाद्वीपों के विशाल भूखंडों में फैल गया था। यूरोप में स्पेन पर इस्लामी झंडा लहरा रहा था तथा उत्तर में मध्येशिया के तुर्क राज्यों से पराजित होकर धड़ाधड़ मुसलमान बनते जा रहे थे। उसी समय के भारत पर भयानक आक्रमणों का प्रारम्भ हुआ।"

अन्त में हम रानी के विषय में यही कहेंगे-

रानी नहीं तूफान थी,
हिंद की वह शान थी,
शत्रु दमन की बात
जिसने मन में ली ठान थी ...

तूफ़ान से वह रुकी नहीं,
संकटों से वह झुकी नहीं,
शत्रु दल को देखकर -
शेरनी वह हटी नहीं।...
सम्मान भारत भाल की,

वह शत्रु को भूचाल थी,
उसकी गर्जना के सामने,
क्या शत्रु की औकात थी... .

पति वीर दाहिर राज थे,
पुत्र जयसिंह खास थे,
थी निपुण युद्ध नीति में
सब निर्णय बेमिसाल थे ....

करता हिंद जिस पर नाज है,
तड़पता सिन्ध जिसको आज है,
पद चिन्ह जिसके ढूंढने को
'राकेश' हृदय से बेताब है...

अध्याय-11

राजा की वीरांगना कन्याएं

जिस समय रानी लाडी और उनकी वीरांगना सहेलियों ने जौहर कर अपना बलिदान दिया, उस समय राजा दाहिर सेन की दोनों बेटियां सूर्या और परमल अपने जनसेवा और राष्ट्र जागरण के कार्य में लगी हुई थीं। हम पूर्व में भी उनके बारे में यह उल्लेख कर चुके हैं कि ये दोनों महान बेटियां मोहम्मद बिन कासिम के आक्रमण की सूचना के पहले दिन से ही देश के लोगों के बीच जाकर राष्ट्र जागरण का कार्य कर रही थीं। लोग उनके इस महान कार्य से बहुत अधिक प्रेरित हुए।

जनसेवा और राष्ट्र जागरण से
दोनों बहनें जगा रही थीं देश।
इस्लाम के बर्बर हत्यारों का
पहुंचा रही थीं घर-घर संदेश।।

अब इन दोनों को कासिम ने बन्दी बना लिया। इस युद्ध की यह सबसे बड़ी त्रासदी थी कि भारत की ये दोनों महान वीरांगनाएं शत्रु के हाथों पड़ गईं। उन्हें युद्ध के मैदान में अपना करतब दिखाने या किसी भी प्रकार से शत्रु का युद्ध के मैदान में सामना करने का अवसर नहीं मिला, अन्यथा वह भी अपने पिता और अपनी माता की भांति अनेकों शत्रुओं के संहार का कारण बनतीं। इन दोनों महान वीरांगनाओं पर देश के लोगों को बहुत अधिक भरोसा था, लेकिन शत्रु की योजना कुछ इस प्रकार सफल हुई कि ये बिना युद्ध किए ही बन्दी बना ली गईं। इन दोनों बेटियों की सुन्दरता को देखकर मोहम्मद बिन कासिम ने इन्हें अपनी कामलिप्सा के लिए न रखकर अपने धर्म गुरु की वाहवाही लूटने के उद्देश्य से उसके लिए एक 'माल' के रूप में भेजना उचित समझा।

उपहार के रूप में भेज दी गई खलीफा के पास

वास्तव में महिलाओं को एक माल के रूप में प्रयोग करने या उन्हें 'माल' या 'चंट-माल' कहने की परम्परा मुसलमानों की देन है। ये लोग महिलाओं को लूट के माल के रूप में ही अपने खलीफा के लिए भेजा करते थे। इसलिए कैसा माल है? यह बताने की आवश्यकता पड़ती थी। उससे पहले इस प्रकार का अपमानजनक शब्द महिलाओं के लिए भारत में कोई प्रयोग नहीं करता था। मोहम्मद बिन कासिम ने इसी परम्परा का निर्वाह करते हुए भारत की इन दोनों महान बेटियों को अपने धर्म गुरु खलीफा की सेवा में भेजना श्रेयस्कर समझा। फलस्वरूप उसने इन दोनों बहनों को उपहार स्वरूप खलीफा के लिए निज देश भेज दिया।

रास्ते में दोनों बहनें कभी एक दूसरे को देखकर रोतीं तो कभी अपने परिवार के साथ हुई दुःखद घटनाओं को याद करके रोतीं, कभी माता-पिता की याद में आंसू बहातीं तो कभी देश की हुई दुर्दशा को देखकर या उसके बारे में सोच कर आंसू अनायास निकल आते। इसी प्रकार उनके मन में कभी यह भाव भी आता कि अब ये राक्षस हमारे साथ क्या करेंगे? अपने साथ होने वाले सम्भावित व्यवहार के बारे में सोच कर तो दोनों को सिहरन आ जाती। देशद्रोही पापियों के द्वारा जो व्यवहार उनके माता-पिता के साथ किया गया, उसे याद करके भी इन्हें बहुत अधिक कष्ट होता। कभी मन ही मन तो कभी संकेतों में इन देशद्रोहियों को कोसने लगतीं, जिनके कारण सिंध देश और उनका परिवार इस प्रकार के दुर्दिनों में फंस गया था।

वक्त बड़ा बलवान बताया
रचता रहता अद्‌भुत खेल।
महलों में रहने वाले भी
पड़ जाते शत्रु की जेल।।

पर अब बड़ी बहन ने धैर्य और साहस के साथ उपस्थित संकट और समस्या पर सोचना आरम्भ कर दिया था। उसने अपनी छोटी बहन को भी ढाँढस बँधाया और उसे बताया कि जब कष्ट या संकट के बादल छाए हों तो उस समय धैर्य ही काम आता है। धैर्य और संयम से कोई न कोई ऐसी युक्ति भी निकल आती है जो संकट का समाधान बन जाती है। इसलिए धैर्य रखो और धैर्यपूर्वक उपस्थित

संकट पर सोचने विचारने की शक्ति परमपिता परमेश्वर से मांगो। निश्चय ही हमें कोई न कोई ऐसा रास्ता मिलेगा जो हमारे इस संकट का और संकट में फंसे सम्मान का समाधान देगा। बड़ी बहन अपनी छोटी बहन को कभी प्यार की थपकी लगाती तो कभी उसे ढांढस बंधाते हुए उसके आंसू पोंछती थी। वह उसे समझाती कि इस समय जब राजा और रानी दोनों ही स्वर्ग सिधार चुके हैं, तब लोगों की अंतिम आशा की किरण के रूप में हम दोनों ही बचे हैं। हमें कुछ न कुछ ऐसा करना होगा जिससे देश का सम्मान और माता पिता की शान बच सके, साथ ही हमारे अपने सतीत्व की रक्षा हो सके।

संकट का बड़ी बहन ने खोजा समाधान : बड़ी बहन की बातों को सुनकर छोटी को भी अब बहुत कुछ समझ में आने लगा था। उसने बालकों की तरह रोना बन्द कर दिया और बहन के साथ मिलकर किसी ऐसी युक्ति पर विचार करना आरम्भ कर दिया जो देश के, उनके स्वयं के और माता-पिता के सम्मान का रक्षा कराने में सहायक हो। अन्त में उन दोनों ने मिलकर एक युक्ति खोज ली। जिससे उनके अपने स्वयं के माता-पिता के और देश के सम्मान की रक्षा होना संभव था। यह विचार सर्वप्रथम बड़ी बहन के मन मस्तिष्क में आया। तब उसने छोटी बहन की ओर बड़ी आशा भरी नजरों से देखते हुए उसे संकेतों में कुछ ऐसा समझाने का प्रयास किया जिससे छोटी बहन को लगा कि बड़ी बहन ने निश्चय ही कोई अच्छा समाधान खोज लिया है। छोटी बहन ने बड़ी उत्सुकता और आशा भरी दृष्टि से बड़ी बहन की ओर देखते हुए उस उपाय को यथाशीघ्र प्रकट करने का मानो निवेदन कर दिया।

संकट में जो धैर्य खो देते इंसान।
अपयश के भागी बनें ना मिलता सम्मान।।

तब बड़ी बहन ने बड़े आत्मविश्वास के साथ उसे बताया कि वह निश्चिंत रहे। अब मोहम्मद बिन कासिम या उसका धर्मगुरु खलीफा उनका कुछ भी नहीं बिगाड़ सकेगा। क्योंकि इन राक्षसों से अपने सम्मान की रक्षा के लिए उसने एक ऐसी युक्ति खोज निकाली है जो निश्चय ही हमारे सतीत्व की रक्षा करने में सहायक होगी। इतना ही नहीं, उसने कुछ ऐसा संकेत की छोटी बहन को दे दिया कि मेरे इस उपाय से न केवल हमारे सम्मान की रक्षा हो सकेगी, बल्कि

देश के और माता-पिता के सम्मान की रक्षा भी हो पाएगी और हम मोहम्मद बिन कासिम की मृत्यु का कारण भी बन जाएंगी। बड़ी बहन के इस प्रकार के शब्दों को सुनकर छोटी बहन को अब बहुत कुछ समझ में आ गया था। इसलिए वह अब पहले की भांति अधिक विचलित नहीं थी।

जैसा भीतर का संसार - वैसा ही बाहर

सिन्ध देश से चलीं ये दोनों बेटियां धीरे-धीरे अब एक नई मंजिल की ओर बढ़ती जा रही थीं। जिसके लिए उन्होंने कभी सोचा तक कभी नहीं था। बीच में नदी, नाले पहाड़ आते जा रहे थे। इन सब प्राकृतिक चीजों को उनकी नजरें देख तो रही थीं, पर आज उनके देखने का ढंग कुछ और था। ये सारे उनसे कुछ पूछते थे, जिनका उनके पास कोई उत्तर नहीं था। वास्तव में मनुष्य के भीतर का संसार जैसा होता है उसे बाहर का संसार वैसा ही दिखाई देने लगता है। यदि घर में मृत्यु हो जाए तो पेड़ पौधे भी कुछ और ही कहते दिखाई देते हैं। घर के पेड़ पौधों पर बैठने वाले पक्षी भी चाहे पहले जैसी ही आवाज निकालते हों, पर आज उनकी आवाज में कुछ अंतर आ जाता है। घर में रहने वाले पशु आदि भी कुछ दूसरी मुद्रा में दिखाई देने लगते हैं। ऐसे समय में मन में जितने प्रश्न-प्रतिप्रश्न बनकर उभरते हैं, उन सारे प्रश्न-प्रतिप्रश्नों को प्राकृतिक चीजें भी दोहराती हुई दिखाई देती हैं और ऐसा लगता है कि जैसे पशु पक्षियों की आवाज से भी वही प्रश्न प्रतिप्रश्न बार-बार निकल-निकल कर सामने आ रहे हैं। ऐसे मानसिक दबाव और परिवेश की अवस्था में ये दोनों बहनें प्रकृति के दृश्यों से कुछ बातें करते-करते निरन्तर आगे बढ़ती जा रही थीं।

हर दृश्य गुजरता जाता था
ज्यों गुजरे जीवन का बीता पल।
कुछ नए प्रश्न उभरकर आते थे
न जाने अब क्या होगा कल?

अन्त में वह समय आ ही गया जब ये दोनों बहनें अपने 'लक्ष्य' पर पहुंच गईं। कई दिन और कई रात चलने के बाद भारत की ये दोनों महान बेटियां खलीफा को ले जाकर भेंट कर दी गईं। वास्तव में किसी मुस्लिम धर्मगुरु या खलीफा को एक उपहार के रूप में प्रस्तुत की गईं ये दो बेटियां दो लड़कियां न होकर भारत की अस्मिता, भारत का सम्मान और भारत की प्रतिष्ठा की प्रतीक

थीं। उस समय वह किसी राजा की बेटी भी नहीं थीं, अपितु हिंदुस्तान की बेटी थीं, हिन्द की बेटी थीं सिन्ध की नहीं। इस बात को समझकर खलीफा के दरबार और उसकी राजधानी में उत्सव सा मनाया जाने लगा। वास्तव में जिस हिंदुस्तान ने अब से पहले हजारों मुस्लिमों के शव धरती पर बिछा दिए थे, उस हिंदुस्तान से आज खलीफा को पहली बार एक सबसे बड़ा उपहार मिलने जा रहा था, इसलिए उत्सव मनाया जाना स्वाभाविक था। खलीफा को इस उपलब्धि के लिए बधाई देने वालों का तांता लग गया। दो बेटियों का राक्षसों के हाथ लगना उनके लिए बहुत बड़ी बात हो गई थी। बस, इसी से अनुमान लगाया जा सकता है कि राजा दाहिर सेन और उनके सैनिकों की धाक मुस्लिमों को उस समय किस सीमा तक भयभीत कर डालती थी?

खलीफा के दरबार में : खलीफा ने अपने मन के भावों को प्रकट करने के लिए यह घोषणा की कि हिन्दुस्तान से आए 'उपहार' को वह अपने दरबार में ही स्वीकार करेगा। उसका आशय स्पष्ट था कि ऐसा करने से उसके दरबारी और अन्य लोग उत्सव का आनन्द ले सकेंगे और हिंदुस्तान से आए उपहार को भी देख सकेंगे। खलीफा की घोषणा के अनुसार निर्धारित समय पर दरबार का आयोजन किया गया। सभी आमंत्रित लोग दरबार में निर्धारित समय पर पहुँच गए और अपने-अपने स्थानों को सबने ग्रहण कर लिया। अन्त में खलीफा एक बहुत ही शानदार जुलूस के साथ दरबार में प्रवेश करता है और अपने स्थान पर आकर बैठ जाता है।

खलीफा का दरबार ही नहीं स्वयं खलीफा भी हिंद की दोनों बेटियों की झलक पाने के लिए आतुर था। दोनों बेटियों को सही समय पर खलीफा के सामने प्रस्तुत किया जाता है। सौंदर्य की प्रतिमा दोनों बहनों को देखकर खलीफा बहुत प्रसन्न होता है। खलीफा का इस प्रकार प्रसन्न होना स्वाभाविक ही था।आज हिंदुस्तान से उसे पहली बार लूट का सबसे 'चंगा माल' जो मिल गया था। कामलिप्सा में आतुर खलीफा ने भारत की इन दोनों महान बेटियों को अपने पास अपनी बगल में आकर बैठने के लिए कहा। राजा दाहिर सेन की बड़ी बेटी पहले से ही इस क्षण की प्रतीक्षा में थी। उसे पता था कि कामातुर खलीफा उसे और उसकी बहन को अपने पास बुलाएगा। बड़ी राजकुमारी ने पहले से ही यह मन बना लिया था कि जब खलीफा उन्हें दरबार में अपने पास बैठने के लिए

बुलाएगा तो उसे उस समय खलीफा से क्या कहना है?

तैयार राजकुमारी पहले से थी
खलीफा से क्या कहना है?
उससे पहले के हर सदमे को
बस मौन साध कर सहना है।।

अपनी पूर्व निर्धारित योजना के अनुसार बड़ी बेटी ने बड़ी ही सहजता के साथ खलीफा से कहा कि – 'महोदय! हम आपके पास बैठ तो जाएंगी, परन्तु आपके पास बैठने के योग्य हम छोड़ी नहीं हैं। आपका मोहम्मद बिन कासिम बहुत ही नीच और कमीना व्यक्ति है। राजकुमारी ने कहा कि आपका सेनापति मोहम्मद बिन कासिम बहुत ही लम्पट और व्यभिचारी है, जो आपका अपना होने का नाटक तो करता है पर वास्तव में आपका है नहीं। उसने हमें आपके योग्य छोड़ा नहीं है, क्योंकि उसने हमारे कौमार्य को पहले ही भंग कर दिया है।'

महाराज! हम तो स्वयं ही आपकी होकर रहना चाहती थीं, परन्तु आपके कासिम ने हमारे साथ जिस प्रकार का अन्याय और अत्याचार किया है वह न केवल हमारे साथ किया है अपितु आपके साथ भी माना जाना चाहिए। क्योंकि किसी भी पराजित हिन्दू राजा की बेटियों पर आपका ही अधिकार है और हम भी आपको अपना पति स्वीकार कर चुकी थीं। फिर कासिम को यह अधिकार किसने दिया कि वह आप की 'चीज' को पहले ही चख कर देख ले? हमारे हिंदुस्तान में तो ऐसा कार्य बहुत ही अधिक निंदनीय माना जाता है और ऐसे नीच कर्म करने वाले को मृत्युदंड दिया जाता है। पता नहीं आपके देश में ऐसे नीच कुकर्मी लोगों के साथ क्या व्यवहार किया जाता है?

क्या कहते हैं इलियट महोदय

जब ये दोनों बहनें खलीफा के दरबार में प्रस्तुत की गई तो उस समय का वर्णन करते हुए इतिहासकार इलियट लिखते हैं, "खलीफा वालिद ने दुभाषिये से बड़ी छोटी का पता लगाने को कहा, ताकि बड़ी का भोग पहले लगाया जा सके और छोटी का बाद में। बड़ी को अपने पास रखकर खलीफा ने छोटी को वापिस हरम में भेज दिया। खलीफा उसकी सुन्दरता से मुग्ध हो गया था। उसने उसके कमनीय शरीर पर अपना हाथ रख, उसे अपनी ओर खिंचा।" उसकी कामाग्नि

भड़क उठी और वो जल्द से जल्द उसे बाँहों में भरने को उतावला था कि तभी सूर्यदेवी विद्युत् की गति से पीछे हटती हुई खड़ी हो गयी और बोली, "यह कैसा नियम है आप लोगों का? पहले तीन रात हम दोनों बहनों को कासिम ने अपने पास रखा और फिर आपके पास भेज दिया। सम्भवतः अपने नौकरों की जूठन खाने का ही रिवाज है, आप लोगों में।"

अजीब रिवाज है आपका जूठन लगती ठीक।
नौकर को बड़ा मान लो किसने दी ये सीख।।

भारत की इस महान बेटी का तीर अपने सही निशाने पर लग चुका था। अपने सम्मान और कौमार्य को बचाए रखने के लिए राजकुमारी ने जिस योजना पर मंथन किया था, अब वह चरितार्थ हो चुकी थी।

राजकुमारी ने अपनी योजना को जिस प्रकार सोचा विचारा था, जब वह उसी रूप में लागू हो गई तो राजकुमारी को भी मन ही मन बहुत अधिक प्रसन्नता हो रही थी। यह भी सम्भव था कि राजकुमारी की यह योजना मनोवांछित फल न देकर विपरीत दिशा में चली गई होती, पर राजकुमारी ने जिस साहस, गम्भीरता, सहजता, सरलता और निर्भीकता के साथ अपनी बात को प्रस्तुत किया उसी का परिणाम था कि उसका तीर सही निशाने पर लगा। इससे पता चलता है कि दोनों राजकुमारियाँ न केवल निर्भीक और साहसी थीं अपितु वे दोनों ही मनोविज्ञान की भी बहुत अधिक समझ रखने वाली थीं। वे जानती थीं कि अपनी बात को प्रस्तुत करते समय किस प्रकार की भावाभिव्यक्ति देनी होती है?

खलीफा ने जारी किया फरमान

स्थितप्रज्ञ और दूसरे के मनोविज्ञान को समझने वाली भारत की राजकुमारियों के ऐसे शब्दों को सुनकर खलीफा क्रोध में पागल हो गया। उसे यह बहुत ही बुरा लगा कि वह जिस 'भोजन' को स्वयं ग्रहण करने की तैयारी कर रहा था उसे पहले ही उसका एक व्यक्ति जूठा कर चुका था। उसे लगा कि यदि मोहम्मद बिन कासिम ने ऐसा किया है तो निश्चय ही उसने अक्षम्य अपराध किया है। ऐसा करके मोहम्मद बिन कासिम ने अपने खलीफा के खिलाफ बहुत बड़ी गुस्ताखी की है। उसकी गरिमा को ठेस पहुंचाई है। क्रोध में पागल हुए खलीफा को हिन्द की बेटियों के एक-एक शब्द पर विश्वास हो गया। कामाग्नि में दहकते हुए

खलीफा ने मोहम्मद बिन कासिम के विरुद्ध तुरन्त आदेश जारी किया कि कासिम को बैल के चमड़े की बोरी (कहीं इसे ऊंट के चमड़े की बोरी भी लिखा गया है) में बंद करके दमिश्क में उसके समक्ष उपस्थित किया जाए।

काम, क्रोध में पागल होकर
मालिक ने यह फरमान दिया।
सजा मिलेगी उस कासिम को
जिसने जूठा मेरा 'माल' किया।।

कामी और क्रोधी व्यक्ति सचमुच मूर्ख व पागल होता है। उसका विवेक मर जाता है। जिससे वह अक्सर ऐसे ही निर्णय लिया करता है, जिससे उसका आत्मविनाश होना निश्चित होता है। वास्तव में पाप के मार्ग पर बढ़ते हुए व्यक्ति अपने पतन का रास्ता स्वयं ही निश्चित कर लेते हैं। कर्मों के फल की व्यवस्था के अन्तर्गत फिर एक दिन ऐसा आता है जब ऐसे व्यक्ति गड्ढे में गिर कर स्वयं ही विनाश को प्राप्त हो जाते हैं। उनसे मोक्ष की ओर बढ़ने या आत्मोन्नति के मार्ग को अपनाकर संसार का कल्याण करने की अपेक्षा नहीं की जा सकती। इस्लाम को मानने वाले लोगों में अकल का दखल कहीं नहीं देखा जाता।

यही कारण था कि वहाँ उपस्थित लोगों में से किसी का भी यह कहने का साहस नहीं हुआ कि खलीफा जो निर्णय ले रहे हैं, वह उचित नहीं है। उन्हें पहले सत्य का, यथार्थ का पता लगा लेना चाहिए अर्थात भारत की राजकुमारी जो कह रही हैं उसकी वास्तविकता क्या है? पहले यह जान लेना आवश्यक है। तभी कोई ऐसा आदेश दिया जाना उचित होगा। जिस समाज या जिस दरबार में लोग अनुचित बात का समय पर विरोध न कर सकें और अपने स्वामी के सामने नतमस्तक होकर खड़े हो जाएं, वहाँ स्वतंत्रता नाम की कोई चीज नहीं होती। वहाँ के बारे में समझ लेना चाहिए कि वहाँ केवल गुलामी है और जो लोग इसके उपरान्त भी गुलामी वाले मजहब को प्रगतिशील मानते या कहते हैं, वे कितने बड़े धोखे में हैं? यह भी समझ लेना चाहिए।

इस विषय में हमारा यह भी मानना है कि प्रत्येक व्यक्ति काम, क्रोध, मद, मोह, लोभ–इन पांच विकारों में से किसी एक विकार से इतना अधिक घिरा हुआ होता है कि वह उसी के मकड़जाल में फंसकर आत्मविनाश कर लेता है। निश्चय ही खलीफा इस समय काम नाम से विकार से प्रत्यक्षतः घिरा हुआ दिखाई दे

रहा था। इसके साथ-साथ वह क्रोध से भी त्रस्त था तभी तो उसने बिना विचारे अपने वफादार मोहम्मद बिन कासिम को इस प्रकार गिरफ्तार करवा कर मंगवाने का आदेश जारी कर दिया था।

यदि सूक्ष्मता से देखें तो वह भारत को लूटने के लिए भेजे गए अपने लूट दल से मिलने वाले लूट के माल के मोह और लोभ में भी फंसा हुआ था। इतना ही नहीं सत्ता और शक्ति का मद भी उस पर सवार था। इस प्रकार जहां सामान्य व्यक्ति एक ही विकार से मर जाते हैं, वहां खलीफा पर तो इस समय पांचों विकारों का बड़ा तेज हमला हो चुका था। उसका विनाश तो निश्चित था।

जो लोग पांच विकारों के वशीभूत होकर निर्णय लिया करते हैं, उनके निर्णय एकपक्षीय हुआ करते हैं। जिन्हें लेने के पश्चात वह स्वयं ही पछताते हैं। वास्तव में न्याय वही होता है जो दोनों पक्षों को सुनने के पश्चात तथ्यात्मक साक्ष्य के आधार पर पारित किया जाता है।

अंधा तीर जा लगा कासिम को

मोहम्मद बिन कासिम अपने खलीफा के प्रति पूर्ण निष्ठा रखते हुए उसके कार्यों को बड़ी तन्मयता के साथ भारत में अंजाम देता जा रहा था। उसे तनिक भी यह आभास नहीं था कि उसके विरुद्ध उसका खलीफा इतना कठोर निर्णय ले सकता है कि उसे बिना सुने ही उसकी हत्या का फरमान जारी कर सकता है? परन्तु अब तो जो होना था,सो हो गया था। तीर कमान से छूट चुका था और अब वह तीर खलीफा द्वारा अपने आदेश को लागू कराने के लिए भेजी गई एक सैन्य टुकड़ी के घुड़सवारों के माध्यम से बड़ी तेज गति से भारत की ओर बढ़ता आ रहा था। जहाँ उसे मोहम्मद बिन कासिम को ढूंढना था और उसके कलेजे में जा लगना था। अज्ञान के अंधेरे में छोड़ा गया यह तीर अन्धा था और इसका भेजने वाला भी अंधा (कामान्ध) था। इसके अतिरिक्त इसे लेकर आने वाले लोग भी अंधे थे। इसी को 'अंधेर नगरी चौपट राजा' कहा जाता है। अंधे के द्वारा भेजा गया यह अंधा तीर अन्धों के द्वारा अंधे (धर्मांध मोहम्मद बिन कासिम) को जा लगा।

अंधियारे में अन्ध ने भेजा अन्धा तीर।
अंधे भक्त को जा लगा घायल हुआ शरीर।।

कर्म फल के विषय में वेद की मान्यता है कि कर्म फल अपने पात्र को वैसे ही खोज लेता है जैसे गायों के बड़े झुंड में बछड़ा अपनी माँ को ढूंढ लेता है। खलीफा के पास से मोहम्मद बिन कासिम के लिए 'मौत का वारंट' लेकर चला उसका सैन्य दल दूत के रूप में अन्ततः भारत में मोहम्मद बिन कासिम को ढूंढने में सफल हो गया। मोहम्मद बिन कासिम ने भारत में रहते हुए अब तक जो पाप किए थे उन पापों के फल ने कैसा खेल रचा कि उसका मालिक ही उसकी हत्या का कारण बन गया।

खलीफा द्वारा भेजे गए सैन्य दल के सदस्यों ने जैसे ही खलीफा का वह फरमान मोहम्मद बिन कासिम को दिखाया तो उसने बड़े चाव से उसे पढ़ने का प्रयास किया। क्योंकि वह सोच रहा था कि खलीफा ने हिंद की दोनों बेटियों के सौंदर्य से प्रसन्न होकर निश्चय ही उसके लिए कोई बड़ा पुरस्कार देने की या तो घोषणा की होगी या उसके लिए उसे नियुक्त किया होगा? वह सोच रहा था कि अब शायद उसके दिन फिर गए हैं और खलीफा निश्चय ही उसे उसके किए का बड़ा पुरस्कार देते हुए कोई बहुत बड़ा ओहदा उसे देने चुका है?

पर यह क्या? उस फरमान में तो कुछ और ही लिखा था। जिसे पढ़कर मोहम्मद बिन कासिम सन्न रह गया। एकबारगी उसकी सांस रुक गई। उस खत में जो फरमान लिखा था उसने मोहम्मद बिन कासिम की आशाओं पर पानी फेर दिया। उसके लिए सचमुच यह फरमान अप्रत्याशित था। उसको पढ़कर उसे समझ नहीं आया कि आखिर खलीफा ने उसके लिए यह फरमान किस अपराध की एवज में भेज दिया है? उसने अपने खलीफा के प्रति पूर्ण निष्ठा व्यक्त करते हुए अपने आपको सहर्ष खलीफा के भेजे गए दूत के सामने प्रस्तुत कर दिया।

राजकुमारियों का कौशल कर गया काम

खलीफा के दूत ने उसे दिए गए निर्देशों के अनुसार बैल की चमड़ी की बोरी में बंद किया और अपने साथियों के साथ भारत से दमिश्क लेकर चल दिया। रास्ते में दम घुटने से मोहम्मद बिन कासिम नाम के इस राक्षस का अन्त हो गया। निश्चय ही उसके इस प्रकार के अन्त के लिए हमारे राजा दाहिर सेन की दोनों बेटियों का बौद्धिक कौशल ही काम कर रहा था। जिन्होंने अत्यंत विषम परिस्थितियों में भी अपने कौमार्य की रक्षा के लिए और उस समय के देश के

सबसे बड़े शत्रु का अन्त करने की योजना बनाई। जिसमें वह सफल रहीं। इस प्रकार इस राक्षस का अन्त कराके उन्होंने भारत के अपमान का प्रतिशोध लेने में सफलता प्राप्त की।

आगे चलकर हमें औरंगजेब की जेल से भाग निकलने का साहसिक निर्णय लेने वाले शिवाजी का वृतांत सुनने को मिलता है। निश्चय ही शिवाजी ने भी उस समय वैसे ही साहस का परिचय दिया था जैसे साहस का परिचय राजा दाहिर सेन की इन दोनों बेटियों ने उस समय दिया था। हमने दोनों घटनाओं का मिलान इसलिए किया है कि अत्यंत विषम परिस्थितियों में भी हमारे वीर क्रान्तिकारी योद्धाओं ने या देशभक्त लोगों ने समय-समय पर अपनी योजना से शत्रु का अन्त करने या उसके पापों का विनाश करने के लिए अपने आप को प्रस्तुत किया है। दोनों राजकुमारियों को शिवाजी जैसे महान क्रान्तिकारी व्यक्तित्व के महान कार्य के साथ जोड़कर देखना ही उचित होगा। जैसे शिवाजी औरंगजेब की जेल की जलती हुई अग्नि की भट्टी से अपने आपको निकालने में सफल हुए थे, वैसे ही राजकुमारियों द्वारा खलीफा के दरबार में अपनी योजना को सही ढंग से क्रियान्वित करना अपने आपको जलती हुई आग की भट्टी में झोंकने के समान ही था।

राजकुमारियों ने बनाया खलीफा का मूर्ख

दमिश्क पहुंचने पर जब दूत ने बोरे में बंद मोहम्मद बिन कासिम को खलीफा के दरबार में प्रस्तुत किया तो पता चला कि वह तो पता नहीं कब का दोजख की आग में जा चुका था। फिर भी खलीफा ने हिन्द की दोनों बेटियों को अपने दरबार में बुलाया और उन्हें बताया कि देखिए! हमने इस कमीने का अन्त किस प्रकार करवा दिया है? केवल इसलिए कि तुम हमारी हो? कहने का अभिप्राय है कि खलीफा का विवेक इस समय तक भी लौटा नहीं था। उसे अपने किए पर कोई पछतावा भी नहीं था। क्योंकि वह कामान्ध था और अभी भी उसके भीतर कामाग्नि ही दहक रही थी। जिसमें झुलसते खलीफा ने दोनों राजकुमारियों का मन जीतने के लिए उन्हें दरबार में बुलाकर ऐसा किया।

खलीफा के इस प्रकार के आचरण व्यवहार को देखकर बड़ी बेटी ने फिर उस मूर्ख के लिए एक ऐसा तीर मारा जो न केवल निशाने पर जाकर लगा, बल्कि उन दोनों बेटियों के कौमार्य की रक्षा करने में भी सफल रहा। बड़ी बेटी

ने बड़ी सहजता से कहा कि खलीफा तुम तो बहुत मूर्ख हो। क्योंकि तुमने अपने प्रति बहुत ही अधिक वफादार मोहम्मद बिन कासिम का केवल हमारे कहने से अन्त कर दिया। तुमने उसका पक्ष सुनना तक भी उचित नहीं माना। ऐसा करके तुमने अपनी मूर्खता, अज्ञानता और विवेकशून्यता का परिचय दिया है। क्योंकि आपके भीतर न्याय करने की क्षमता नहीं है। तुम इस समय कामाग्नि में जल रहे हो। जिसके आगे तुम्हें कुछ भी दिखाई नहीं दिया। वास्तव में सच यह था कि आपके इस विश्वासपात्र और वफादार मोहम्मद बिन कासिम ने हमारे साथ कुछ भी ऐसा नहीं किया था जो हमारे कौमार्य को भंग करने वाला हो। तुमने हमारे कहने से ही अपने इतने महान विश्वासपात्र कासिम का अन्त कर दिया-यह तुमने न्याय नहीं अन्याय किया है। क्योंकि तुम कामी, क्रोधी और मूर्ख हो और ऐसे व्यक्ति से ऐसे ही 'न्याय' की अपेक्षा की जा सकती है।

न्याय नहीं अन्याय का तूने किया ये काम।
वफादार मरवा दिया, तू कैसा इंसान।।

राजकुमारी ने उस खलीफा को लताड़ पिलाते हुए अपनी बात को आगे जारी रखते हुए कहा कि वास्तव में हमने मोहम्मद बिन कासिम के प्रति ऐसा झूठ बोल कर अपने पिता की मृत्यु और अपने देश के अपमान का प्रतिशोध लिया है। हमें पता है कि हमारी स्थिति अब क्या होने वाली है? लेकिन जो भी कुछ होगा वह हमें सहर्ष स्वीकार है। क्योंकि अपने पिता और अपने देश के सम्मान से बढ़कर हमारे लिए कुछ भी नहीं है। अब हमें संतोष है कि हम अपने पिता की मृत्यु और देश के अपमान का बदला मोहम्मद बिन कासिम का अन्त कराके ले चुकी हैं। हमें अपने मनोरथ में सफलता मिल गई है। अब हम मानती हैं कि हमारे पिताजी की आत्मा तुम्हारे इस विश्वासपात्र कासिम की मृत्यु का समाचार सुनकर निश्चय ही प्रसन्नता की अनुभूति कर रही होगी।

इसके बाद उन दोनों बेटियों ने 'जय सिंधुदेश' - 'जय राजा दाहिर सेन' - का उद्घोष किया।

'इलियट एंड डॉउसन' ने इस घटना का उल्लेख करते हुए इस प्रकार लिखा है - सूर्यदेवी ने मंद मुस्कान के साथ खलीफा की ओर देखते हुए कहा, "निसंदेह आपकी आज्ञा की पूर्ति हुई है। पर आपका मस्तिष्क एकदम खाली है। कासिम ने मेरा स्पर्श भी नहीं किया था। मगर उस शैतान ने हमारे राजा की हत्या की, हमारे

देश को तहस नहस कर दिया, हमारे सम्मान को नष्ट कर गुलामी के दलदल में ढकेल दिया। इसीलिए प्रतिशोध और बदले केलिए हमने झूठ बोला। उसने हमारे जैसी दस हजार स्त्रियों को बंदी बनाकर बलात्कार किया था, कई शासकों को मौत के घात उतार दिया था, सैकड़ों मन्दिरों को अपवित्र कर मस्जिदें और मीनारें बना दी थी।" (इलियट एंड डाउसन, पेज 211)

राजकुमारियों ने अपने जीवन का किया अन्त

अपनी वीरता पूर्ण शैली में पूरे भारत के सम्मान, शौर्य और वीरता की प्रतीक बनीं इन दोनों महान बेटियों ने अपनी पूर्व निर्धारित योजना के अन्तर्गत एक दूसरे के सीने में खंजर घोंप दिया और अपना बलिदान देकर अपने कौमार्य की रक्षा करने में सफलता प्राप्त की। दोनों वीरांगनाओं ने उचित समय की उचित क्षणों तक प्रतीक्षा की। इतने काल में दोनों ने अपने आपको राक्षस खलीफा से बचाए रखा। जब योजना पूर्णतया फलीभूत हो गई तो इस संसार से वीरों की भांति जाने में ही अपना और अपने देश का भला देखा। कांग्रेसी मानसिकता के जिन लोगों ने हमारी इन वीरांगना बेटियों के साथ अन्याय करते हुए उन्हें इतिहास में उचित स्थान नहीं दिया उनके कारण आज चाहे यह देश के जनमानस में अपना उचित सम्मान या स्थान प्राप्त करने में असफल दिखाई दे रही हैं, पर समय आएगा जब देश का युवा इन वीरांगना बेटियों का सम्मान करते हुए अपने हृदय के सर्वोच्च आसन पर इन्हें स्थान देगा।

छलियों ने इतिहास से मिटा दिया है नाम।
वक्त वह भी आएगा, होवेंगी सरनाम।।

खलीफा और हजाज दोनों ही हाथ मलते रह गए। उनका सारा दरबार हिन्द की इन दोनों महान बेटियों के इस प्रकार के आत्मोत्सर्ग को देखकर दंग रह गया। उन्होंने भारत की वीरता, देशभक्ति और शौर्य का लोहा माना। उन्हें लगा कि भारत सम्मान के लिए जीता है और उसके भीतर राष्ट्रवाद की इतनी गहरी भावना काम करती है कि जिसे भेदना सर्वथा असंभव है। उनको यह भी निश्चय हो गया कि भारत के लोग अपने शौर्य और सम्मान के साथ जीते हैं। उनकी देशभक्ति इतनी प्रबल है कि उनकी धरती के एक इंच भाग को भी कोई शत्रु छीनने का दुस्साहस नहीं कर सकता और यदि ऐसा करता है तो उसके लिए वह

मर मिटने की हर सीमा को लांघने का साहस रखते हैं।

अभी तक इन लोगों ने भारत के वीर सैनिकों के वे किस्से ही सुने थे जो हमारे वीर योद्धाओं ने युद्ध के मैदान में अपनी वीरता का प्रदर्शन करते हुए लिखे थे। पर आज उन्होंने भारत की वीरांगनाओं का शौर्य पूर्ण प्रदर्शन भी अपनी आंखों से देख लिया। जिसे देखकर उन्हें विश्वास हो गया कि भारत की नारी भी अपने देश की रक्षा के लिए कितना बड़ा बलिदान कर सकती है?

'चचनामा' की साक्षी

राजा दाहिर सेन का यह परिचय "REAL N ROYAL PANDIT'S " में मिलता है, तो वहीं दूसरी ओर "चाचनामा" नामक ऐतिहासिक दस्तावेज के अनुसार एक और तथ्य सामने आता है कि कासिम की मौत के बाद खलीफा को जब सूर्य और परिमल के झूठ का पता चला तो उन्होंने दोनों बहनों को जिंदा ही दीवार में चुनवा दिया।

इतिहासकार पुरुषोत्तम नागेश ओक का मत है कि राजा दाहिर की दोनों पुत्री सूर्यदेवी और परिमल देवी ने बरह्मणाबाद के किले में अपनी माँ रानी लाडी बाई के साथ जौहर कर अग्नि समाधि ले ली थी। खलीफा वालिद दाहिर की दोनों पुत्रियों की सुन्दरता के बारे में सुन चुका था, इसलिए वह कासिम से उन दोनों लडकियों को भेजने का दबाब बना रहा था। कासिम उनका पता लगाने के लिए सिंध में आतंक और स्त्रियों के अपहरण का नंगा नाच कर रहा था। इसलिए दो वीर बालाओं ने एक स्त्री के सहयोग से खुद को सूर्यदेवी और परिमल देवी के रूप में पेश किया था। उनमें से सूर्यदेवी की पहचान जानकी के रूप में हुई है।

घटना चाहे कोई सी भी सच हो, इतना तो निश्चित है कि हिन्द की इन दोनों महान बेटियों ने भारत के अपमान का प्रतिशोध अपना बलिदान देकर लिया था।

जो जाति इतिहास पर करती होवे नाज।
जगत में उत्थान कर रख पाती है लाज।।

हिन्द की इन दोनों महान बेटियों के इस प्रकार के बौद्धिक कौशल ने भारत के लिए उस समय बहुत बड़ा काम किया था। उनकी देशभक्ति के चलते मोहम्मद बिन कासिम के उत्तर की ओर विजय अभियान के बढ़ते कदम रुक गए थे। इस्लाम का यह धर्मांध युवक भारत में जिस प्रकार धर्मांधता की कहानी

लिखता जा रहा था उस पर तुरंत पूर्णविराम लग गया। आज हमें इतिहास में हिन्द की इन दोनों महान बेटियों के बलिदान और उनकी देशभक्ति के बारे में नहीं पढ़ाया जाता। हमें कुछ इस प्रकार दिखा दिया जाता है कि मोहम्मद बिन कासिम ने भारत को निर्णायक रूप में पराजित करने का अभियान चलाया था, जिसमें वह सफल रहा था।

हम इतिहास को शोधपूर्ण और बोधपूर्ण ढंग से ना तो पढ़ते हैं, ना ही समझते हैं। इतिहास के प्रति हमारी इसी उपेक्षित मनोवृति और मानसिकता के चलते इतिहास का सच हमारी आंखों से ओझल होकर रह जाता है। यही कारण है कि भारत में ऐसे अनेकों युवा और युवतियां मिल जाएंगी जिन्होंने मोहम्मद बिन कासिम पर पीएचडी की होगी, पर एक भी ऐसा युवा या युवती नहीं मिलेगी जिसने हिन्द की इन महान बेटियों पर पीएचडी की हो। ना ही कोई ऐसा विश्वविद्यालय होगा जिसने अपने विद्यार्थियों को हिंद की इन महान बेटियों के ऊपर शोध करने का कोई शीर्षक दिया हो।

विद्यार्थियों के लिए बहुत शोध का विषय

जबकि हमारे लिए शोध का यह विषय हो सकता है कि यदि उन दोनों बहनों ने अपने बौद्धिक कौशल से मोहम्मद बिन कासिम नाम के राक्षस का अन्त ना कराया होता तो उसके कथित विजय अभियान के क्या परिणाम होते? इस प्रश्न के उत्तर के लिए हमें यह ध्यान रखना चाहिए कि जिस समय खलीफा के सैन्य दल ने आकर आगे बढ़ते हुए मोहम्मद बिन कासिम को रोका था, उस समय वह अरब सैनिकों के साथ देवल और अलोर को कब्जे में करने के बाद उत्तर की ओर बढ़ रहा था। उसका उत्साह सातवें आसमान पर था। वह निरन्तर आगे बढ़ रहा था और उसकी प्रबल इच्छा थी कि वह हिन्दुस्तान के गर्भ तक जाकर यहाँ भारी उत्पात मचाये।

उसकी सोच थी कि भारत से पर्याप्त धन माल लूटकर और लोगों का नरसंहार करने व उनका धर्मांतरण कर अपने देश लौटे। ऐसी मानसिकता के साथ काम कर रहे और आगे बढ़ते हुए मोहम्मद बिन कासिम को यदि हिन्द की वे महान बेटियां अपने बौद्धिक कौशल से ना रोकतीं तो निश्चय ही यह राक्षस उस समय भारतवर्ष के लिए बहुत बड़ी क्षति उत्पन्न करने में सफल होता। इस प्रकार

राजा दाहिर सेन की उन दोनों महान बेटियों ने उस समय न केवल भारत के सम्मान की रक्षा की बल्कि अनेकों बहनों के सतीत्व की रक्षा करने और अनेकों माता-पिताओं के लालों को बचाने का कार्य करने में भी सफल हुई।

हमें उन दोनों बहनों के बलिदान को केवल 'दो लड़कियों की मृत्यु' के रूप में नहीं देखना चाहिए, बल्कि इसी रूप में देखना चाहिए कि उनके बलिदान से उस समय भारत के सम्मान की रक्षा हुई थी, भारत के अनेकों लालों की प्राण रक्षा हुई थी। भारत की संस्कृति की रक्षा हुई थी।

ऐसी महान बेटियों के बलिदान को शत-शत नमन।

भारत की इन दोनों महान बेटियों के बारे में किसी सिन्धी कवि की ये पंक्तियां बड़ी सार्थक हैं :-

हीउ मुहिजो वतन मुहिजो वतन मुहिजो वतन,
माखीअ खां मिठिड़ो, मिसरीअ खां मिठिड़ो,
संसार जे सभिनी देशनि खां सुठेरो।
कुर्बान तंहि वतन तां कयां पहिंजो तन बदन,
हीउ मुंहिजो वतन मुहिजों वतन मुहिजो वतन।

अध्याय-12

राजा दाहिर सेन का अनुकरणीय व्यक्तित्व और 'चचनामा'

संसार में सफल व्यक्ति किसको कहा जाए? यदि इस प्रश्न पर विचार किया जाए तो जिस व्यक्ति ने अपने जीवन को जीने के लिए जो उद्देश्य निर्धारित किया यदि वह व्यक्ति अपने उस निर्धारित उद्देश्य को पाने में सफल हुआ तो उसे निश्चय ही सफल माना जाना चाहिए।

जीवन को सफल बनाने के लिए एक व्यक्ति गुफा में बैठकर ईश्वर का ध्यान लगाता है, मोक्ष प्राप्ति की घोर साधना करता है तो एक क्षत्रिय योद्धा शत्रु संहार के लिए तलवार को उठा लेता है। दोनों के क्षेत्र अलग-अलग हैं। आप तलवार उठाने वाले व्यक्ति की सफलता या असफलता का निर्धारण इस बात से करेंगे कि वह उस क्षेत्र में सफल हुआ या नहीं हुआ? यदि कोई व्यक्ति या ऐसा क्षत्रिय योद्धा अपने समकालीन और समकक्ष योद्धाओं से उत्कृष्ट प्रदर्शन कर सका तो उसे निश्चय ही आप अपने समय का सफलतम व्यक्ति कह सकते हैं। उसकी यह सफलता ही उसका व्यक्तित्व है जो उसे अपने समकक्षों से अलग करती है। इतिहास में ऐसा व्यक्ति विशेष व्यक्तित्व के रूप में देखा जाता है। उसका आकर्षक व्यक्तित्व देर तक और दूर तक लोगों का मार्गदर्शन करता है, उनके लिए प्रेरणा का स्रोत बन जाता है।

इसी प्रकार गुफा में बैठने वाले के बारे में भी आप ऐसा ही कुछ करेंगे। जो तलवार लेकर रण क्षेत्र में लड़ रहा है,उसके लिए आप यह नहीं कह सकते कि उसने जंगल में जाकर किसी गुफा में बैठकर ध्यान नहीं लगाया इसलिए उसे असफल कहा जाए और जो ध्यान लगाने वाला है उसके लिए आप यह नहीं कह सकते कि उसने रण क्षेत्र में जाकर तलवार नहीं चलाई। वास्तव में ब्राह्मण, क्षत्रिय, वैश्य और शूद्र केवल इसीलिए बनाए गए कि इस प्रकार की वर्ण व्यवस्था में हर

एक व्यक्ति अपना जीवनोद्देश्य निर्धारित कर सकता है। इनसे अलग कोई उद्देश्य संसार में हो ही नहीं सकता। राजा दाहिर सेन की वीरता या सफलता का अनुमान लगाने के लिए भी हमें इसी प्रकार उसका मूल्यांकन करना चाहिए।

राजा दाहिर के साथ हमारी कृतघ्नता : राजा दाहिर की वीरता,देशभक्ति, देश प्रेम और शौर्य को उपेक्षित कर उसे इतिहास के एक कलंकित और अपमानित नायक की भान्ति स्थापित करने का कार्य किया गया है। यदि हम भारत के लोगों ने अपने इस इतिहास नायक के साथ हुए इस अपमान को स्वीकार कर लिया है तो इससे बड़ी कृतघ्नता और कोई नहीं हो सकती। अपने इतिहास नायक के साथ ऐसा अपमान भारत से अलग संभवत: किसी अन्य देश में होता भी नहीं होगा।

दाहिर के साहस की थाह मिलेगी किसको।
जीवन भर काल भी नाप सका न जिसको।।

राष्ट्र वेदी पर जिसने सर्वस्व किया समर्पण।
उस महानायक को क्या राष्ट्र करेगा अर्पण।।

उस पुण्यात्मा राजर्षि का कैसे होगा तर्पण।
देशहित किया समर्पित जीवन का हर क्षण।।
काल ने भी स्वयं शीश झुकाया जिसको ....

हम यह बार-बार कहते रहे हैं कि भारत के इतिहास नायकों के साथ ऐसा व्यवहार जानबूझकर किया गया है। जिससे भारत के लोग भारत के महानायकों को समझ ना सकें और उनके व्यक्तित्व और कृतित्व से प्रेरणा न ले सकें। जब चारों और हमारे इतिहास नायकों के ऊपर इस प्रकार के अत्याचार किए जा रहे हों और जो लोग हमारे लिए किसी भी स्थिति में पूजनीय नहीं हो सकते उनकी पूजा करवाने का एक घिनौना प्रयास किया जा रहा हो तब राजा दाहिर सेन के जीवन का उचित मूल्यांकन किया जाना बहुत आवश्यक है। हम सभी यह भली प्रकार जानते हैं कि राजा दाहिर सेन सिन्ध के सेन राजवंश के अन्तिम शासक थे। यह एक अत्यंत दुर्भाग्यपूर्ण तथ्य है कि राजा दाहिर सेन के बारे में समकालीन

भारत के लेखकों के लेख या किसी अन्य प्रकार के दस्तावेजों को प्रमाणिक न मानकर विदेशी लेखकों द्वारा लिखे गए 'चचनामा' को आधार बनाया जाता है। श्चचनामाश हमारी स्वाधीनता के महानायक राजा दाहिर सेन के विषय में कितना निष्पक्ष और न्यायपूर्ण हो सकता है? इस पर विचार किया जाना बहुत आवश्यक है। यह बात तब और भी अधिक विचारणीय को जाती है जब इस ग्रंथ का लेखक विदेशी हो और इसकी भाषा भी विदेशी हो। जिस पुस्तक का लेखक विदेशी और भाषा विदेशी हो उसकी सोच भी विदेशी होती है और जिसकी सोच विदेशी हो उसमें आपके राष्ट्र नायकों को कितना बेहतरीन ढंग से प्रस्तुत किया जा सकता है? यह सहज ही अनुमान लगाया जा सकता है।

'अतिथि देवो भवः' और राजा दाहिर

विद्वानों का मानना है कि राजा दाहिर के समकालीन ओमान के माविया बिन हारिस अलाफी और उसके भाई मोहम्मद बिन हारिस अलाफी ने खलीफा के विरुद्ध विद्रोह कर दिया था। इस विद्रोह में हुए संघर्ष में अमीर सईद मारा गया। 'चचनामा' के अनुसार मोहम्मद अलाफी ने ऐसी परिस्थितियों में राजा दाहिर की शरण लेना उचित माना। फलस्वरूप वह अपने साथियों के साथ मकरान आ गया। मकरान उन दिनों राजा दाहिर सैनिक के राज्य क्षेत्र का एक भाग था। राजा ने इस विदेशी शरणार्थी को अपने यहां सहर्ष शरण दे दी। हो सकता है कि राजा दाहिर सेन उस समय यह नहीं जानते हों कि इस विदेशी व्यक्ति को अपने यहाँ शरण देने के परिणाम कितने गम्भीर हो सकते हैं? उन्होंने जो कुछ भी किया, वह 'अतिथि देवो भवः' – की परम्परा के निर्वाह के वशीभूत होकर किया। अतिथि का सम्मान और स्वागत करना भारत की प्राचीन परम्परा है। इसके अतिरिक्त शरणार्थी के जीवन की रक्षा करना भी भारत की प्राचीन परम्परा रही है। राजा दाहिर सेन भारत की इस वैदिक परम्परा में विश्वास रखते थे। यही कारण था कि उन्होंने शरणार्थी को बहुत सहजता से अपने यहाँ शरण दे दी।

शरणागत को शरण में लेना जिसने धर्म बनाया।
दांव लगाकर निज प्राणों का जिसने व्रत निभाया।।

युद्ध में भी जिसने अपना सद्गुण नहीं भुलाया।
अधर्माचरण को जिसने पाप अतुल्य बतलाया।।

बताओ, कौन सी धर्मतुला पर तोलोगे तुम उसको ...

कहा जाता है कि उस समय बगदाद के शासक ने सिन्ध के शासक राजा दाहिर सेन को कई पत्र लिखकर इन बागियों को अपने यहाँ से निकालने का अनुरोध किया। साथ ही यह चेतावनी भी दी कि यदि उन्होंने ऐसा नहीं किया तो उन्हें इसके गम्भीर परिणाम भुगतने होंगे। वीर राजा दाहिर सेन पर बगदाद के शासक की इस प्रकार की धमकियों का कोई प्रभाव नहीं पड़ा। उन्होंने शरणागत की रक्षा करना अपना दायित्व और धर्म समझते हुए उन्हें बगदाद के शासक को सौंपने से मना कर दिया। 'चचनामा' के अनुसार मोहम्मद बिन कासिम या उस समय के अन्य अरब आक्रमणकारियों का भारत पर आक्रमण करने का एक कारण यह भी था कि राजा ने इन बागियों को उनके शासकों को सौंपने से इंकार कर दिया था।

घटना के दो पक्ष : इस घटना को दो दृष्टिकोणों से देखा जा सकता है। एक तो यह कि भारत के शासकों ने अपने परम्परागत आदर्शों को अपनाए रखकर गलतियां कीं। उन्हें इस प्रकार विदेशी अतिथि को अपने यहाँ पर शरण नहीं देनी चाहिए थी। विशेष रूप से यह बात तब और भी अधिक विचारणीय हो जाती है जब कि पिछले 70 वर्ष के कालखंड के विषय में राजा दाहिर सेन निरन्तर विदेशी आक्रमणकारियों के आक्रमणों के बारे में सुनते आ रहे थे। राजा दाहिर सेन इन आक्रमणों से परिचित होने के कारण इन विदेशी आक्रमणकारियों के अत्याचारों और निंदनीय कार्यों से भी भली प्रकार परिचित रहे होंगे। तब किसी विदेशी व्यक्ति को अपने यहाँ शरण देना 'सद्गुण विकृति' का ही शिकार होना था। जब हम 'चचनामा' की साक्षी को पूर्णतया सच मानकर इस घटना पर विचार करते हैं और इस घटना के परिणाम को देखते हैं तो फिर यही भाव निकल कर आता है कि राजा ने इस विदेशी शरणार्थी को शरण देकर भूल की।

यदि हमारे राजा मुसलमानों के बारे में पहले दिन से यह मानकर चलते कि ये जाति विश्वास करने योग्य नहीं है,इसलिए इनके प्रति किसी भी प्रकार की मानवता दिखाना स्वयं मानवता का अपमान करना है तो हमारा इतिहास कुछ दूसरा होता। राजा दाहिर सेन ने जिस प्रकार की गलती की थी इसी प्रकार की गलती आगे भी हमारे राजा निरंतर करते रहें। इसका अभिप्राय यह हुआ कि हमने

इतिहास से शिक्षा नहीं ली। फलस्वरूप राजा दाहिर सेन ने जिस गलती को उस समय किया था उसको आगे भी हम दोहराते रहे।

जो समझ नहीं पाए कभी भारत के अंतर्मन को।
जो ज्योति बुझाकर मगन रहे, रहे पूजते तम को।।

दुर्भाग्य रहा राजा ने उनको अतिथि रूप में जाना।
जिनके हृदय में कालिख थी देव उन्हें भी माना।।
नहीं बोध था अतिथि के महान भाव का जिनको....

अब घटना के दूसरे पक्ष पर भी विचार कर लेना चाहिए। दूसरा पक्ष या दृष्टिकोण यह है कि जब कोई शासक दूसरे राज्य पर हमला करता है तो उसके लिए कोई न कोई ऐसा कारण खोजता है जिससे वह इतिहास में अपयश की प्राप्ति से बच जाए अर्थात दूसरे राजा पर कोई न कोई दोषारोपण करता है। ऐसा करने से उस हमलावर राजा को यह लाभ हो जाता है कि इतिहास उसे हमलावर न कहकर आत्मरक्षा या आत्मसम्मान को बचाने के लिए काम करने वाले शासक के रूप में देखने लगता है। वास्तव में इतिहास को भ्रमित करने और इतिहासकारों की जमीर को खरीदने के लिए ही ऐसे हमलावर राजा इस प्रकार के नाटक करते देखे जाते हैं। मुस्लिम शासकों के विषय में तो यह बात पूर्णतया सच सिद्ध होती है कि उन्होंने अधिकतर लड़ाइयां दूसरे शासक को पहले किसी ना किसी दोष के लिए आरोपित करके कीं।

इसके अतिरिक्त अरब शासकों का एक ही उद्देश्य था कि वह संसार में सर्वत्र इस्लाम को फैला दें। दूसरे देशों को लूटें, मारें, काटें और उसे अपने अधीन कर लें।

भारत से अलग वह अब तक जहाँ भी सफल हो चुके थे, उनकी तथाकथित सफलता के उस इतिहास को भी इस घटना के साथ जोड़कर देखने की आवश्यकता है। यदि उस इतिहास को इस घटना के साथ जोड़कर हम देखेंगे तो पता चलेगा कि इन अरब आक्रमणकारियों को भारत पर आक्रमण करना ही था। उसके लिए कोई न कोई उन्हें ऐसा बहाना खोजना था, जिससे उनके इतिहास लेखक उन्हें एक न्यायपूर्ण शासक के रूप में स्थापित कर सकें।

हमें यह भी ध्यान रखना चाहिए कि अबसे पूर्व में अरब आक्रमणकारियों ने जितने भर भी आक्रमण किए थे वह सब बिना किसी औचित्यपूर्ण कारण के

किए गए थे।

हमारे राजा को दिखाया गया हठीला : हमने इतिहास को पढ़ा तो अवश्य है पर इतिहास की घटनाओं पर कभी गम्भीरता से चिन्तन नहीं किया है। तभी तो हमने कभी भी यह सोचने का प्रयास नहीं किया कि जब इस्लाम का उदय अरब में हो रहा था और वह अरब से बाहर निकलकर दूसरे देशों को लूटमार कर समाप्त करने या उनका इस्लामीकरण करने के लिए अपने लूटदल सर्वत्र भेज रहा था तो क्या उस समय सारे संसार में ही संस्कृति सभ्यता नहीं बची थी? क्या काफिरों के पास उस समय या आज जीवन जीने की कोई शैली नहीं थी या नहीं है? यदि काफिरों के पास जीवन जीने की शैली उस समय थी या आज है तो उसे समाप्त करने का अधिकार इस्लाम के मानने वाले लोगों या शासकों को किसने दे दिया था? यदि इस्लाम के मानने वाले लोगों ने यह अधिकार स्वयं पैदा किया तो इतिहासकारों को यह लिखना चाहिए था या लिखना चाहिए कि इस्लाम ने अपने इस अधिकार का दुरुपयोग करते हुए मानवता को कितनी क्षति पहुंचाई? या लूटमार, हत्या, डकैती व बलात्कार के कीर्तिमान स्थापित कर संसार को नर्क की अग्नि में धकेल कर इस्लाम के मानने वालों ने कौन सी मानवता की सेवा की है?

अपयश का भागी बना दिया राजा सेन को पापी ने।
चचनामा में तस्वीर दिखाई जैसी किसी कामी ने।।

किसी नीच अधर्मी की हरकत को कब पहचानोगे। भारत के दुश्मन गद्दारों की साजिश को कब जानोगे।। भारत हित में उचित सोचना रास ना आया जिनको...

'चचनामा' के लेखक ने इस घटना का उल्लेख करके हमारे राजा दाहिर सेन को एक हठीला और अपनी बात पर पूर्वाग्रह के साथ खड़े होने वाले शासक के रूप में स्थापित किया है। जबकि अपने शासकों को उसने बहुत ही न्यायपूर्ण ठहराने का प्रयास किया है। दुर्भाग्य यह है कि हमने स्वयं ने भी अपने राजा को उन्हीं के दृष्टिकोण और दृष्टि से देखने का प्रयास किया है। हमने यह सोचा ही नहीं कि हम अपने इतिहास नायक के साथ न्याय करते हुए उसे विदेशी लेखकों के शत्रु भरे दृष्टिकोण और दृष्टि से देखने का प्रयास ना करें। हमारे लिए उचित यही होता कि हमें राजा दाहिर सेन को न्यायशील, धर्मशील और देशभक्त राजा

के रूप में स्थापित करना था।लेखन धर्म के प्रति पूर्ण ईमानदारी बरतते हुए अपने शासकों को दूसरों की भूमि पर अनैतिक अधिकार स्थापित न करने वाले शासक के रूप में बताना चाहिए था। क्योंकि भारत ने प्राचीन काल से ही न्याय के लिए संघर्ष करना सीखा है। अन्याय, अत्याचार, और दुराचार को मिटाना भारत के युद्धों का विशेष उद्देश्य रहा है।

शब्दों के खेल खेल में ही 'चचनामा' के लेखक ने अपना काम कर दिया। आज हममें से बहुत से ऐसे हैं जो इस लेखक के शब्द जाल में फंसकर अपने राजा दाहिर सेन के साथ न्याय नहीं कर पाते हैं। 'चचनामा' के लेखक ने हमारे न्यायशील, धर्मशील और देश प्रेमी राजा को जिस भाषा में पुकारा हमने उस भाषा को वैसे ही पढ़ लिया, जबकि हमें विदेशी शत्रु लेखकों के द्वारा लिखी गई ऐसी पुस्तकों को आंख खोलकर पढ़ने की आवश्यकता थी।

पाकिस्तान में मिल रहा है राजा दाहिर को सम्मान

यह बहुत ही प्रसन्नता की बात है कि अब पाकिस्तान में भी कुछ ऐसे लोग उभर कर सामने आ रहे हैं जो सिन्ध के राजा दाहिर सेन को अपना पूर्वज मानकर उनके सही इतिहास को लिखवाने की मांग कर रहे हैं।

कहने का अभिप्राय है कि जिस काम को हम भारत वालों को करना चाहिए था उसे पाकिस्तान में रहने वाले कुछ लोग करके दिखाने का काम कर रहे हैं। वह नहीं चाहते कि उनका इतिहास उनकी आंखों के सामने दम तोड़े। जबकि हमने अपने इतिहास का स्वयं ही गला घोंटने का काम किया है। हमें हमारी उदारता के साथ इस प्रकार बांध दिया गया है कि हम स्वयं ही यह कहने लग गए कि 'बीती ताहि बिसार दे आगे की सुध ले' जबकि राक्षस प्रवृत्ति के लोग बीते हुए कल को न तो बिसरा सके और ना ही बीते हुए कल में किए गए किसी अपराध को अनुचित कहते हैं।

कुछ समय पहले पाकिस्तान में महाराजा रणजीत सिंह की प्रतिमा स्थापित की गई थी। तब वहाँ पर सोशल मीडिया में पंजाब प्रांत को इस बात के लिए शुभकामनाएं दी गई कि उसने अपने वास्तविक इतिहास नायक को सम्मान दिया है। इस पर क्वेटा के पत्रकार जावेद लांगाह ने फेसबुक पर लिखा कि आखिरकार राजा रणजीत सिंह बादशाही मस्जिद के दक्षिण पूर्व स्थित अपनी समाधि से

निकलकर शाही किले के सामने घोड़े पर सवार होकर अपनी पिछली सल्तनत और राजधानी में फिर से नमूदार (हाजिर) हो गए हैं।

पूर्वजों के तप त्याग को करते जो प्रणाम।
कहलाते जीवंत वे करते ऊँचे काम।।

उन्होंने यह भी लिखा कि "पंजाब दशकों तक अपने वास्तविक इतिहास को झुठलाता रहा है और एक ऐसा काल्पनिक इतिहास गढ़ने की कोशिश में जुटा रहा जिसमें वो राजा पोरस और रणजीत सिंह समेत वास्तविक राष्ट्रीय नायकों और सैकड़ों किरदारों की जगह गौरी, गजनवी, सूरी और अब्दाली जैसे नए नायक बनाकर पेश करता रहा जो पंजाब समेत पूरे उपमहाद्वीप का सीना चाक करके यहाँ के संसाधन लूटते रहे।"

जो बात जावेद साहब ने पाकिस्तान जैसे मुस्लिम कट्टरपंथी देश में बैठकर बोल दी उसे यहाँ का कोई भी इतिहासकार नहीं बोल पाता। इससे पता चलता है कि जावेद साहब जैसे लोग अपने इतिहास के प्रति कितने जागरूक और सावधान हैं? जबकि हम भारतीय लोग अपने इतिहास के प्रति कितने बेरुखे और हृदय हीन हो चुके हैं? हमारी इसी बेरुखी और हृदयहीनता से उपजी संवेदनशून्यता के शिकार राजा दाहिर सेन हुए हैं। जिनके बारे में 'चचनामा' में जो कुछ लिख दिया गया वही आज तक पत्थर पर खींची गई लकीर के समान पढ़ा जा रहा है।भारत में मुस्लिम लेखकों को इस बात से प्रेरणा लेनी चाहिए कि यदि पाकिस्तान के लोग अपने वास्तविक इतिहास नायकों के प्रति न्याय करने की मांग सरकारों से कर सकते हैं तो भारत में ऐसा क्यों हो रहा है कि सारा इतिहास ही विदेशी शासकों के नाम कर दिया गया है?

दरम खान नाम के एक शख्स ने फेसबुक पर लिखा कि अब वक्त आ गया है कि पाकिस्तान में बसने वाली तमाम कौमों के बच्चों को स्कूलों में सच बताया जाए और उन्हें अरब और मुगल इतिहास के बजाय अपना इतिहास पढ़ाया जाए। यहाँ पर 'अपना इतिहास' शब्द बहुत गहरा है। 'अपना इतिहास' जब पाकिस्तान पढ़ेगा तो पाकिस्तान न केवल राजा दाहिर सेन से जुड़ जाएगा बल्कि राजा दाहिर सेन के हिन्दू आर्य पूर्वजों की लंबी श्रंखला से भी जुड़ जाएगा। तब उसे समझ आएगा कि उसका हिन्दू वैदिक अतीत कितना महान है? तब उसे अपने इस्लामी राष्ट्र होने के खोखलेपन का भी बोध होगा।

पत्रकार निसार खोखर पंजाब की जनता को संबोधित करते हुए लिखते है कि "रणजीत सिंह पंजाब पर शासन करने वाले पहले पंजाबी थे, अगर सिन्ध सरकार एक ऐसी ही प्रतिमा सिंधी शासक राजा दाहिर की लगा दे तो आपको गुस्सा तो नहीं आएगा, कुफ्र और गद्दारी के फतवे तो जारी नहीं होंगे?"

पत्रकार निसार खोखर की आवाज भी अपने आप में बहुत ही दमदार है। वास्तव में ही सिन्ध में राजा दाहिर सेन की प्रतिमा स्थापित होनी चाहिए। यद्यपि पाकिस्तान की सांप्रदायिक सरकार और सांप्रदायिक राजनीति से इस प्रकार की उदारता की अपेक्षा नहीं की जा सकती। इसके उपरांत भी हम यह कहेंगे कि आवाज तो आवाज है,उसे सुना जाना चाहिए और यदि यह आवाज पाकिस्तान जैसे कट्टरपंथी इस्लामिक देश में उठाई जा रही है तो निश्चित रूप से इस आवाज के कुछ गहरे अर्थ हैं। जिन्हें समझना ही चाहिए। भारत सरकार को तो इस ओर विशेष रूप से ध्यान देना चाहिए।

सिन्ध की कला और संस्कृति को सुरक्षित रखने वाले संस्थान सिंध्यालॉजी के निदेशक डॉक्टर इसहाक समीजू भी राजा दाहिर के सिंध का राष्ट्र नायक होने का समर्थन करते हैं, उनकी मांग है कि राजा दाहिर सेन को सिन्ध का 'इतिहासनायक', 'राष्ट्र नायक' या 'नेशनल हीरो' कहा जाए। उनका कहना है कि अपने आप को दुनिया की जिन्दा कौमों में शुमार कराने के लिए हर कौम को ये हक हासिल है कि जिन भी किरदारों ने अपने देश की रक्षा के लिए जान की बाजी लगाई, उनको श्रद्धांजलि दी जाए।

नायक मेरे देश के, राजा दाहिर सेन।
पूजित हों इस भाव से नम जावें निज नैन।।

इस प्रकार राजा दाहिर सेन को ये लोग अपने देश के लिए जान की बाजी लगाने वाले नायक के रूप में देखते हैं। इनकी इस प्रकार की टिप्पणियों, मांगों और इतिहास नायकों के प्रति श्रद्धा भावना को देखकर पता चलता है कि इन्होंने मजहब चाहे परिवर्तित कर लिया हो, परन्तु अपने पूर्वजों को नहीं बदला है। जो लोग अपने पूर्वजों को नहीं बदलते हैं, सही अर्थों में इतिहास का वही सम्मान करने के अधिकारी होते हैं। भारत के मुसलमानों को इस बात से निश्चित रूप से शिक्षा लेनी चाहिए।

'चचनामा' का राजा के प्रति दुर्भाव : 'चचनामा' भारत के राष्ट्र नायक क्रान्तिवीर राजा दाहिर सेन के प्रति कितना दुर्भाव रखता है? इसका पता इसमें वर्णित अनेकों स्थलों से चल जाता है। 'चचनामा' के भारत द्वेषी मुस्लिम लेखक अली अहमद का दावा है कि राजा दाहिर ज्योतिषों की बात पर बहुत अधिक विश्वास करते थे। राजा ने जब अपनी बहन के विवाह के बारे में ज्योतिषियों से परामर्श लिया तो उन्होंने बताया कि जो भी इस लड़की से विवाह करेगा वह सिन्ध का राजा बनेगा। तब राजा दाहिर सेन ने अपने मंत्रियों व ज्योतिषविदों के परामर्श पर अपनी बहन के साथ विवाह कर लिया, इतिहासकारों का कहना है कि शारीरिक सम्बन्ध के अतिरिक्त दूसरी सभी औपचारिकताएँ पूर्ण की गईं।

वास्तव में भारत के किसी राजा पर ऐसा आरोप लगाना नितान्त अनुचित है। भारतीय संस्कृति में भाई बहन के सम्बन्ध को अत्यन्त पवित्र माना गया है। वहाँ पर ऐसी अपेक्षा नहीं की जा सकती कि कोई भाई अपनी बहन से विवाह करेगा। हमारे इतिहास नायक राजा दाहिर सेन पर यह आरोप 'चचनामा' का लेखक निश्चित ही किसी पूर्वाग्रह से ग्रस्त होकर लगाता है। 'चचनामा' के लेखक का इस प्रकार की घटनाओं को इस ग्रंथ में समाविष्ट करने का उद्देश्य भारतीय संस्कृति को अपमानित करना है।

भारतीय संस्कृति में बहन के प्रति सम्मान : भारतीय संस्कृति में बहन केवल उसे ही नहीं माना जाता जो अपने ही माता-पिता से जन्मी हो, यहाँ तो मामा की लड़की भी बहन है, बुआ की लड़की भी बहन है, चाचा-ताऊ और परिवार के दूर के चाचा ताऊ और उन चाचा ताऊओं के सालों से (जो मामा ही लगते हैं) जन्मी लड़कियां भी बहन के ही रूप में मानी जाती हैं। इसी प्रकार एक ही कुल गोत्र में जन्मी लड़कियां न केवल पूरे गांव में बहन का सम्मान प्राप्त करती हैं अपितु उसी कुल गोत्र में जन्मी दूसरे गांव की लड़कियों को भी युवक बहन के रूप में ही मानते रहे हैं।

तनिक पाप मिलता नहीं भाई बहन के बीच।
भारत की यह उच्चता क्या समझेगा नीच।।

अब जबकि ईसाइयत और इस्लाम की संस्कृति का रंग भारत पर बहुत अधिक चढ़ गया है और बहुत कुछ नैतिक पतन समाज में हो चुका है तब भी

गाँव देहात में लोग इन सारे सम्बन्धों का बहुत अधिक सीमा तक सम्मान करते हैं और ध्यान रखते हैं। तब उस राजा दाहिर सेन से अपनी बहन से ही विवाह करने की अपेक्षा कैसे की जा सकती है जो भारतीय संस्कृति का रक्षक बनकर अपने और अपने परिवार के प्राणों को हथेली पर रखकर युद्ध कर रहा था और विदेशियों को भारत भूमि से भगा रहा था? राजा दाहिर सेन के बारे में हमें यह भी ध्यान रखना चाहिए कि वह संस्कृति भक्षक नहीं, संस्कृति रक्षक थे। उन्होंने जीवन भर वैदिक संस्कृति के उत्कृष्ट मानवीय मूल्यों की रक्षा के लिए कार्य किया। यदि वह संस्कृति नाशक होते तो वह निश्चय ही इस्लाम की उस संस्कृति को अपना लेते जिसमें ऐसे प्रत्येक कार्य को करने की अनुमति है जो वैदिक धर्म में वर्जित है।

जीएम सैयद की सही टिप्पणी : जी. एम. सैय्यद जैसे निष्पक्ष लेखक इस कहानी को सिरे से नकार देते हैं।उनकी स्पष्ट मान्यता है कि भारतवर्ष में निजी सम्बन्धों को बहुत पवित्र रखकर देखा जाता है और लोग उनका बहुत पवित्र हृदय से सम्मान करते हैं। तभी तो उन्होंने यह स्पष्ट लिखा है कि सगी बहन तो दूर की बात है, ब्राह्मण (हिन्दू) चचेरी या ममेरी बहन से विवाह करने को कभी उचित नहीं मानते। वे इसे अनुचित समझते थे, वे तर्क देते हैं कि हो सकता है कि किसी छोटे राजा को रिश्ता न देकर लड़की को घर पर बिठा दिया गया हो, क्योंकि हिन्दुओं में जातिगत भेदभाव होता है और इसीलिए किसी कम दर्जे वाले व्यक्ति को रिश्ता देने से इंकार किया गया हो।

अपनी ही बहन से विवाह करने की यह घटना कितनी अनुचित, अतार्किक और हिन्दुओं को अपमानित करने वाली हो सकती है या किस प्रकार काल्पनिक हो सकती है? इसका ज्ञान हमें डॉक्टर आजाद काजी द्वारा लिखित शोधपत्र 'दाहिर का खानदान तहकीक की रोशनी में' से भी होती है। जिसमें वह लिखते हैं कि 'चचनामे' के इतिहासकार ने अरूड़ के किले से राजा दाहिर के हिरासत में लिए गए सगे सम्बन्धियों का उल्लेख किया है। इनमें राजा की एक भांजी भी सम्मिलित थी। जिसकी पहचान करब बिन मखारू नामक अरब ने की थी कि यह राजा दाहिर सेन की भांजी है। ऐसे में यदि इस बात को सच माना जाए कि राजा दाहिर सेन ने अपनी बहन से विवाह किया था तो इस लड़की को राजा दाहिर सेन की पुत्री माना जाना चाहिए ना कि भांजी।

भारत में सम्मान है नारी का अनमोल।
मातृ सम समझें सदा हिय तराजू तोल।।

इस प्रमाण से भी यही स्पष्ट होता है कि राजा दाहिर सेन को चरित्रहीन, मर्यादाहीन और संस्कृति भक्षक दिखाने के दृष्टिकोण से उसके साथ ऐसी काल्पनिक कहानियां श्चचनामाश के लेखक ने जोड़ी हैं।

भारतीय लेखकों की उपेक्षा करने का षड्यंत्र

भारत के इतिहास नायकों के बारे में जब भारत के इतिहास लेखक तथ्य एकत्र करते हैं तो उन तथ्यों या प्रमाणों में भारत के समकालीन लेखकों या कवियों और साहित्यकारों के उद्धरण कम से कम देने का प्रयास करते हैं। भारत के इतिहास लेखकों कवियों और साहित्यकारों या दरबारी कवियों को चाटुकार बताकर या उसकी रचना को अप्रमाणिक कहकर उपेक्षित कर दिया जाता है। जबकि विदेशी लेखकों ने चाहे किसी घटना या व्यक्ति विशेष पर सौ दो सौ वर्ष पश्चात कल्पनाओं के आधार पर भी क्यों न लिखा हो, उसे भी प्रमाणिक मान लिया जाता है। 'चचनामा' के विषय में भी यह बात पूर्णतया लागू होती है।

डॉक्टर मुरलीधर जेटली के मुताबिक 'चचनामा' सन 1216 में अरब सैलानी अली कोफी ने लिखी थी।

जिसमें मोहम्मद बिन कासिम के आक्रमण के पश्चात की परिस्थितियों पर लेखक ने ऐसा कोई भी ठोस प्रमाण प्रस्तुत नहीं किया है जो इस पुस्तक को प्रमाणिक बनाए। उसने जो कुछ भी लिखा है वह सुनी सुनाई बातों के आधार पर लिखा है और उन्हें अपनी इस पुस्तक में सम्मिलित कर लिया। यदि इसी काम को कोई चंद्रवरदाई पृथ्वीराज चौहान के विषय में कर दे या कोई कल्हण अपनी 'राजतरंगिणी' में ललितादित्य मुक्तापीड़ के विषय में कर दे तो उसका ऐसा किया जाना एक अपराध हो जाता है, जबकि विदेशियों का ऐसा किया जाना पूर्णतया प्रमाणिक हो जाता है। इस षड्यंत्र को भारत के लोगों को अपने इतिहास और इतिहासनायकों के सम्बन्ध में लिखने पढ़ने से पहले समझना चाहिए।

'चचनामा' की अविश्वसनीयता : इस 'चचनामा' को पीटर हार्डे व डॉक्टर मुबारक अली जैसे विद्वानों ने भी नकारने का साहसिक संकेत दिया है। भारत में इस प्रकार के साहसिक संकेतों और संदेशों को समझने की प्रवृत्ति विकसित

होनी चाहिए। जिससे राजा दाहिर सेन जैसे इतिहास नायकों के साथ हम न्याय कर सकें। हमें यह भी ध्यान रखना चाहिए कि पाकिस्तान में ऐसे अनेकों लोग हैं जो राजा दाहिर सेन के व्यक्तित्व और कृतित्व पर गर्व और गौरव की खुली अभिव्यक्ति करते हैं। पाकिस्तान की सरकार द्वारा वहाँ जिस प्रकार एक काल्पनिक इतिहास को खड़ा करने का प्रयास किया गया है उसे ये लोग सिरे से नकारते हैं।

जीएम सैय्यद ने लिखा है कि हर एक सच्चे सिन्धी को राजा दाहिर के व्यक्तित्व और कृतित्व पर गर्व और गौरव की अनुभूति होनी चाहिए। क्योंकि वह सिन्ध के लिए सिर का नजराना पेश करने वालों में से सबसे पहले हैं। इनके बाद सिन्ध 340 बरसों तक गैरों की गुलामी में रहा, जब तक सिन्ध के सोमरा घराने ने हुकूमत हासिल नहीं कर ली।"

'चचनामा' बकवास है, नहीं सही प्रमाण।
विदेशी साबित हों सही राजा हो बदनाम।।

जी.एम. सैयद जैसे लोग 'चचनामा' की किन्ही कल्पनाओं को अपने विचारों में लाते तक नहीं हैं और अपने इतिहास नायक को सिन्ध का नायक कहकर उसके व्यक्तित्व और कृतित्व पर गर्व की अनुभूति करने का परामर्श अपने लोगों को देते हैं। इधर हमने अपने इस इतिहास नायक को सिन्ध के लोगों की भांति राष्ट्र नायक की श्रेणी में रखने से पूर्णतया इनकार कर दिया है। क्योंकि हमें पाकिस्तान के भारतीय मानस पुत्रों ने भारत में रहकर अपने इस इतिहास नायक को 'चचनामा' की दृष्टि से देखने के लिए एक षड़यंत्र पूर्ण योजना के अन्तर्गत विवश किया है।

राजा की देशभक्ति का कोई जवाब नहीं था

राजा दाहिर सेन के जीवन मूल्यों को समझने अपने देश व अपनी संस्कृति के प्रति उनके समर्पण के भाव को स्पष्ट करने के लिए एक विशेष घटना का उल्लेख करना उचित होगा। बात उस समय की है जिस समय मोहम्मद बिन कासिम से राजा दाहिर सेन का संघर्ष चल रहा था। बड़ी भयानक लड़ाई प्रतिदिन हो रही थी। उस समय दाहिर सेन के स्थान पर यदि कोई अन्य व्यक्ति रहा होता तो बहुत सम्भव था कि वह विदेशी आक्रमणकारी के अत्याचारों और छल प्रपंच से लड़े जा रहे युद्ध के दृष्टिगत आत्मसमर्पण कर देता, परन्तु दाहिर सेन

तो दाहिर सेन ही थे। उन्होंने ऐसा करने का विचार सपनों तक में भी नहीं सोचा था। इस भयानक लड़ाई को देखकर राजा दाहिर सेन के एक मन्त्री भी भयभीत हो गए थे। इतना ही नहीं उन मन्त्री महोदय ने अपने राजा से यह निवेदन भी कर डाला कि वह अब और देर ना करते हुए कासिम के साथ संधि कर लें।

अपने मन्त्री के मुंह से कासिम जैसे लुटेरे और आतंकी के साथ समझौते की बात करने का परामर्श सुनकर राजा दाहिर सेन आग बबूला हो उठे। तब अंगारे की भांति देखते हुए राजा दाहिर सेन ने अपनी आंखों को अपने मन्त्री की आंखों में डाल कर कहा, "उनसे कैसी शांति? वे हमारी स्त्रियों का बलात्कार कर रहे हैं, उनको लूटकर अरब के बाजार में बेच रहे हैं, हमारे मन्दिरों को मस्जिद बना दे रहे हैं और हिन्दुओं को जबरन तलवार के बल पर मुसलमान बना रहे हैं और इंकार करने पर मौत के घाट उतार दे रहे हैं।"

अपने इस प्रकार के उत्तर से राजा ने यह स्पष्ट कर दिया कि शांति उनसे ही मांगनी चाहिए जो शांति के दूत हों। जो लोग स्वयं उत्पात, उग्रवाद और उन्माद से ग्रस्त हैं उनसे शांति की कभी अपेक्षा नहीं की जा सकती। जो लोग भारत का के सम्मान का सौदा कर रहे हैं और हमारी संस्कृति का अपमान कर रहे हैं उनसे किसी भी प्रकार के शांति समझौते की संभावना तलाशना मूर्खता है।

शांति उनसे मांगिए, जो हों शांति दूत।
मेरे पूजन योग्य हैं, शायर शूर सपूत।।

राजा दाहिर सेन के इस प्रकार के संवाद से पता चलता है कि वह अपने देश के लोगों के लिए जीना पसंद करते थे। वह देश की संस्कृति के रक्षक थे और उस पर आंच न आने देने को ही अपना सबसे बड़ा धर्म मानते थे। उनके बारे में यह भी बताया जाता है कि उनके एक अन्य मन्त्री ने जब उनसे मोहम्मद बिन कासिम के साथ सन्धि करने की बात कही तो अपने मन्त्री के इस प्रस्ताव को सुनकर उन्हें अपने उस मन्त्री पर इतना क्रोध आया कि उन्होंने उसका सिर ही धड़ से अलग कर दिया।